Eurus

Notus

今井むつみ Mutsumi Imai

学力喪失
――認知科学による回復への道筋

Boreas

Zephyrus

岩波新書
2034

はじめに

2022年6月に『算数文章題が解けない子どもたち――ことば・思考の力と学力不振』という書籍を岩波書店より出版した(楠見孝・杉村伸一郎・中石ゆうこ・永田良太・西川一二・渡部倫子、各氏との共著)。この本では、「ことばのたつじん」「かず・かんがえるたつじん」という二つのテスト(以後はあわせて「たつじんテスト」)の理念や学術的根拠を示しつつ、それぞれの問題を紹介した。「たつじんテスト」は子どもの学力不振の原因を根本から明らかにするために、筆者をリーダーとする開発チームと広島県教育委員会が共同開発したテストである。また、テスト公開のために、広島県内の自治体で行った調査から浮き彫りになった小学生の学力の躓きの背後にある様々な原因について解説した。

『算数文章題が解けない子どもたち』は「たつじんプロジェクト」(広島県教育委員会では「小学校低学年段階からの学ぶ喜びサポート校事業」と呼んでいる)の報告書としての色合いが強かった。タイトルからして、算数教育の本という印象をもたれた方も多かったかもしれない。しかし、「たつじんテスト」によって明らかになった子どもたちの学力低迷の原因は、決して算数という教科に限定されるものではなかった。かといって、世間一般でよく言われるような「読解力がない」という一言で片づけられるものでもなかった。学力不振の子どもたちは、そもそも「数」という概念を根本的に誤って理解していることがわかったのである。

読解力にも問題があることもわかったが、さらにそれを詳しく見ていくと、問題文の中の大事なことばや概念を知らないから問題文を誤解してしまうことや、問題文に直接書かれている情報にとらわれすぎてしまい、書かれていない情報を補って状況を理解する、つまり行間を埋めることができないこともわかった。これらは結局、算数に限らず、どの教科の学びにも共通する基盤能力である。

　小学校で習得することになっている基本的な概念について誤った認識をもったまま中学生になってしまった子どもは、果たして中学校での学びについていけるのだろうか？ 中学に入れば小学校で学習したはずの基本概念はリカバーでき、小学校で習った問題なら解けるようになるのだろうか？ 残念ながら多くの子どもたちは、リカバーできていない。小学校で習得することになっていた基礎的な概念が理解できていない状態で、授業はどんどん進んでしまい、「学習性無力感」をいだくようになってしまっている。学習性無力感というのは、心理学の用語で、学習者が、いくら学習を続けても自分はわかるようにはならない、だから学習しても時間の無駄だ、と思ってしまうことである。

　筆者の一番の専門分野は子どもの母語の言語習得である。言語というのは、巨大で複雑な記号の体系である。詳しくは、本書(特に第7章)を読んでいただきたいのだが、「ウサギ」のような具体的なモノの名前、「アカ」のような色の名前、「アルク」のような動作や行為の名前など、そのような、大人にとってはまったく抽象性を感じないことばも、実は、かなりの抽象性をもつ。ましてや、「イチ(1)」や

「ジュウニ（12）」のような数のことばが指し示す概念は、目で見ることすらできない。ことばを覚え、話したり、読んだり、書いたりできるようになるためには、気が遠くなるような知的プロセスが必要なのである。筆者は概念知識をほとんどもたない乳幼児が、いったいどのようにして言語を習得していくのかという謎にずっと挑み続けてきた[1]。結論をいえば、言語の習得という偉業を達成できるのは、人間の子どもの推論の力、知識を学習する力に所以している。

　「学ぶ力」は漢字二字で表記すれば「学力」である。しかし、現代社会において「学力」とは何かと問えば、ほとんどの大人は「学校での成績」と答えるだろう。素晴らしい「学ぶ力」をもっているからこそ、言語という巨大で抽象的な記号の体系を習得することができた乳幼児が、小学校に入学して以降は、学習内容についていけなくなってしまい、「学力が足りない」とみなされてしまうのはなぜなのだろうか？　その問いが筆者を突き動かし、本書を執筆させた。筆者は、多くの子どもたちが、学びは困難で自分には無理なのだと思ってしまう「学習性無力感」に陥っているのは、子どものせいではなく、大人のほうに何か根本的な誤解があるためではないか、そして、大人たちこそが、すべての子どもが本来的にもつ「学力－学ぶ力」を喪失させているのではないかと考えるようになった。

(1) この謎への答えに興味がある方は拙著『言語の本質――ことばはどう生まれ、進化したか』（秋田喜美氏との共著、中公新書、2023年）をご一読いただきたい。

はじめに　　iii

しかし、人間の子どものもつ「学ぶ力」をもってすれば、喪失してしまった学ぶことへの意欲は、大人の工夫で回復することができるはずだ。乳幼児期の子どもたちが自らの「学ぶ力」で言語と概念を習得していく姿をずっと目の当たりにしてきた筆者にとって、それは揺るぎのない確信である。そのために必要なのは、大人が、自分たちが（あるいは社会全体が）有している、「学び」や「知識」についての誤認識に気づき、子どもたちの躓きの原因を理解したうえで、子どもたちによりそい、子どもたちが本来もっている「学ぶ力」を引き出せるように教育を変えることなのである。本書の書名『学力喪失――認知科学による回復への道筋』は、その意図と願いによってつけられたものである。

　「学力喪失」と聞くと、今の子どもたちの学力が昔と比べて下がっている話なのかと思われる向きもあるかもしれない。しかし、そういうことではない。**子どもたちが本来的にもっている「学ぶ力」をなぜ十全に発揮することができないのか、その原因と回復への道筋を認知科学の視点から解き明かしたいのである。**

　前著『算数文章題が解けない子どもたち』では小学生の算数学力不振について述べたが、その後、筆者の研究室では中学生用の「たつじんテスト」を開発し、調査を行った。本書では、小学生だけでなく中学生も含め、学校での学習に困難を覚える子どもたちが、基本的な数やことばの概念についてどのような誤認識をもっているか、読解力や考える力を得るにあたってどのようなことにつまずいているかを述べていくとともに、子どもたちが自ら誤認識に気づき、

克服していくために、そして何より、喪失した学びへの意欲を回復させるために私たち大人ができることを、理論的な裏付けとともに提案したい。

　ただ、一言お断りしておきたい。**本書は、日本全国に大勢いるにちがいない、学校での学びにつまずいてしまった子どもたちにどう対処したらよいかを事細かく述べるマニュアルではない。**すべての子どもに同じように通用するマニュアルは存在しない。なぜか。知識、性格、年齢、信念など、様々な点で子どもには大きな個人差がある。また、小学１年生に効果的な対処法が、小学校中学年・高学年の子どもにも同じように効果的なわけがない。**どの子どもにもうまく使えて、どの子どもも同じように学力を伸ばすことができる「普遍的な方法」は存在しないし、存在するべきでもないのである。**教師は、あるいは子どもの成長にかかわっている社会の大人たち一人ひとりは、子どもたち一人ひとりの躓きや興味に気づき、子どもがもつ「学ぶ力」を開花させるように支援ができる「たつじん」にならなくてはいけない。本書は、そのためにまず知っておいてほしい情報を提供し、その道のりを歩んでいくための指針を述べた書物だと思っていただきたい。

《「はじめに」の参考資料》
植松佳香・高嶋将之・高浜行人「日本の15歳、数学的リテラシーに課題 教諭ら「授業する余裕ない」」(朝日新聞2023年12月5日、朝日新聞デジタル https://www.asahi.com/articles/ASRD54V05RCXUTIL02D.html ［2024年4月28日閲覧］)

文部科学省中央教育審議会『「令和の日本型学校教育」の構築を目指して〜全ての子供たちの可能性を引き出す、個別最適な学びと、協働的な学びの実現〜（答申）』(2021年、https://www.mext.go.jp/content/20210126-mx t_syoto02-000012321_2-4.pdf)

目　次

はじめに

第Ⅰ部　算数ができない、読解ができないという現状から …………… 1

第1章　小学生と中学生は算数文章題をどう解いているか ……………… 2

1　算数文章題につまずく小学生　2
2　小学生の算数文章題につまずく中学生　13
3　「意味の不理解」が引き継がれる　19

第2章　大人たちの誤った認識 ………………………………… 24

1　テストと学力についての誤認識　24
2　知識についての誤認識　29
3　スキーマなしでは学習できない　43

第3章　学びの躓きの原因を診断するためのテスト …… 53

1　「たつじんテスト」の開発まで　53
2　「たつじんテスト」は思考力を測る　61
3　点数をつけるよりも大事なこと　68

第Ⅱ部　学力困難の原因を解明する …………… 73

第4章　数につまずく …………………………………………… 74

1　「数」はモノを数えるためにあるわけではない　74
2　分数というエイリアン　85
3　かけ算・割り算の意味がわからない　93

第5章　読解につまずく ………………………………………… 107

1　「読める」とはどういうことか　107

目次　vii

2 問題文を理解するための語彙が足りない　115

3 単位、時間、空間のことばを理解できない　121

4 行間を埋めるための推論ができない　136

第6章　思考につまずく ································ 144

1 認知処理の負荷に押しつぶされる　148

2 状況に応じた視点の変更ができない　154

3 パーツの統合ができない　164

4 モニタリングと修正ができない　172

第Ⅲ部　学ぶ力と意欲の回復への道筋 ······ 193

第7章　学校で育てなければならない力 ············ 194
　　　　──記号接地と学ぶ意欲

1 生成 AI と記号接地　195

2 子どもはどのように記号接地しているの
　だろうか？　208

3 アブダクション推論とブートストラッピング　218

4 自走できる学び手へ　222

第8章　記号接地を助けるプレイフル・
　　　　ラーニング ································ 234

1 プレイフル・ラーニングの考え方　235

2 時間概念の記号接地　243
　──プレイフル・ラーニングの実践1

3 分数概念の記号接地　258
　──プレイフル・ラーニングの実践2

4 知識を身体化できるのは学び手のみ　266

終章　生成 AI の時代の子どもの学びと教育 ······ 285

参考文献　303
図版出典一覧　315

あとがき ································ 317

第1部

算数ができない、
読解ができないという現状から

第1章

小学生と中学生は算数文章題を
どう解いているか

1　算数文章題につまずく小学生

基本的な算数文章題と子どもたち

　小学3年生から5年生に、ごく基本的な算数文章題を
解いてもらった。「基本的」というのは、教科書に基本問
題として含まれている問題を、構造や難易度を変えずに
作成したという意味である。ひねりを加えた応用問題では
決してない。3、4年生には、1年生と3年生の教科書から
8問を解いてもらい（表1-1）、5年生には、その中の4問に、
5年生の教科書から新たに作った4問を加えて（表1-2）、
やはり8問の問題を出した。

　問題ごとの学年別正答率は表1-3と表1-4を見てほしい。
しかし、大事なのは、正答率という数字ではなく、子ども
たちがこれらの問題をどのように解答したかである。これ
については、『算数文章題が解けない子どもたち』で詳し
く報告しているので、本書ではもっとも興味深い、もっと
も大事なポイントのみを示す。

表 1-1　3、4 年生用の文章題

	問題名	問題文
問題 1	列の並び順問題（順番）	子どもが 14 人、1 れつにならんでいます。ことねさんの前に 7 人います。ことねさんの後ろには、何人いますか。
問題 2	必要ケーキ数問題（かけ算）	ケーキを 4 こずつ入れたはこを、1 人に 2 はこずつ 3 人にくばります。ケーキは、全部で何こいりますか。
問題 3	遊園地への所要時間問題（時間の引き算 1）	けんさんは、午前 9 時 20 分に家を出て、午前 10 時 40 分に遊園地へ着きました。家から遊園地まで、何時間何分かかりましたか。
問題 4	山下りの所要時間問題（時間の引き算 2）	えりさんは、山道を 5 時間 10 分歩きました。山をのぼるのに歩いた時間は、2 時間 50 分です。山をくだるのに歩いた時間は、何時間何分ですか。
問題 5	必要画用紙数問題（あまりの出る割り算）	1 まいの画用紙から、カードが 8 まい作れます。45 まいのカードを作るには、画用紙は何まいいりますか。
問題 6	ジュースの元の量問題（分数のひき算）	りんさんが、ジュースを $\frac{3}{7}$ L(リットル)のんだので、残りは $\frac{2}{7}$ L(リットル)になりました。はじめにジュースは、何 L(リットル)ありましたか。
問題 7	リボンの切り取り量問題（小数を含むひき算）	リボンが 4 m ありました。けんたさんが、何 m か切り取ったので、リボンは 1.7 m になりました。けんたさんは、何 m 切り取りましたか。
問題 8	テープの長さ問題（倍率）	なおきさんのテープの長さは、えりさんのテープの長さの 4 倍で、48 cm です。えりさんのテープの長さは何 cm ですか。

表1-2　5年生専用の文章題（3、4年生用と共通しない問題）

	問題名	問題文
問題5-4	学校までの距離問題（距離の計算）	えみさんの家から学校までの距離は3.6 kmで、あきらさんの家から学校までの距離より $\frac{3}{5}$ km 遠いそうです。あきらさんの家から学校までは、何 km ですか。
問題5-5	10年前の児童数問題（倍率・割り戻し）	こうたさんの学校の今年の児童数は476人で、10年前の200% に当たります。10年前の児童数は何人ですか。
問題5-6	電車の距離問題（速さと距離の計算）	2時間で108 km 走る電車があります。この電車は、3時間で何 km 進みますか。
問題5-8	お菓子の量問題（倍率・増量）	250 g 入りのお菓子が、30% 増量して売られるそうです。お菓子の量は、何 g になりますか。

表1-3　3、4年生用の文章題の学年別正答率　(単位：%)

	問題1 順番	問題2 かけ算	問題3 時間の引き算1	問題4 時間の引き算2	問題5 あまりの出る割り算	問題6 分数のひき算	問題7 小数を含むひき算	問題8 倍率
3年生	28.1	57.5	56.0	17.7	41.1	84.4	48.2	45.0
4年生	53.4	72.5	63.4	26.0	48.9	87.0	63.4	62.6
5年生	72.3	—	—	53.9	59.6	87.2	—	—

5年生は問題2、3、7、8は解答せず、5年生用の問題に取り組んだ。

表1-4　5年生専用の文章題の正答率　(単位：%)

	問題5-4 距離の計算	問題5-5 倍率・割り戻し	問題5-6 速さと距離の計算	問題5-8 倍率・増量
5年生	17.7	55.3	66.7	37.6

1年生の教科書からの問題

> 子どもが14人、1れつにならんでいます。ことねさんの前に7人います。ことねさんの後ろには、何人いますか。

この問題（表1-1、問題1「列の並び順問題」）は、小学1年生の教科書にあった問題をもとにしている。式をたてて計算をすることが主眼ではなく、状況を図にして、問いで求めている数を図から導き出すことを目的にした問題である。

表1-3を見るとわかるように、1年生の教科書からの問題なのに、3、4、5年生の正答率は衝撃的に低い。

図1-1を見ると、「問題をイメージ化できない」のがどういうことかわかるだろう。「全部で14人の子どもがいます」という情報に注目できず、ことねさんを中心に、前にも7人、後ろにも7人の子どもを描いていて、ことねさんを含めると子どもが15人になってしまうことに気がついていない。このタイプの誤答は3年生で19.0％、4年生で9.9％、5年生で11.6％みられた。**5年生でも10％以上の**

図1-1 「列の並び順問題」の誤答例1

子どもが、小学1年生用の文章題からイメージをつくれず、問題文を読解できない。このことは、注目すべきである。

ほかにも図は正しく描けているのに答えを間違ってしまう子どもも多くみられた（図1-2）。図では14人の子どもがいて、7人プラスことねさんを除外することができている。残りを数えると6人。これが教科書のもともとの狙いである。1年生で、式を作らない子どもはこの問題が解けるのかもしれない。しかし、式を書くように求めたとたん、間違う。なぜか。このような間違いをする子どもたちは、図を描く意味がわかっていない。図と式のつながりがわからない。言い換えれば式が何のためにあり、どういう意味をもつのかが理解できていないのである。このような間違いをした子どもは3年生の32%に及ぶ。つまり、全体の$\frac{1}{3}$の子どもが「式の意味」を考えていない、もしかしたら「式に意味がある」ということをまったく理解していない。子どもたちにとって、「式をたてる」というのは、問題文にある数字をすべて使って、思いついた計算をすることに他ならない。**問題文にある数はみな使う。問題文に書かれ**

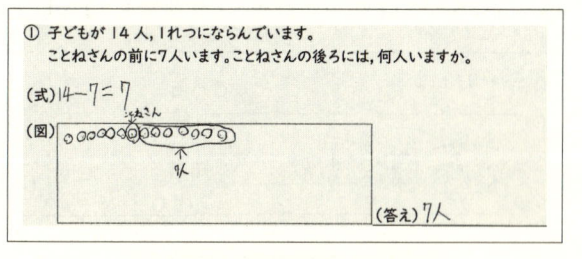

図1-2 「列の並び順問題」の誤答例2

ていない数字を自分で補うなど、考えもしないことなのだ。

この問題を式にするには、問題文にある7人だけでなく、ことねさんの分(1人)も引かなければならない。これが子どもたちには思いもよらないことなのである。

式に意味があると思っていないと、問題文にある数字を思いついた計算式にとにかく放り込む、ということにもつながる。4、5年生も含め、少なからぬ数の子どもが以下のような解答をした(図1-3)。

```
① 子どもが 14 人、1れつにならんでいます。
  ことねさんの前に7人います。ことねさんの後ろには、何人ますか。

(式) 14×7=98

(図)

                              (答え)  98人
```

図1-3 「列の並び順問題」の誤答例3

これと同じような解答は他の問題でも頻繁にみられた。かけ算は、小学校の中学年ではもっとも頻度高く使われる計算だからなのだろう。

教育現場では、いまだに計算の練習をさせることに多くの時間が費やされているのが現状である。子どもたちも、「かけ算できる?」と聞かれ、九九や筆算を使った計算のしかたを知っていれば、元気よく「知ってる!」と断言するだろう。しかし、足し算もかけ算も、問題を読み解いて、いつ使うのかがわからなければ、計算ができても、「足し算やかけ算がわかっている」とはいえないのである。

第1章 小学生と中学生は算数文章題をどう解いているか   7

足し算、引き算、かけ算、割り算の概念が わかっていない

　算数文章題調査のすべての問題でもっとも目立った特徴は、式に意味があると思っていない子どもが非常に多いことである。この問題は、足し算、引き算、かけ算、割り算などの計算の意味がわかっていないことと表裏一体である。ほとんどの場合、計算は間違えない。しかし、今解いている問題に対して、手続きは知っているものの、意味がわからないから、足し算、引き算、かけ算、割り算のどれを使ったらよいのかわかっていない。

　表1-1の問題8「なおきさんのテープの長さは、えりさんのテープの長さの4倍で、48 cm です。えりさんのテープの長さは何 cm ですか」。この問題では、これまでに掲出した解答を書いた子どものように、割り算のかわりに引き算を使っていた子どももよくみられた（図1-4）。実際、割り算のかわりに引き算を使ってしまうのは、よくみられる間違いである。引き算も割り算もどちらも「数を小さくする」。そのために、引き算と割り算を混同してしまうの

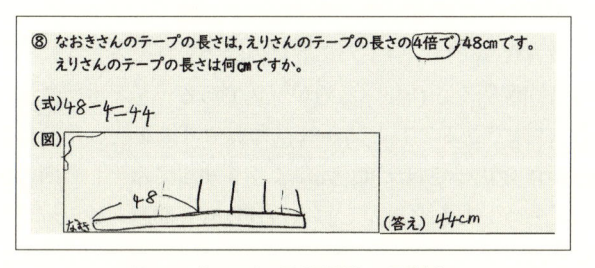

図1-4　「テープの長さ問題」の誤答例1

だ。逆にいえば、**子どもたちは「割り算」を、「数を少なくする計算」くらいにしか理解していない**のである。

　また、かけ算と割り算の混同も頻繁にみられた。この問題文には「4倍」という表現があり、「倍」ということばを見るとかけ算、と思い込んでいる子どもも少なからずいる（図1-5）。

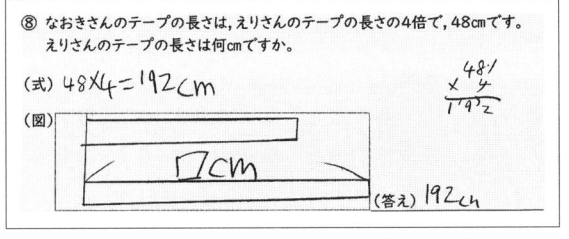

図1-5　「テープの長さ問題」の誤答例2

つじつま合わせのために様々な方略を編み出す

　このように、「割り算と引き算はどっちも答えをもとの数字より小さくする」や「「倍」ということばがあったらかけ算」など、子どもたちは、文章題を攻略するために様々な方略――ほとんどが屁理屈――を編み出す。

　「問題文にある数は全部使う」も、そのひとつである。この方略は、さらに「問題文に書かれていない数字を自分で勝手につくってはいけない」という「掟」を生み出す。「列の並び順問題」でことねさんの分の1を式にいれることができなかったのも、この掟のためである。書かれていない数を自分で補うことができないのである。5年生用の「お菓子の量問題」では、この掟に縛られる子どもたちの

姿が特に顕著にみられた。

　図1-6の誤答例では、30%というのは0.3であることはわかり、問題文にある250と0.3をかけている。「増量」が増やすことだ、ということは理解している。しかし、0.3をかけるとお菓子の量は、減ってしまう。「増量」とあるから、減ってしまうのはおかしいことはわかる。だから1桁増やして計算の結果の量の10倍にしてしまったのである。

　図1-7の解答を書いた子どもも、減るのはダメだとわかっている。小数で割ると元の数よりも大きくなることもわかっている。ほんとうはかけ算をすべきということすらわかっているのである。しかし、0.3をかけてしまうと元の量より多くならない。他方、1より小さい数(小数)で割ると、割られる数は元の数より大きくなることを知っている。だから割り算にした、という理屈である。子どもなりにいろいろ理屈を考えているのだ。しかし、30%増量とは、元の量の1.3倍のことだ、ということはどうしても思いつかなかったのである。

　これらの解答を見ると**「行間を埋めて推論をする」ことが子どもたちにとっていかに困難なことなのか**がよくわかる。その背後には、問題文の意味をきちんと考えず、「問題にでてくる数字を全部使う」「問題にない数字を勝手につくってはいけない」など、教師が教えるはずがない「掟」を子どもが勝手につくってしまっていて、そのために思考停止の状況になっていることが見て取れる。

10　第Ⅰ部

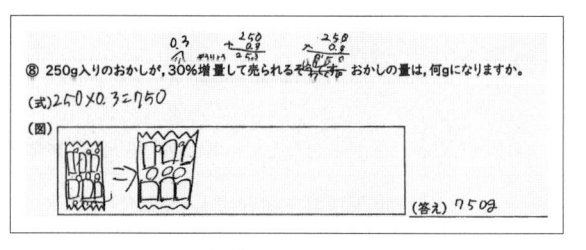

図1-6 「お菓子の量問題」の誤答例1

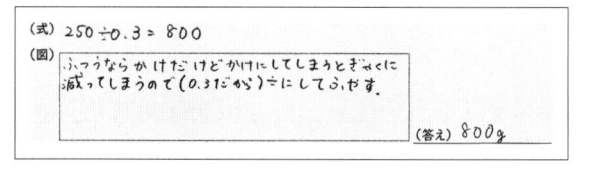

図1-7 「お菓子の量問題」の誤答例2

1時間は100分——単位をそろえられない

　子どもたちがチャレンジした算数文章題で特に正答率が低かった問題は、時間の引き算の問題である。表1-1の問題4「えりさんは、山道を5時間10分歩きました。山をのぼるのに歩いた時間は、2時間50分です。山をくだるのに歩いた時間は、何時間何分ですか」では、引き算をするために時間の単位を「分」に変換しなければならない。そのときに、単位の変換でつまずく子どもが非常に多かった。

　以下に解答(誤答)例を紹介しよう。

第1章　小学生と中学生は算数文章題をどう解いているか　11

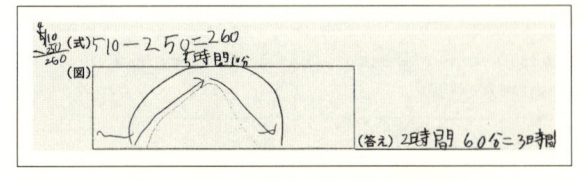

図1-8 「山下りの所要時間問題」の誤答例1

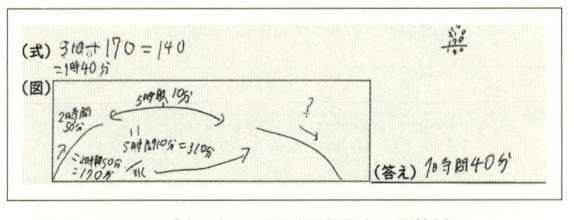

図1-9 「山下りの所要時間問題」の誤答例2

　図1-8の解答をした子どもは5時間10分を510分に、2時間50分を250分に変換して引き算をしている。しかし、奇妙なことに、引き算の答えが、260となり、それを2時間60分とした一方で、60分を1時間に変換し、最終的な答えを3時間と書いている。図1-9の子どもは5時間10分、2時間50分を正しく「分」の単位に変換している。310－170＝140も正しい。しかし、最後に答えを1時間40分と書いてしまい、結局誤答してしまった。

　子どもたちは1時間は60分だということを表面的には知っている。しかし、「知っている」が身体の一部になっていない。だからあるときには正しく変換できても、別のときには間違った変換をする。これらは知識の性質について大事なことを教えてくれる。**あることを「ちょっと知っ**

12　第Ⅰ部

ている」「表面的に知っている」ということは、その知識が、必要なときにいつも一貫して使える「生きた知識」になっているとは限らないということだ。子どもたちは時間について甚だ脆弱な知識で文章題を解こうとしている。あるときには単位変換がうまくできても、別のときには1時間は100分という、普段から慣れている10進法が顔を出し、負けてしまうのである。逆にいえば、算数の文章題をきちんと解くことができるようになるための必要条件（十分条件ではない）は、単位の変換が身体化され、意識を向けなくても自動的に必要な形で使えることなのである。

2　小学生の算数文章題につまずく中学生

中学生は小学生の算数文章題を解けるのか

　小学生の算数文章題調査で多くの小学生が算数の文章題に大きな困難を抱えていることがわかったが、この子どもたちが中学生になったらどうなるのか気になった。そこで、公立の中学に通う335人の中学生を対象に数学文章題調査を行った。問題には、中学で習う連立方程式の問題なども含めたが、ここでは、小学校で学習したはずの分数を使った基本的な割合の問題がどう解けるのかを見てみた。

　次の問題は、中学1年生の数学の教科書にあった問題を構造を変えずに改変したものである。

> 同じくぎが入っている缶があります。缶に入っているくぎの全体の重さは180gでした。同じくぎの15本の重

さをはかったら 27 g でした。缶に入っているくぎは全部で何本ありますか。

　小学校で学ぶ割り算と比率が身についていれば解けるはずの問題だ。15 本の釘で 27 g だから 1 本の釘の重さが 27÷15 の計算でわかる。すなわち 1 本あたり 1.8 g である。全体が 180 g だから、筆算をするまでもなく 100 本と答えがでる。

　しかし、この問題で正答したのは 335 人中 157 人で、正答率は 46.9% しかなかった。

　典型的な解答(誤答)例をいくつか紹介しよう。

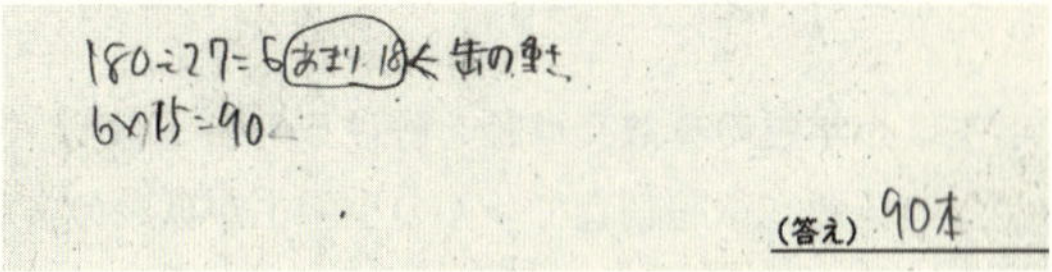

図 1-10　「釘の総本数問題」の誤答例 1

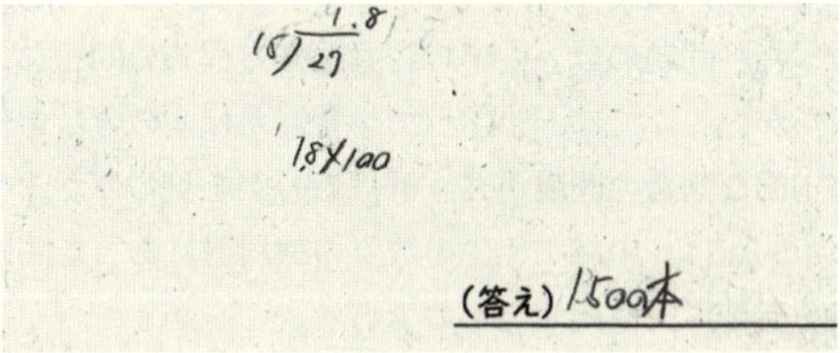

図 1-11　「釘の総本数問題」の誤答例 2

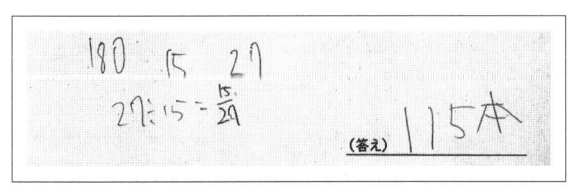

図1-12 「釘の総本数問題」の誤答例3

中学生は「式の意味」をわかっているか

どの解答を見ても、問題文にでてくる数字を適当に式に入れている。図1-11と図1-12の解答では、27÷15はあっている。しかしその先のパーツに27÷15でだした答えをつなげることができない。小学生と同じで、問題文を式にすることができないのだ。これは読解力の問題なのだろうか？　それとも数の関係を式にすることができないのだろうか？

次の問題は、問題文をもっとシンプルにしてミニマムな要素を式にできるかを見るために設問したものである。

---

a 円の品物を3割引きで買ったときに支払う代金を、a を使った式で表しなさい。

この問題に正答できた生徒の数はさらに少なくなり、110人。割合にすると32.8％で、正答できたのは $\frac{1}{3}$ 以下ということになる。

典型的な解答(誤答)例を紹介しよう。

$$\frac{3}{a} = b$$

（答え）　b円

図 1-13　「3 割引き問題」の誤答例 1

$a \times 3$

（答え）　3a

図 1-14　「3 割引き問題」の誤答例 2

比べる数＝元の数×割合
（a）×（1）

（答え）　30

図 1-15　「3 割引き問題」の誤答例 3

（答え）a÷3＝支仏う代金

図 1-16　「3 割引き問題」の誤答例 4

　このような誤答を書いた中学生たちは、**明らかに数を記号で表すということがどういうことなのかわかっていない。加えて「3 割」の意味も「3 割引き」の意味もわかっていない。**「〇割引き」は日常的に非常に頻繁に聞くはずである。しかし、「3 割」がもとの数の 30% であることを驚くほど多くの中学生がわかっていなかった。また、「〇割引

16　　第 I 部

き」というのはもとの値段 a を 100% としたら、そこから a の x %（「○割引き」の○の 10 倍）を引いた値段で、値段 a を 1 としたときには $0.3a$ を引いた値段であるということも理解していなかったのである（図 1-13〜図 1-16）。

中学生になっても単位をそろえることが苦手

小学生は時間の問題が苦手だと述べた。前著『算数文章題が解けない子どもたち』では、時間と分をそろえて二つの数量を比較したり、差異を計算したりするのが苦手なことを指摘したが、中学生になってもこの問題が積み残されていることが明らかになった。

---

x m のひもから、y cm のひもを切り取ったときの残りのひもの長さを、文字を使った式で表しなさい。

この問題では、335 人中正解はたった 40 人、正答率は 11.9% という驚異的な低さである。間違いがないように敢えて言うが、この数字は、誤答率ではなく、正答率である。中学生たちの答えはどのようなものだったのだろうか？以下に解答（誤答）例を列挙してみよう。

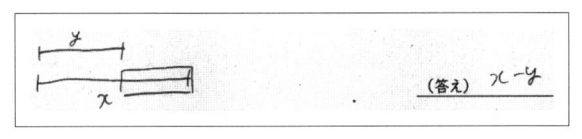

図 1-17 「ひも切り取り問題」の誤答例 1

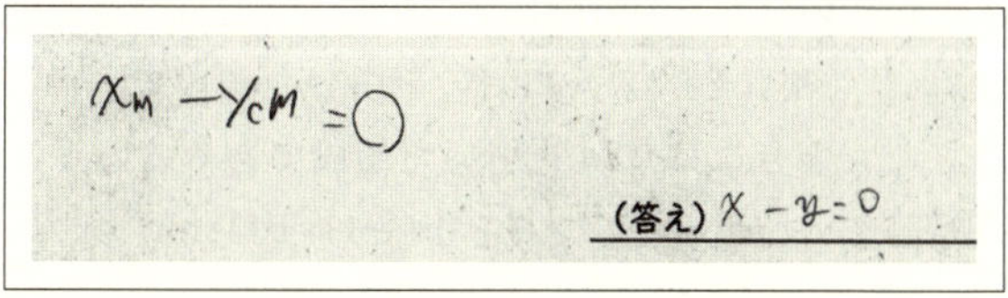

$$x_M - y_{CM} = \bigcirc$$

(答え) $x - y = 0$

図1-18 「ひも切り取り問題」の誤答例2

$$y = 100x - y$$

(答え) $y = 100x - y$ cm

図1-19 「ひも切り取り問題」の誤答例3

これらの解答を見ると、小学生が見せた特徴が解消され
ないまま引き継がれていることがわかる。単位の変換が
苦手なのである。数の操作をするとき、必ず単位をそろえ
なければならない。それが苦手。というより、単位をそろ
えなければならないことに思い至らない。図1-19の解答
を書いた中学生はせっかく $100x - y$ ができているのに、
「$y=$」を加えてしまう。式というものの「意味」がわかっ
ていないので、式はすべて$y=$がないといけないと思い
込んでしまっているのだ。

子どもたちは連立方程式などの中学校で学習する内容以
前に、「〇割引き」の意味や、式の意味、単位をそろえる
意味など、とにかく概念そのものについて、それぞれの
「意味」がわかっていない。その状態で、「計算」だけをし
ようとする姿が浮かび上がってきたのである。

18　第Ⅰ部

3 「意味の不理解」が引き継がれる

　中学生への数学(算数)文章題調査から以下のことが浮き彫りになった。

1　数量を抽象的な「数学の記号」として表現することができない。数字や演算記号のそれぞれの「意味」も、方程式の「意味」も腑に落ちていない。
2　小学生のときに理解できなかった、分数や割合などの基本概念の意味が理解できない状態が続いている。
3　足し算、引き算、かけ算、割り算の計算の意味が引き続きわからないままである。
4　数学を学ぶことの意味がますます理解できなくなり、小学校高学年で増加した算数に対する学習性無力感をもつ生徒は、さらに増加している。

　結局、すべてが「意味の不理解」に落とし込まれる。小学生のときに意味がわからないままになって積み残された基本的な概念がたくさんある。様々なレベルでの「意味の不理解」が集積されて身動きが取れない。それが「数学ができない」中学生の姿である。
　ただ、小学生・中学生を教育する立場の方は、「意味の不理解」と言われても困るだろう。もっと直接的に、指導が可能なレベルで、子どもたちの学習の躓きを解剖し、躓きの原因を明らかにしてほしい、と思うはずだ。「意味の

不理解」がなぜ起こるのか。それは、第4章以降で考察するので少々お待ちいただきたい。

《コラム》 勉強がつらい中学生の声

　これは、Facebook で見つけた中学生の声をつづった書き込みだ。拡散希望とあったので、引用させていただく。

辻さやかー［シェア希望］D群の叫び ※ある生徒が泣きながら訴えてきたものを文章化して、本人の許可を得て掲載しています。それでも高いワークを買わせてやらせっぱなし、続けますか？　教科指導を差し置いて、部活で全人教育なんて言いますか？　先生の仕事ってなんですか？ | Facebook

---

ボクは勉強が分かるようになりたい

小学校のころから、人より覚えるのも理解するのも遅いと思っていた。

先生に言ったら、「ちゃんと話を聞かないから悪い」って言われるけど、ボクとしては聞いてるつもりなんだよね。教室では先生が30人に向かって毎日話をするんだけど、先生の話が始まるとぼーっとしてしまう。どうしても隣の人や前の人が気になって気持ちがどっかに行ってしまうんだ。

一番前の席だったらそんなことないんだけど、中学校では班活動とかで前の席を選ぶのはできないようになってる。だから余計に勉強がわかんない。

そもそも聞いてわかるんならこんなに勉強がわからなくならない。聞いてわかんないから困ってるんだ。1対1で説明してもらうとわかるのにね。

ボクはワークを出さないんじゃなくて出せないんだ。
試験前に勉強しようとワークを広げても、今やってるところがわかんないから全くわかんない。自分で考えろって言われるから出来そうなところまでさかのぼってやってると試験に間に合わない。だからワークもできてないし、テストもひどい点数だ。

もともと授業わかんないのに、ワークを出せってさ、答えを丸写しするしかないやん。だから毎回答えをそのまま写して出してるんだけど、それじゃだめだ、自分で考えないから力にならないんだって言われる。答えの解説読みながら考えたら分かるからってさ、読んだらわかるんならそもそも先生なんて要らないってば。分からないから困っていて、だけど丸写ししたら怒られて、出さなかったらもっと怒られて、どうしたらいいのかわかんない。

そして授業は毎日どんどん進んでいって、ボクは毎日友達から取り残される。

中学校の先生は、毎日30人に向かって授業をしている。ボクは毎日6時間、ぼーっとして時間を過ごしている。学校の楽しみは、休み時間。だけど休み時間は「遊ぶな、ワークをやれ」と言われる。もう地獄だよ。

第1章　小学生と中学生は算数文章題をどう解いているか　21

【第1章のまとめ】

　小学生・中学生が算数文章題が解けない問題は今に始まったことではなく、30年以上前から話題になっていた。その間、行政も、学校も、研究者たちも、何もしなかったわけではない。状況を改善するように、それぞれが努力を重ねてきた。しかし、根本的な解決にはまったく至っていない。何が問題なのだろうか？

　子どもたちの躓きが、各方面の長年にわたる多大な努力にもかかわらず解消されない理由は一つではないが、一言で集約するなら、子どもの問題というより大人の側の問題である。大人の側が、学ぶ内容を子どもが理解できない原因の本質を捉えず、局所的な対症療法のみが繰り返し試みられてきたことに尽きる。そして、その背後には、知識とはどういうものかについての誤解と、人間の記憶や思考の仕組みについての不理解がある。以下、大人側にある問題を列挙してみよう。

1　文部科学省が実施してきた全国学力テストをはじめとした標準学力テストの得点を「学力」と捉え、そのようなテストで「高得点を取る」ことが「学力をつける」ことだと捉えてきたこと。しかし、そのようなテストでは、子どもの躓きの根本を見定めることができなかったこと。
2　「知識」について誤解していること。
3　人間の記憶と思考のしかたの仕組みについて誤解

していること。

4 子どもの躓きの本質を理解しないまま、わかりやすく教え、その問題を何度も繰り返して解く練習をさせれば子どもは理解し、知識が定着するはず、という信念をもって大人（行政、教師、保護者など）が教育を続けてきたこと。その結果、局所的な対症療法だけが考案され、試みられてきたこと。

　1〜4は相互に関連していて、それぞれを単独で扱うのは難しい。その中でも、2と3は核であり、1と4の原因となっている。

　筆者はそもそも教育学・教育行政学の専門家ではなく、認知科学を専門としている。本書は、これまで子どもが学びにつまずいたまま放置された行政的な施策や子どもの学びへの意欲低下や不登校の原因になっている評価システムについても言及はするが、批判をするために本書を書いているわけではないことを最初に述べておきたい。

　本書の主眼は、**現状の制度の背後にある「知識」「記憶」「思考」という、学びの根幹になる認知の仕組みについての誤解を指摘**することにある。そのうえで、評価と教育実践について、認知科学・学習科学の研究から蓄積された知見に依拠して、行政、学校、保護者にとって、**そしてなにより子どもたちにとって役に立つ提案**をしていきたい。

第1章　小学生と中学生は算数文章題をどう解いているか　23

第2章
大人たちの誤った認識

1 テストと学力についての誤認識

第1章で述べたように、本書は、現状の教育システムを批判することを目的としていない。しかし、現行の学力テストのあり方、特にその結果の受け止め方については大きな疑問をもたざるを得ず、多くの子どもたちの学校での学習に対する意欲低下の原因にもなっていると考えている。そして学力テストのあり方は、「知識」という学びにとって核となる最重要の概念に対しての誤解を端的に反映しているものなので、第2章では、この問題から始めよう。

全国学力テストの得点をあげることが「学力をつける」ことか

自治体の教育委員会や学校の先生たちからよく連絡をいただく。彼らはみな、子どもの学力の低迷に悩み、なんとかしたいと真剣に願っている。ほんとうに一生懸命取り組んでおられ、頭が下がる。その中でみなさんが一様に、本県(市、学校)は全国学力・学習状況調査(以後、全国学調)の得点が振るわなくて、全国(県内、市内)の順位も低くて、

24　第Ⅰ部

と申し訳なさそうに言うことがとても気になっている。「全国学力テストの得点＝学力」という観念が日本全国に沁みついているようだ。

　しかし、ほんとうにそうなのだろうか。全国学調のほんとうの目的は何だろうか？　すくなくとも、自治体や学校の間に序列をつけることではないはずだ。しかし、昨今の、全国学調についての報道での取り上げや、それに対する自治体首長の発言、当事者（自治体の教育委員会や校長）の受け止め方などを見ると、とにかく、全国学調の得点と順位をあげることにやっきになっている印象だ。高位の自治体の中には、年一度のこのテストのために入念に過去の問題を解かせるなどの事前準備をさせたり、得点が振るわないことが予想される子どもたちを受験させないなどの操作の報道も後を絶たない。

　テストは正確に得点化することが大事だ。テストがあるとなれば子どもは勉強するだろう。これがテストに対するもっとも一般的な考えではないだろうか。しかしなぜ厳密に得点化しなければならないのだろうか？　入学試験なら理解できる。ある学校に入学を希望する人の数が定員を上回っている。しかし教育の質を保つためには定員以上受け入れることができない。こういう状況では、１点刻みで厳密に点数をつけ、得点順に並べて選抜するしかない。

　しかし、学力調査は何のためにするのだろうか？　子どもを得点順に並べ、学校を得点順に並べ、さらに自治体まで得点順に並べて序列を作ることに何の意味があるのだろうか？　テストの本来の意義は、子どもが学習した内容を

第2章　大人たちの誤った認識　　25

どのくらい理解して、生きた知識にしているのかを教師が把握することであるはずだ。序列をつけて、平均より上なら OK という問題ではない。クラスの子ども全員が学習した内容を理解できていない状況もないとはいえない。この場合、子どもたちみなが本質的には理解できていない中で、要領のよい、気の利いた子どもは他の子どもより少し良い点を取れるかもしれない。しかし、他の子どもより点数は上でも、理解できていないことに変わりはない。全国学調は、このような状況に陥っていないだろうか。言うまでもなく、全国学調の目的は、子どもの学力を把握することのはずだ。しかし、順位づけをしても、もちろん学力の把握はできない。テストのこの問題を多くの子どもは解けない（あるいはこの問題は解ける）ということがわかるだけである。これが意味のないことであるとは言わない。もしそれが適切に対応されるなら。

　では、ほんとうに適切な対応とは何か。ひとつには、学習指導要領を見直すことだろう。もしある学年の子どもの半分が単元の学習を満足に理解できていないとしたら、するべきことは、子どもを締め付けることではなく、学習指導要領に定められた内容が現実的なものなのかを見直すことではないだろうか。**全国学調を、子どもや学校、自治体や教育委員会の成績簿という現状の見方から、文部科学省が定める学習指導要領が適切で、今の子どもの実情に合っているものかを見直すための成績簿という見方に変えたらどうだろうか。**

　筆者は一概に学習指導要領の内容が適切でないと主張す

るつもりはない。学習指導要領が、日本の学校に通う子どもにこれだけは学修してほしいという願いをこめて文部科学省が時間をかけ、多くの有識者の知恵を結集して作成されたものであることは、十分理解している。筆者自身、その過程に少しだけかかわらせていただいた経験もあるのでよくわかっている。しかし、**それが今の子どもたちの現実に合わないものだとしたら、多くの学校と子どもたちに無理を強いるより、学習指導要領を見直したほうがよい**とも思っている。そして、ほんとうの学力とは何かという根源的な問いから始めて、より現実に即した内容や学習の順序を定めるべきではないかと考えているのである(ほんとうの学力とは何か、という問題は後ほど改めて取り上げる)。

　もうひとつ、子どもの学力を把握する必要がある理由は、指導に活かすためである。「この類の問題の正答率が低いということは、こういう問題の理解が子どもには難しいからだ。だから、もっとわかりやすく教えられるよう、教え方に工夫をしよう。そしてもっと子どもにこういう問題の類題をたくさん解かせて、練習させよう」。これが従来、普通に考えられ、実践されてきたことである。これは、もちろん善意の考えだ。しかし、**果たしてこれが子どものためになってきたのだろうか?　ほんとうに子どものためになっているのなら、なぜ先生たちがこんなに一生懸命指導しているのに、「子どもが算数文章題を解けない問題」は何十年も解決されないままになっているのだろうか?**

第2章　大人たちの誤った認識　27

テストの意味についての誤解
——これまでの学力テストで子どもの躓きがわかるか

　あらためて考えてみたい。全国学調や標準学力テスト、単元テストで、指導に活かすための情報を得られるのだろうか？　これらのテストからわかるのは、教えた内容がどの程度（正答率として何％）正解できているかという情報ではないだろうか。どのような問題は難しく、どのような問題は比較的理解しやすいかもわかる。では、この情報は指導の役に立つのだろうか？

　難しい問題を繰り返し解かせることで子どもの学力が伸びるのなら確かに役立つだろう。しかし、認知心理学のこれまでの長年の研究で明らかになった知見を鑑みれば、**わからない問題を繰り返し解かせ、繰り返し跳ね返されることは、「わかること」には絶対につながらない**。たくさんの問題を解くうちに正しい筋道を自分で発見できるようになる子どもがいないとは言わない。しかし、そういう子どもは決して多くない。できないことをなぜできないのかわからないままにひたすら繰り返させられると、人はどうなるか。そのことが大嫌いになる。勉強嫌いはこうしてつくられるのだ。

　従来の学力テストや単元テストによって、子どもがなぜ間違うのか、なぜ答えられないのかということはわかるだろうか？　例えば、令和3年度全国学調6年生の算数の問題で、「8人に、4Lのジュースを等しく分けます。1人分は何Lですか」という問題は正答率が55.7％だった。8÷4＝2という式をたて、2リットルと答える誤答がもっ

28　第Ⅰ部

とも多く、解答全体の 36% を占めた。解説には「問題文の数字を出た順番に式に入れる傾向が強い」と書かれていた。しかし、これは「なぜつまずくのか」という問いに答えているだろうか？　また、指導に役立つ答えなのだろうか？

　前述のように、小学生も中学生も、文章題について、様々な思い込みの方略をもっている。「問題文にでてくる順番に数字を式に入れる」は方略のうちの一つだ。では「問題文にでてくる順番に式に数字を入れてはいけない」と指導したら子どもは文章題が解けるようになるのだろうか。効果は見込めないだろう。むしろ逆効果だろう。問題文にでてくる数字をそのまま式に入れたら正答する場合もあるからだ。

　算数文章題が解けない問題が何十年もずっと解決されないままになっているのは、このような解き方の方略の分析に終始し、子どもに大人が分析した「正しい（もっともよい）解き方」を教え、覚えさせようとしてきたことが大きな原因として存在しているからなのである。

2　知識についての誤認識

「知識」と「学び」についての誤解
　すでに述べたように、学びの躓きのほんとうの原因を明らかにすることができないテストを何十年も続けてきたことは、「知識」がどのようなものであるかについての誤解に由来するところが大きい。

　人はどのように学び、知識を得るのか。知識のとらえ方、

第2章　大人たちの誤った認識　29

つまり知識観は学習と切っても切れない関係にある。「知識」という究極的に抽象的な存在をどうとらえるか。それは哲学では非常に重要な問題として、扱われてきた。哲学では、知識に対する認識のことを「エピステモロジー」という。認知科学では、エピステモロジーを哲学の問題としてだけではなく、実証科学の問題として扱ってきた。

筆者はこれまで、多くの学生や一般の人に「知識とは何か」と尋ねてきた。多くの人に共有されている知識像はこのようなものだと思う。

- 知識は「客観的な事実」の集積だ。
- 知識は多ければ多いほど良い（モアイズベター信仰）。
- 知識はわかりやすく教えれば相手（学び手）の脳に移植できる。

残念ながら、これらの知識観は認知科学の膨大な数の研究から得られた知見とはかけ離れている。知識というものに対して、多くの人が大きな誤解をしているのである。

では認知科学の研究が明らかにしてきた知識の姿とはどういうものか。本書を通じて、このことについて読者にお伝えしていきたいのだが、ここでは**知識は「覚えるもの」ではなく「学び手が創り上げていくもの」であること**、**「生きた知識」と「死んだ知識」がある**ということの２点だけ、とりあえず指摘しておきたい。

ここからしばらく、「知識」や「記憶」について、認知科学の少し専門的な話をしなくてはならない。子どもがな

ぜつまずくか、それを解消するためにどうしたらよいかについての結論を一刻も早く知りたい読者は、まどろっこしく思われるだろう。しかし、それでもしばらく我慢してお付き合いいただくようお願いするしかない。先ほど述べたように、**これまで行政や教育現場では、よかれと思い、子どもの学力向上のため、躓きの解消のために多大な努力がなされてきたが、それが必ずしも有効ではないことがよくみられた。それは、「知識」「記憶」「学びの認知過程」など、教育にとってもっとも重要である概念について重大な誤解があるからなのである。**この誤解について説明しなければ、その先の、読者がもっとも知りたいこと、すなわち「子どもがなぜ算数の問題を解けないのか」「なぜ算数が嫌いなのか」「躓きを解消するために何をするべきなのか」という話にたどり着けないのである。

生きた知識と死んだ知識

暗記して、「テストでは答えられるが、実際には使えない知識」と言ったらだれでも思いつくものがあるのではないか。大人も子どもも「死んだ知識」を少なからず持っている。例えば英単語を100個、辞書を読み意味を暗記した。しかし、それを使って英文を作れない。これは、「死んだ知識」と言えるだろう。子どもが、かけ算を覚えた。九九を覚え、筆算のしかたも覚えた。しかし、かけ算をいつ使ったらよいかわからない。こういう状況を第1章で見てきた。これも「死んだ知識」の例である。

「生きた知識」は、単体で存在する断片的な情報ではな

く、知識のシステムの一部である。英単語の日本語訳をい
くらテストで書けたとしても、英語の文法の知識や、他の
類義の単語との違い、その単語の英語での多義の拡張のさ
れ方や慣用的な使われ方がわかっていなければ、文を作る
ことができない。かけ算も同じで、かけ算の計算のしかた
だけ覚えても、そこだけで閉じた、断片的な計算手続きの
情報を記憶しただけでは、文章題を解くことはできないの
である。

　ではかけ算の知識が「生きた知識」になるためには、知
識がどういうもの(状態)になっていなくてはならないのだ
ろうか。これについては、もう少し後で具体例とともに説
明することにする。前段落で、「断片的な計算手続きの情
報を記憶しただけでは」と述べたが、情報と知識はどう違
うのか、記憶と知識はどう違うのか混乱したかもしれない。
まず、それについて整理したい。

記憶についての誤解——大事なのは暗記力なのか

　認知科学のことを知らない人たちと話していると、記憶
についても大きく誤解していると感じることが多い。ここ
でも特徴的な誤解を挙げてみる。

- 記憶術のように無関係な項目を短い時間で大量に覚え
  る能力が学びに大事な「記憶力」だと思っている。
- 一度覚えたことは(自分も子どもも)ずっと覚えていると
  思っている。

レディーゴー。選手たちが見るのは架空の年表。西暦何年に何が起こったか。架空の世界の架空の重要な歴史的なできごとが年代順に並べられている。選手たちはひたすら年号とできごとを対応づけて覚える。テストのときは、年代順ではなく、時系列がばらばらにされて、それぞれの年に何が起こったかを書かなければならない。

　中学生や高校生が社会科の授業で歴史の勉強をしているときのようだ。しかし、これに取り組んでいるのは記憶力選手権に出場している選手たち。非常に短い時間の中で、長い年表、しかも、既存の知識がまったく使えない状況で、年号とできごとの組み合わせを覚えなければならない。彼らは何を競っているのか。もちろん記憶力である。そして、この大会で高成績を修めるような人、これが、**一般の人がもっている「記憶力がよい人」の典型的なイメージ**である。

　競技として記憶力を競うのは、チェスや将棋と同じように、メンタルスポーツである。選手たちはひたすら与えられた項目を短期間にミスなく暗記することを求められ、順位が決まる。チャンピオンになるにはリアルスポーツの選手や将棋や囲碁のプレーヤーたちと同様、長年の集中した訓練が必要である。記憶力選手権で好成績を収める選手たちは、何を訓練しているのだろうか。

　彼らはもともと意味のない、ばらばらの項目を関連づけ、心にイメージを焼きつける訓練をしているのである。詳しくは、ジョシュア・フォア『ごく平凡な記憶力の私が1年で全米記憶力チャンピオンになれた理由』をお読みいただきたい。フォアは雑誌に記事を寄稿するジャーナリストだ

第2章　大人たちの誤った認識　　33

った。記憶力選手権に興味をもち、聴衆として参加したところ、この競技に魅せられ、自分も選手として大会にエントリーすることを決め、訓練を始めた。彼は、認知科学の記憶の熟達についての文献を丹念に読み、熟達分野でもっとも著名な研究者であった故アンダース・エリクソン教授にアドバイスを求め、科学のエビデンスに従って訓練をした。エリクソン教授が提唱する「集中し、工夫を凝らした本気の練習」(deliberate practice)を実践したのだ。練習時間やそこで直面した問題を丹念に記録し、対処法を考え、試し、データをグラフ化し、分析して、フィードバックを得る。すると記憶力は飛躍的に伸びていき、「世界で一番忘れっぽい人間」を自認していた彼が、1年で全米記憶力選手権で1位を取ったのである。

「情報」の記憶は「知識」ではない

つまり、一度に大量の情報を覚える能力は生まれつきの能力ではなく、訓練による技術習得の問題なのである。もちろん生半可な訓練ではダメで、大会に向けて真剣に練習するアスリートのように、毎日の、真剣でストイックな訓練が必要なのだが、科学的に正しいやり方で真剣に取り組めば、記憶力を飛躍的に伸ばすことができるのだ。しかし、記憶力プレーヤーのように、与えられた大量の項目を短期間に頭に詰め込むことが学びにとても大事なら、学校でも記憶術の訓練をすればよいではないか。なぜ今も、これまでも、そうしてこなかったのだろうか?

記憶術のテクニックは確かに短期間に大量の情報を詰め

34　第I部

込むには有効だ。しかし、詰め込んだ情報は生きた知識にはならない。記憶力プレーヤーは、詰め込んだ情報をテストで書いたら、新しく入ってくる情報と混同しないようにすぐに頭から消去しなければならない。つまり、「情報」を「知識」にしてはいけないのだ。

　記憶術では「生きた知識」はもとより「死んだ知識」ですら「つくられない」ことが重要なのである。対して、迫るテストに備えて、必死で項目を暗記し、テストが終わったらきれいに忘れる子どもたち。一夜漬けで明日のテストのために「情報」を記憶しても、テストが終わったら何も残らない。多くの場合、残されるのは「死んだ知識」のみである。下手をすると、それすら残らないかもしれない。しかし、それでは学校での学習は成立しない。一般的に学校の学習は習得した知識を使わなければ次の単元の理解が成立しないからである。

　情報と知識の関係

　ここで、情報の記憶と知識の関係について一言述べておいたほうがよいだろう。外界には無数の情報が存在する。私たちはそのごく一部に注意を向け、それを自分の中に取り込もうとする。英語を学習している中学生の視点で例を考えてみよう。"I am happy"という文が教科書にあり、「私はうれしい」とはこう言うんだな、と知る。"happy"は「うれしい」ということを覚える。これは単なる情報の記憶である。

　このように、情報は、知識になる場合もあれば、知識に

第2章　大人たちの誤った認識　　35

ならず、情報のままで終わってしまう場合もある。学校で教えられたことが、記憶力プレーヤーのようにすべて消去されることは少ないだろう。何がしかは記憶に残り、教えられた内容そのままをテストで問われれば、答えを書くことができるかもしれない。例えば、漢字の書き取りや単純な計算問題などは答えることができるだろう。覚えた内容をほぼそのままの形で想起し、テストで答えることができる記憶内容は、いちおう「知識」と言ってよいだろう。

　第1章で紹介した小学3〜5年生に実施した算数文章題の中で、1問だけ3年生でも高い割合で解けた問題があった。「ジュースを $\frac{3}{7}$ リットル飲んだから残りが $\frac{2}{7}$ リットルになった。もとのジュースの量は何リットルだったか」という問題である。これは二つの分数をただ足すだけでよく、通分も必要ない。しかし、教わった通りの計算ではなく、筆算の答えのほうではなく、例えば図2-1のように、虫くいになっていて、そこに入れるなど、ちょっと形式が変わると答えられない子どもたちが少なからずいる。そういう記憶は、生きた知識ではなく死んだ知識だろう。

$$\frac{\square}{7} - \frac{3}{7} = \frac{2}{7}$$

図2-1　虫食いの算数の例

　本書のここまでの書き方は、「生きた知識」と「死んだ知識」はどこかに境界線があり、スパッと分けることができる、と読者に思わせるものだったかもしれない。しかし、

多くの知識はその中間のグレーゾーンにある。それが、ほぼどんな状況でも問題解決に使えない知識なのか、限定的には使える知識なのかによって、「生きた知識」の極への近さが決まる。

「生きた知識」の究極のかたち
——達人たちの使いこなし方

「生きた知識」の極、つまり最高段階の「生きた知識」とはどのようなものだろうか。ここではとりあえず「様々な状況においてすぐに取り出せて問題解決に使える知識」としておくが、例を出したほうがわかりやすいだろう。各分野で超一流とされる達人がもつ知識こそが究極の「生きた知識」と言える。一流の達人の特徴は、判断や手技が素早く、正確なこと、判断が優れていること、「見る目」（いわゆる「心眼」）があって、よい作品、よいパフォーマンスとダメなものとの評価が正確でブレない、そして、独創的であることである。

ちなみに、その分野の**一流の達人は、記憶の達人でもある**。しかし、**記憶術の達人ではない**。記憶力プレーヤーのように、無意味な情報を短期間に大量に覚えることはできない。それでも、熟達した分野で意味がある情報については驚くべき記憶力を見せる。例えば、一流のプロ棋士は将棋の盤面を一瞬見ただけで、その盤面を完璧に再現することができる。対して段をもつ上位のアマチュア棋士が同じ盤面を１分見つめても、完全に再現することはできないだろう。この違いは「記憶力」の違いなのだろうか？

第２章　大人たちの誤った認識　37

そう、記憶力といえば記憶力だ。ただし、将棋の一流の
プロは、駒の一つ一つがどこにあるかをいちいち記憶した
わけではない。盤面を見た瞬間に、**その盤面の「意味」が
わかった**のだ。双方がどのような流れでこの局面になり、
この先どのように展開していくのかが理解できる。頭に入
っているその局面の意味を考え、そこから盤面に再現して
いったにすぎないのだ。このように、将棋の超一流のプロ
の優れた記憶力の背後にあるのは、断片的な情報を頭に入
れる記憶術のスキルではなく、究極の「生きた知識」なの
である。盤面を見た瞬間に、記憶にある膨大な量の棋譜の
知識の中から、この盤面に関する棋譜が、心に「浮かび上
がって」くるのだ。

　しかし「心に浮かび上がる」とはどういうことなのか。
単なるレトリックの話ではなく、認知科学では「生きた知
識」を理解するための鍵となる、とても重要な現象である。
将棋に限らず、どのような分野でも、その分野の超一流の
達人は現在の状況を一瞬で見極め、その状況ともっとも関
係する記憶を取り出してくることができる。これは極度に
高度で熟練が必要なことである。プロ棋士は子どものころ
から定跡を覚え、膨大な数の対戦をしている。定跡でない
他の棋士が打った手筋も頭に叩き込む。その結果、膨大な
量のデータが記憶にあるはずだ。その中から、ある局面を
一瞬見ただけで、駒の配置のパターンから現状にもっとも
関係するデータを取り出すというのは、人間の情報処理能
力の制約から考えると、とてつもないことなのである。デ
ータをただ単に「暗記」しただけでは、できるはずもない。

膨大な量のデータが整理され、適度に抽象化されて、すぐに取り出し可能になっている。この時点で、棋士の脳の中に在るのは、単なる情報の記憶ではなく、知識、それも極度に洗練された究極の「生きた知識」なのである。

アマチュア棋士は棋譜の「生きた知識」をもっていないわけではない。**一流のプロ棋士に比べて精度は劣るが、それでも「生きた知識」の極にはだいぶ近い。**子どもがかけ算の計算のしかたは知っていても、いつ使ったらよいのかわからない。かけ算と割り算の関係もわからない。こういう状況にあったら、その子どもの「かけ算の知識」は限りなく「死んだ知識」の極に近いだろう。この「**死んだ知識**」を「**生きた知識**」に変えること。**最終的には、達人のように、必要なときに取り出せて「使える」知識、さらにそれを組み合わせ、拡張させることで新たな知識を自分で創造できるように子どもを教育する。それこそが教育者の仕事なのである。**

言語化できる知識と言語化できない知識

知識には「生きた知識」と「死んだ知識」がある（図2-2）。これと関係して、知識には「言語化できる知識」と「言語化できない知識」があることも知っておいてほしい。

江戸幕府が成立した年号は、知っていればことばで言うことができるので、「言語化できる知識」である。「英語の不定冠詞"a"と定冠詞"the"の違いを説明しなさい」と問われたとき、「不定冠詞は、名詞が限定されていないときに使う知識で、定冠詞は名詞が既出であるか、「太陽」の

第2章　大人たちの誤った認識　39

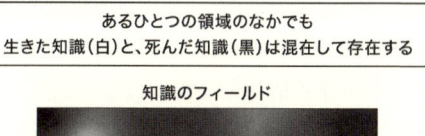

あるひとつの領域のなかでも
生きた知識（白）と、死んだ知識（黒）は混在して存在する

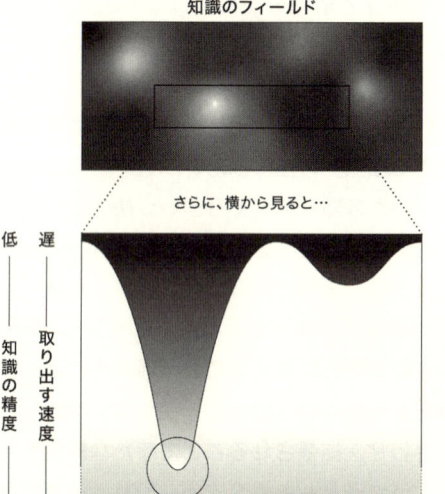

図 2-2 「生きた知識」と「死んだ知識」

ように世界に一つしかないので、限定されている名詞の場合に使う」と答えられたら、それは言語化された知識である。その先に、定冠詞・不定冠詞を英語母語話者のように自在に使い分けできたら、その知識は「生きた知識」であるが、英語をアウトプットするときに的確に使い分けできなければ、それは「死んだ知識」である。

定冠詞・不定冠詞を自在に使い分けができるとしたら、

40　第 I 部

その知識は「言語化できる知識」だろうか？　そうとは限らない。定冠詞・不定冠詞を使い分けることができても、なぜこのときに定冠詞で（あるいは不定冠詞で）なければならないかを説明できない母語話者は多い。英語を母語とする小学生は話すときに"a"と"the"の使い方は間違わないが、定冠詞と不定冠詞ということばすら知らないだろうし、ましてやその違いの説明など、できるはずがない。しかし彼らは間違いなく、英文法の「生きた知識」をもっている。

　日本語話者でも、このような、言語化できない「生きた知識」をたくさんもっている。「てにをは」の使い方の知識や、文脈によるアクセントの変化の知識などである。

　例えば、「もさもさ」とはどういうオノマトペなのか？デジタル大辞泉では、

　　①乱雑にたくさん生えているさま。
　　②動作がのろいさま、機敏でないさま。

の二つの語義があげられている。ここで「もさもさの犬」「髭がもさもさになった」を声に出して読んでほしい。次に、「高く生い茂った草をかき分けてもさもさ歩いた」「冷めきってしまった飯をもさもさ食べた」と言ってみてほしい。何か気づいただろうか？

　アクセントの場所が違うのである。「もさもさの犬（髭）」のときは、（東京方言では）アクセントは「も」が低く、「さ」が高くなるので「低高低高」のアクセントとなる。しかし、「もさもさ歩く」というときはその逆で、「高低高

第2章　大人たちの誤った認識　41

低」となる。一般の人は、何も考えず、ごく自然に文脈によってアクセントの位置を変えることができる。言語学者の説明によると、「もさもさの犬」「もさもさになる」は、語義①の、もさもさの状態であること、その状態になったことを示す。そのときは、低高のパターン。「もさもさ歩く／食べる」というときは、②のほう、つまり、動作の様子を示す。すると高低のアクセントパターンになるのである。しかし、言語学者でない一般人は、大人でも、なぜアクセントが変わるのか説明できないだろう。しかし、二つの意味のそれぞれの使い方を「正しいアクセント」で言うことはできる。

このように、母語話者は、母語については非常に豊かな「言語化できない生きた知識」をもっているのである。その一部は言語的に説明できるが、細かいところまで説明するのは難しい（それを分析し、言語化するために一生を捧げるのが言語学者である）。

暗黙知すなわち「生きた知識」ではない

「生きた知識」のほとんどは、言語化できない知識を含む。これを哲学者のマイケル・ポランニーは名著『暗黙知の次元』の中で「暗黙知」と呼び、その重要性を強調した。認知科学ではこのような、言語化はできないが、行動を可能にする知識を「手続き的知識」と呼んでいる。ちなみに、言語で説明できる知識は「宣言的知識」と呼ばれる。熟達者は自分の知識を分析し、言語化することにも優れているので、宣言的知識をもたないわけではないが、宣言的知識

しかないと実際にその知識を使って問題解決をしたり、複雑なタスクをスムーズに実行したりできないことが多い。たくさん知識をもち、TOEFLなどのテストで高得点を取れるが流暢にアウトプットできない英語学習者は、そのよい例である。

このように書くと、「暗黙の知識(暗黙知)」＝「生きた知識」＝「問題解決に使える**よい**知識」という方程式を導いた読者が多いのではないかと思う。しかし、申し訳ないが、話はそんなに単純ではない。

3　スキーマなしでは学習できない

暗黙の知識、スキーマ

認知科学に「スキーマ」ということばがある。最重要の概念である。スキーマとは、学習者が(というよりすべての人が)経験から導出した暗黙の知識である。先ほど述べた達人の「究極に洗練された生きた知識」はスキーマの一種である。

もちろん、達人ではなくても、スキーマはもっている。母語を使うために母語話者がもっている知識、例えば「てにをは」のような助詞を適切に使い分けたり、文脈によってアクセントの位置を無意識に変えたりできるのは、スキーマがあるからだ。

人は、スキーマをもたずに情報を記憶することは非常に難しい。例えば、以下の文を何回か読んだら内容を覚えられるだろうか？

手順は実際のところきわめて簡単である。まず、もの
をいくつかのグループに分ける。

　もちろん、しなければならない量によってはひと山で
も十分かもしれない。もし設備がなくて、どこかほかの
場所に行かなければならないのなら、それが次の段階と
なるが、そうでなければ準備完了である。大切なのはや
りすぎないことである。つまり、一度に多くやりすぎる
よりは少なすぎる方がましである。目先を考えれば、こ
のことは重要とは思えないかもしれないが、面倒なこと
になりかねないのである。失敗は高くつくことにもなる。
最初は手順全体が複雑なものに思えるかもしれない。し
かしすぐに生活の一面となるだろう。近い将来にこの仕
事の必要性がなくなるということは予見しがたいが、そ
れは誰にもわからない。手順が完了すると、ものをふた
たびいくつかのグループに分けて整頓する。それからそ
れは適当な場所に収められる。結局は、それらのものは
すべてもう一度使われるだろうし、そうするとすべての
サイクルを操り返さなくてはならない。しかしながらそ
れは生活の一部なのである。

　この文章はとても覚えにくいはずだ。文章が意図的にわ
かりづらく書かれているのだ。むずかしい単語がちりばめ
られているわけではない。何について書かれているのかが
よくわからないので、スキーマが想起できないのである。
スキーマが想起できないと行間が埋められないので、何が
書かれているか理解できない。しかも、スキーマは無意識

のうちに、情報を選択する。スキーマに合わない情報は注意が向けられず、外界にあっても学習者には無視され、学習者に届かない。スキーマが使えないと記憶もできない。記憶した事柄は時間が経つにつれ薄れていくが、そのとき、スキーマに合う情報はスキーマの中に取り込まれる形で残り、スキーマに合わない情報は忘却されやすいのである。

このテキストには実は「洗濯の手順」というタイトルがついている。それを教えられると、洗濯の手順についてのスキーマを想起することができ、このわかりにくいあいまいな文章の行間を埋めることができる。そうすると、文章の記憶も先ほどよりは、ずっとよくできるようになる。

スキーマがつねに正しいとは限らない

先ほど述べたように、スキーマは学習に欠かせない。スキーマはたくさんの経験が抽象化された、特定の分野の枠組みとなる暗黙の知識である。当該分野のスキーマをもつことは、「生きた知識」をつくるために必須である。一流の達人がもつ優れた直観を伴う暗黙知はとても質の高い、高度に洗練されたスキーマである。

しかし、その逆は真ではない。**すべてのスキーマが正しいわけではない**。スキーマで自分の中に取り込む情報を取捨選択し、スキーマを使って情報を解釈し、そこにない情報をスキーマで足し、行間を埋める。必然的にスキーマはテキストや人が言ったことの理解にも、その記憶にも大きな影響を与える。

では、スキーマが誤っていたら、何が起こるだろうか。

第2章　大人たちの誤った認識　45

スキーマはもっていることを意識されずに学習に使われる。だからよけいに、スキーマが間違っていると学習に大きな、ネガティヴな影響を及ぼす。

スキーマにはいろいろな種類のものがあり、抽象度も様々である。算数の文章題が解けない子どもは、「割り算と引き算はどっちも答えをもとの数字より小さくする」や「「倍」ということばがあったらかけ算」など、文章題を攻略するための方略をもっている。これもスキーマの一種である。この誤ったスキーマが子どもの算数の理解にネガティヴな影響を及ぼすことは想像に難くない。

興味深いことに、母語については、根本的に誤ったスキーマはほとんどない。しかし、**外国語については誤ったスキーマを多くもっている**。母語についてもっている豊かなスキーマを外国語の学習に無意識に転用しているからである。例えば、先に述べた文脈によって変わるアクセントの位置のスキーマは、日本語独特のもので、英語や中国語にはまったく使うことができない。筆者はかつて中国語の学習に挑んだが、大学に職を得て忙しい時期だったので、十分に勉強の時間が取れず、途中でやめてしまった。中国語学習で大きな障害だったものの一つが日本語でのアクセントのスキーマである。(標準)中国語は漢字一つが一音節で、それに四つの声調が決まっている。声調というのは、ざっくりというと音の高低である。単語が二つ以上の漢字で作られていても、(一部の例外を除いては)一つの漢字の声調が保たれるため、日本語ではありえないアクセントパターンをもつ単語が中国語にはたくさんある。日本語の単語の

46　第Ⅰ部

アクセントパターンのスキーマが邪魔をして、中国語の
アクセントパターンのスキーマをつくることが筆者には
難しかった。それもあって、筆者の中国語学習は頓挫して
しまった。

数と量について誤ったスキーマをもってしまったら
　数の概念についても、物理や化学などの科学の分野でも、
子どもは多くの誤ったスキーマをもっていることが多くの
研究によって報告されている。例えば、多くの子どもは
重さについての誤ったスキーマをもっている。自分で手に
持ってみて、重さを感じないと「重さはない」と思ってし
まう。コメ１カップには重さがあるが、一粒には「重さが
ない」と考えるのである。
　誤ったスキーマは、発達に伴い知識が増えて自然と修正
される場合もあるが、修正されずに大人でも持ち続けてい
る場合もある。基本的に人は──特に子どもは──視覚や
触覚などの知覚できる経験に頼ってスキーマをつくる傾向
が強い。人類が長い間天動説を信じていたのは、その典型
である。地球が太陽の周りを公転しながら自転しているこ
とは、直接目で見て経験できるわけではない。今でも多く
の子どもは──そして文化によっては成人でも──天動説
を信じている。かなり前ではあるが、小学５年生の半分以
上は天動説信者であるという調査の結果が新聞で報道され
ていた。「科学で証明された正しい事実」を学校で教えら
れて、テストには「正しい事実」を書いても、それは「死
んだ知識」として断片的に覚えているだけであって、ほん

とうは天動説スキーマがどっかり腰を据えていて、ちょっとやそっとの「教え」では動かないのである。

さらにやっかいなのは、**概念の根幹に近いところの一つの誤ったスキーマはたいてい他の誤ったスキーマとつながっていって、どんどん塊を大きくしてしまうことである。**先ほど、自分自身で重みを感じられるものだけが「重さ」をもつという誤ったスキーマを多くの子どもが共有していると述べたが、重さについてのこの誤ったスキーマは、濃度の概念についての誤ったスキーマを誘発する。多くの子どもが、塩などの物質が、液体に溶けて目に見えなくなってしまうと、やはり「重さ」がなくなり、存在そのものが消えてしまうと思っている。重さを感じられないものは重さがないと思うのと、目に見えなくなると存在がなくなり重さがなくなると思うのは、同根のスキーマの問題なのである。このスキーマをもっていると、算数や理科で扱う液体の濃度の問題は、子どもにとっては意味をなさなくなる。

実際、**認知科学では、学習の躓きのもっとも大きな原因は、スキーマの誤りであると考えられている。**スキーマを使って新しい知識を創造することだけが学びではない。**誤ったスキーマを修正するのが、学校での学びの大きな役割**である。これは一見簡単なことのように思えるが、非常に難しいことなのである。

知識は教えるもの、教えられるものという誤解

子どもの学力不振の原因となっている大人側の誤解に、教育についての信念がある。この信念は、知識と記憶につ

48　第Ⅰ部

いての誤解に起因するものである。知識は客観的な事実の集積で、それをたくさん覚えるほどよい、というエピステモロジーをもっていると、必然的に知識は教えられて覚えるものだという信念につながっていくのである。すると、子どもたちは、知識は自分でつくっていくものではなく、効率よく教えてもらえるものと思うようになる。つまりは、学びに対して受け身になってしまうのである。

　また、この知識観をもっている教え手は、わかりやすく教えれば子どもたちはわかるはずだという信念ももつようになる。できない問題は繰り返し解く練習をすればわかるようになるはずだ、できないのは、子どもたちのやる気や集中度が足りないからだ、と思うようにもなる。

　一時期、学習指導要領では「主体的で能動的な学び」が大事だと謳っていた。しかし、教員の研修や学校での授業を見学すると、主体的で能動的な学びは、行動のことだと現場で受け止められているのではないかと感じることが多い。子どもたちが活発に手を上げ、たくさん発言していることが主体的で能動的な学びだと思っているのではないか。

　認知科学の観点から言わせていただくと、それは違う。活発にたくさん発言することは、子どもたちが楽しんでいて、授業に積極的にかかわろうとしていることの一つの指標ではある。だからこの行動に意味がないとはいえない。しかし、積極的に見えるこの行動はあくまでも結果であり、この行動がみられれば、子どもたちが「主体的で能動的な学び」を実践しているかというとそうとは限らない。実際、この問題が認識されるようになり、学習指導要領は、現在

では「主体的・能動的」のかわりに「主体的・対話的で深い学び」に変わっている。

いずれにしろ、深い学びを実現するためには、知識がどういうものであるかということの理解が欠かせない。**知識は事実の集積で、教えられて覚えるものと考える学び手からは、真の「主体的で深い学び」は生まれようがない。**もちろん学び手のこのような受け身の考えは、教え手から伝えられるものである。**教え手が知識について「事実の集積」だと思っていたら、教室がどんなに活発でも、ほんとうに主体的で深い学びは生まれないのである。**

では年若い学び手はどうしたら深い学びを実現するために必要な学びのエピステモロジーを得ることができるのか。この大事な問題については、第Ⅲ部でより詳しく述べる。

《第2章の参考資料》
国立教育政策研究所『令和3年度全国学力・学習状況調査報告書——児童生徒一人一人の学力・学習状況に応じた学習指導の改善・充実に向けて（小学校算数）』(2021年、https://www.nier.go.jp/21chousakekkahoukoku/report/data/21pmath.pdf)

【第2章のまとめ】

　本章では、第1章で紹介した算数文章題が解けない子どもたちの現状がなぜ何十年も変わっていないのかを考えた。もっとも根本的な原因は、大人のもつ「知識観」と「教育観」である。そこでは知識は「教えることで、学び手の頭に入れられる」「わかりやすく繰り返し教えれば学び手は理解する」と考えられている。しかし、この考えは根本的な誤解である。

　「生きた知識」は「丁寧にわかりやすく教えられる」ことでは獲得できない。**母語は究極の「生きた知識」だが、子どもは母語を大人に「丁寧にわかりやすく」教えられて習得するわけではない。**自分で母語の仕組みを発見し、単語の意味を自分で考え、手探りで試行錯誤を繰り返しながら「母語のよい学び方」を身につけることによって習得する。だから母語は身体の一部となり、自由自在に使えるのである。母語の多くは言語化できない「暗黙の知識」である。「暗黙の知識」は経験から学習者が無意識のうちに創り上げた「知識の塊」である。これを「スキーマ」という。スキーマは情報を選択する。スキーマにあわない情報はすぐ目の前にあっても、丁寧に説明されても、頭に入ってくることはない。教え手がどんなに丁寧にわかりやすく教えても、学び手のスキーマと合致していなければその内容はスルーされるか、スキーマにあうように捻じ

第2章　大人たちの誤った認識　　51

曲げられてしまう。

　「丁寧にわかりやすく説明すれば学び手に理解され、繰り返せば定着する」は教え手のもつ誤解である。学び手が誤ったスキーマをもって学びに臨んでいないか。それを見極めて、スキーマが誤っていれば、修正するところから始めないと、「算数文章題が解けない問題」は改善されないのである。

　第3章では、算数がわからない、読解ができないなど、学校での学びに困難を覚えている子どもたちがどのようなスキーマをもち、どのような思考バイアスをもって学びに臨んでいるのかを明らかにするために筆者たちが開発した「たつじんテスト」を紹介する。そして、実際に「たつじんテスト」を小学生、中学生に実施して明らかになった「躓きの原因」を読者と共有したい。

第3章

学びの躓きの原因を診断するための
テスト

1 「たつじんテスト」の開発まで

　第2章で、「生きた知識」について述べ、全国学力調査をはじめとした教科の学習状況を測る「学力テスト」は、ほんとうに「生きた知識」としての学力を測っているのかという問いを投げかけた。あらためて、問い直してみたい。一般的な学力テストや入学試験は「生きた知識」を測っているのだろうか？　断片的な知識を測るだけの、「死んだ知識」を測っているにすぎないのではないか？

　全国学力調査の過去問を見たところ、暗記しただけの「死んだ知識」でも正解できる問題も多く含まれているようである[1]。算数の文章題でも、先ほどの「ジュースを $\frac{3}{7}$ リットル飲んだから残りが $\frac{2}{7}$ リットルになった。もとのジュースの量は何リットルだったか」のように、「死んだ知識」に近い知識でも、正解できてしまう問題もある。この場で全国学力調査の分析をして批評することはしない

---

(1) 国立教育政策研究所 教育課程研究センター「全国学力・学習状況調査」(https://www.nier.go.jp/kaihatsu/zenkokugakuryoku.html［2024年5月9日閲覧］)

が、全国学力調査の得点が「学力」であると決めてしまう前に、全国学力調査がほんとうに「言語化できない知識」を含めた「生きた知識」を測っているかどうかは、行政も学校関係者も保護者も考えるべきだ。断片的な知識を多くもっていることが学力が高いということではないはずだ。テストの本来の目的は、子どもの知識の多寡を測り、順位づけすることではないはずである。

　ほんとうの意味での「学力」は、「自ら学ぶ力」である。それを一元的に同じ基準で点数化することはほぼ不可能だ。子ども一人ひとりが同じことを同じ過程で学ぶことがよいわけではないからである。しかし、子どもがどこで、何につまずいているか、なぜつまずいているかを明らかにすることができるテストがあれば、それぞれの子どもに対して躓きを解消するための手立てを考えることができる。それができれば、子どもたち一人ひとりに対してのテイラーメイドの指導が可能になる。それこそが、「個別最適な学び」なのではないか。そう思って、入手可能な範囲で様々なテストを探してみたが、そういうテストは見つからなかった。ほとんどのテストは、子どもが学校で学ぶ単元の内容や、「読解」などができるか、できないか、という視点で作成されていて、「どのくらいできるか（つまり正答率は何％か）」「全体の中でどのくらいの位置にいるか」が数値で示せるものだった。どのようなスキーマをもって単元の学びに臨んでいるか、どのような思考の特徴（あるいは思考バイアス）をもっているかなどについて子ども一人ひとりについて可視化できるようなテストを作れれば、大きな意義がある。

54　　第Ⅰ部

そう思っていたとき、まさにそのことに気づいていた自治体から、小学生の学びの躓きの原因を明らかにするテストを開発したいと依頼があった。2017年のことだった。

「たつじんテスト」小学生版

こうして広島県教育委員会との「たつじんテスト開発プロジェクト」が始まった。テストの開発は、広島県教育委員会の「小学校低学年段階からの学ぶ喜びサポート校事業」と名づけられた事業の一環として行われた。

筆者のほかに、県立広島大学の中石ゆうこ氏、広島大学の永田良太氏、渡部倫子氏、杉村伸一郎氏、京都大学の楠見孝氏と西川一二氏が専門委員としてプロジェクトに参加した。

小学校では、3、4年生から学ぶ内容が急に抽象的になり、ついていけなくなる子どもが増える。その現象は「**9歳の壁**」と呼ばれる。子どもが小学3、4年生の壁を越えられず学びが嫌いになったり無力感をもったりする前に手立てを打ちたいということで、小学2年生でも受けられるような内容や質問のしかたになるよう留意し、予備調査で2年生でも問題の意味や答え方が理解できることを確認しながらテスト問題を作成していった。

このテストは広島県では低学年のための「学びの基盤テスト」と呼んでいるが、私たち研究者チームは「たつじんテスト」と呼んだ。子どもたちに「まなびのたつじん」になってほしいという願いからつけた名前である。

たつじんテストで測る力は、単元の学習内容ではなく、

すべての教科の学びの基盤となる概念知識(第2章で述べた「スキーマ」)と、学ぶために必要な思考力である。研究者チームはそれを「数(形、量)のスキーマ」「ことばについてのスキーマと運用力」「思考力(推論力)」と仮定して、三つの柱をたてた。ことばについては「ことばのたつじん」で、数(形、量)のスキーマと思考力(推論力)は「かず・かんがえるたつじん」で主に扱うようにした。

「ことばのたつじん」「かず・かんがえるたつじん」小学生版は3回の予備調査の実施、改訂を経て2021年度末に完成した。小学生版については、2022年6月に岩波書店より『算数文章題が解けない子どもたち──ことば・思考の力と学力不振』として、テストの理念と概要、テストを構成する各大問の例とデータ、標準学力テストや算数文章題テストとの関係などのデータを公刊した(今井・楠見・杉村・中石・永田・西川・渡部、2022)。「ことばのたつじん」「かず・かんがえるたつじん」の小学生版の詳細については、そちらの書籍を読んでいただきたい。本書では、「たつじんテスト」小学生版を完成させた後に開発した「たつじんテスト」中学生版の全体の開発理念や特徴についても述べる。書籍で未発表の「たつじんテスト」中学生版の内容とデータについては、本書でも小学生版より少し厚めに述べていくことにするが、問題と結果分析の詳細は、別の書籍でより詳しく紹介する予定である。

「たつじんテスト」中学生 CBT 版

『算数文章題が解けない子どもたち』出版後に、広島県

外からの問い合わせも相次ぎ、希望する学校や自治体、学力に困難を覚える子どもの支援をするNPOなどの団体に試験的に頒布を開始した。想定外だったのは、中学校や高校からも多くの問い合わせがあったことである。なかには入試による選抜を行う私立の学校もあった。「たつじんテスト」は小学2年生に実施可能なレベルで作成されたテストなので、中学生・高校生向きではないと当初はお断りしていたのだが、問い合わせが続くので、中学生レベルでの学力不振の原因を明らかにするテストの開発が必要だと考えるようになった。

　「たつじんテスト」中学生版の開発に着手するにあたり、紙のテスト（PBT, Paper Based Testing）ではなく、タブレットやPCで実施できるCBT（Computer Based Testing）を開発することにした。「たつじんテスト」小学生版を実施した学校の先生たちのアンケートで、印刷や採点が負担だという声がちらほら聞こえてきていたからである。一人一台のパソコンが全国で普通になり、以前に比べてインターネットが学校に普及し、ネット環境も格段に向上していることで、CBTの実施が不可能ではないと思われたことが、この決断のもっとも大きな理由だった。

　CBTにはいくつかのメリットがあった。まず、テストの印刷が不要になること。また、解答も、選択式の問題なら、手での採点や集計が不必要になり、自動集計ができることである。ただし、子どもが書く答えによって、選択肢から選ぶのでは得られない子どもの思考のしかたが見える場合も多いので、たつじんテストCBT版もすべてを選択

第3章　学びの躓きの原因を診断するためのテスト　　57

問題にするのではなく、紙版で子どもに答えを自分で書かせる問題は、タブレットペンや指で書かせるようにして残した。自由に答えを書く問題は、先生に採点してもらわなければならないが、選択問題だけでも自動集計できれば、忙しい先生たちには歓迎されるはずだ（そして、後に述べるように、そもそもたつじんテストは、入学試験のように、受験生を厳密に客観的に得点づけ、順位をつけることは目的としていないので、客観的に得点化しなくてもよいと伝えている）。ここまでは、実施に関するメリットである。

　さらに、CBT では、実施上のメリットを上回る学術的なメリットが期待できた。CBT では、それぞれの問題について、自分の解答にどのくらい自信をもっているかを、簡単に答えてもらうことができるのである。それだけではなく、解答に要した時間や、何度解答を書き直したかなど、子どもの解答の行動ログを記録することができる。一人ひとりの問題ごとの主観的な確信度と解答の正誤を突き合わせると、その子どもがその問題についてどの程度的確に自分の知識を理解しているかがわかる。また、自分の知識レベルの主観的な認識と、行動ログを合わせれば、その子どもがその問題を熟考しているのか、ただ「てきとう」に答えているのかも推測できる。

　自分の知識レベルをどのくらい的確に把握していて、それに応じて自分の行動をコントロールすることができるか。**これを、認知科学では「メタ認知能力」という。メタ認知能力は、仕事における成功にも、学業にも大きく影響する大事な能力であるが、数値化はもとより、質的にも測定が**

58　　第 I 部

難しい。アンケート調査などの意識的かつ主観的判断だけでは、信頼性が十分とはいえない。人は、自分の知識を過大評価する認知バイアスをもっているし、子どもの性格も主観的評価に影響を与える。しかし確信度を評定させるなどして、意識的な判断と行動ログを突き合わせ、両方の情報を統合させることで、学習者のメタ認知の理解の精度を上げることができる。それは、自分の知識や学力に対して自信過剰、あるいは過少になっていないか、学習者が衝動的に解答する傾向や、考えすぎて答えを導き出せない傾向があるなどのパターンを把握できることにつながり、教えるときに学習者個人の性格・行動の特性を配慮した「個別最適な学び」の支援をするときの材料になるはずだ。

「たつじんテスト」中学生版は、2022年秋に開発を着手し、広島県福山市の協力で、これまでに福山市内の公立の中学校5校で2023年2月までに3度の試験運用を行い、545人の中学2年生が調査に参加した。福山市では、Chromebookが一人一台端末として供与されており、参加した学校の標準的なインターネット環境で問題なく実施することができた[2]。

テストの開発のためには何度も予備調査を重ねる必要があり、「たつじんテスト」小学生版を紙媒体で実施したときには、データの集計・採点に数か月から半年程度の時間

---

(2) 2023年12月には、宮城県気仙沼市の二つの中学でも（ほぼ）最終版の試験運用を行った。気仙沼市は、福山市とは異なり、iPadが一人一台端末として使用されていて、ネット環境も福山市とは異なるが、気仙沼市調査でも、問題なく実施することができた。

が必要だったが、CBT での自動集計のおかげでその時間を大幅に短縮でき、3回の予備調査と結果にもとづいたテスト問題の修正、アップデートを1年間で行うことができた。

すでに述べたように、「たつじんテスト」小学生版では、「数（形、量）のスキーマ」「ことばについてのスキーマと運用力」「思考力（推論力）」という三つの柱がたてられていた。新たに開発した「たつじんテスト」中学生版では、それらにもとづいて、「数の達人」「読解の達人」「推論の達人」という3部構成を取ることにした。

「たつじんテスト」小学生用 CBT 版

中学生版 CBT が問題なく運用できたので、小学生版の CBT も作成した。内容は、『算数文章題が解けない子どもたち』で紹介した紙版のテストと同じであるが、中学生版で取り入れたメタ認知測定システムを付け加えた。2023年12月末までの時点で、Chromebook と iPad の端末環境で、小学3年生以上に実施可能であることを確認している。ただ、低学年ではシステムにログインするのに時間がかかる場合もあり、紙版と CBT 版を選択できるようになっている[3]。

(3)「たつじんテスト」小学生版、中学生版についての情報 URL やお問合せ先は「あとがき」に記載があるので、そちらを参照されたい。

2 「たつじんテスト」は思考力を測る

先に「たつじんテスト」小学生版と中学生版の開発経緯と現状について述べたが、『算数文章題が解けない子どもたち』を読んでおられない読者には、そもそも「たつじんテスト」が何なのかわからないだろう。順番が前後してしまったが、「たつじんテスト」が何なのかを理解してもらうために、その目的、開発理念、構成、特徴についてごく短く紹介する。より詳しくは『算数文章題が解けない子どもたち』をお読みいただきたい。

基本概念について子どもがもつ
スキーマがわかるテスト

第2章で述べたように、**教えられたことが理解できずにつまずくもっとも大きな原因はスキーマの誤り**だということが、認知科学の長年の研究からわかっている。そうだとしたら、単元の学習の基盤として必要なスキーマを子どもがもっているか否かを診断できるテストが必要である。

広島県から依頼された「学びの基盤に関する調査」のためのテストの開発にあたり、単元で教えられたことをどれだけ覚えているかということを測るのではなく、小学校で学ぶすべての**教科学習の共通の基盤となるテスト**をつくることを考えた。すべての教科に必要な基盤とは何か。ことばと数である。**ことばと数**に関するスキーマは、特定の学年の特定の教科や特定の単元の学習に限定されるものでは

第3章 学びの躓きの原因を診断するためのテスト　61

なく、すべての基盤となる汎用性の高い知識の塊である。しかも、意識にはほとんど上らないものなので、学び手も、自分が誤ったスキーマをもっていることに気づかない。教師も、スキーマの存在に気がついていない場合が多い。しかし、考えてみれば、「モノを数えるためにある自然数のみが数(スウ)である、だから1(イチ)という数は1個のモノを数えるためにある」というスキーマをもっていたら、分数の $\frac{1}{3}$ の「意味」や、単位変換をする意味も、割合や比率の概念も理解できないのは不思議なことではなく、むしろ当たり前のことである。

たつじんテストで測りたい「思考力」
──知能テスト、PISA テストとの違い

学習した内容を習得したかを評価するのは単元テストや学力テストであるが、「思考力」を測るテストとして知られているのは、なんといっても知能テストである。知能テストで測られる思考力も一様ではないのだが、一時的に情報を短期の知識の貯蔵庫に貯蔵し、情報を操作する能力がよく用いられる。例えば、実験者が数字を次々言っていき、それを覚えて、復唱したり、逆順に数字を言っていったりする作業記憶能力のテストがある。図形を心の中で回転させたり、図形の展開図から3次元の図形をイメージしたりする図形テストも知能テストではよく使われる。そのほか、A>BでB>Cなら、A>Cは正しいか否かという論理問題や、図3-1のように、行のパターンと列のパターンをそれぞれ見つけ出して、行と列が統合される位置にあるコラム

62　第Ⅰ部

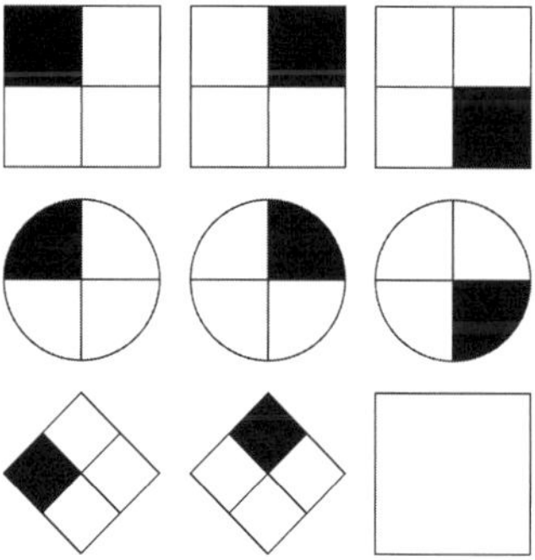

（出典）https://commons.wikimedia.org/
wiki/File:Raven_Matrix.svg

図 3-1　レイヴン行列テストの例

にはどのパターンが来るのかを考える類推の問題も知能テ
ストではよくみられる。

　知能テストで測るこれらの能力は、どれも大事な認知能
力である。しかし、知能テストのスコアは、学力と、統計
的には有意味な（業界用語では「有意な」）相関関係があるも
のの、その値はそれほど大きくない。そして、知能テスト
が測る認知能力を取り出して訓練しても、それが学習の躓
き、学力不振を向上させるという確たる証拠はない。それ
はなぜかというと、そもそも知能テストは、既存の知識と
分離させた、「純粋な思考力」を取り出そうという意図の
もとに作成されたものであって、学校での学習の躓きの診
断を目的に作られたものではないからだ。**学校での学習場
面では、学習者がすでにもっている知識が関係しない文脈
で論理を考えたり、一時的に情報を保存し操作することは**

第 3 章　学びの躓きの原因を診断するためのテスト　　63

ほとんどない。すでに述べたように、学校での学びに大事なのは、学ぶ内容をすでにもっている知識を使い、推論によって行間を埋めて理解し、知識を拡張させることだ。そこでもっとも大事なのは、**いま直接目に見えていないモノの姿を心の中でイメージできること、部分的に別々に行った推論を統合させる**ことである。この過程の中でなら、特定の情報へ注意を向けたり不要な情報への注意を抑制する実行機能といわれる認知能力も大事だし、目の前で直接見ている図形の見えない部分を補ったり回転させた後の姿をイメージする力(作業記憶)も大事である。しかし、知能テストのように実行機能だけ、作業記憶だけを取り出したテストの問題を集中して訓練しても、同じ特定の認知能力を測るテストの得点はあがるかもしれないが、それが学力の向上にはほとんどつながらないというのが、学習科学の長年の研究の結論である。

PISAテストも「思考力を重視したテスト」として知られている。このテストは、複数の資料を読み、データを分析し、それを統合して結論を引き出す力を測ろうとしている。この能力はもちろん重要で、こちらは学力と高い相関があるだろう。しかし、PISA問題は複雑すぎて、小学校低学年には困難である。学力が非常に高い中学生ならチャレンジが可能だろうが、多くの中学生には難しすぎ、どこから手をつけてよいのかわからない生徒が大勢いる。また、PISA型の問題は、様々な分野のスキーマを必要とし、高い読解力も求められ、問題解決のステップも多い。学力困難に苦しむ子どもたちにPISA型の「思考力テスト」を

行っても「正解ができる子、できない子」がわかるだけ。せいぜいが「読解力が足りない」「情報を統合して結論を引き出す論理的思考力が足りない」という抽象的なコメントがつけられるだけだ。このようなコメントが返ってきたら、教師にとっても学習者当人にとっても、できることは同類の過去問を繰り返し解くことくらいしか思いつかないだろう。

このように考えたとき、**たつじんテストで測りたい思考力は、知能テスト型とPISA型の中間のレベル**に位置づけられるものだと考えた。知能テストのように知識からも文脈からも切り離されていないが、PISAテストのように複雑でたくさんの要素や知識を結集し、何ステップにもわたる推論の段階を経なければ解答できないテストよりは単純で、小学校低学年にも実施できるレベル。学校で学習しなければならない教科の知識は特に必要とせず、**日常生活で養われるはずのスキーマを用いて、行間を埋める力、推論を行う力、情報を統合する力**などを、子どもの解答を見れば教師が把握できる。そのような思考力のテストを目指した。

例えば、図3-2は例から求められている関係を考え、それと同じ関係をもつペアを指定された数だけ見つけて線で結ぶ問題である。

第3章　学びの躓きの原因を診断するためのテスト　　65

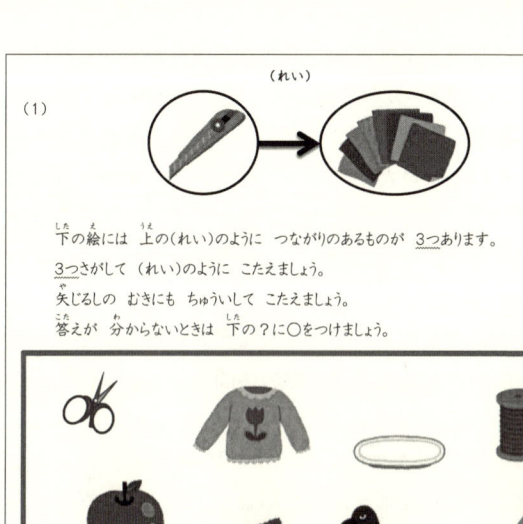

（れい）

(1)

下の絵には 上の（れい）のように つながりのあるものが 3つ あります。

3つ さがして （れい）のように こたえましょう。

矢じるしの むきにも ちゅういして こたえましょう。

答えが 分からないときは 下の？に○をつけましょう。

？ ← 答えが 分からないときは ここに○をつけましょう

図 3-2　実行機能を伴う拡張的類推の例

66　第Ⅰ部

図3-3 実行機能を伴う拡張的類推の誤答例

この問題に図3-3のような解答をした子どもがいた。

この解答を描いた子どもは、ナイフ→りんご、のこぎり→木を結べているので見本のペアの関係を理解して、他のペアに適用することができたことがわかる。しかし、「針と糸」のように、見本とは違うが、非常に結びつきの強い関係性への注意の抑制ができず、「糸」を「ハサミ」ではなく、「針」と結んでしまった。この問題では、関係性を見出し、同じ関係性を他の事例にも適用するという類推の能力を測りながらも、別の結びつきの強い関係性への注意を抑制できるかという実行機能の力も同時に見ているのである。

第3章　学びの躓きの原因を診断するためのテスト　67

3 点数をつけるよりも大事なこと

客観的な点数化は最優先ではない

テストには客観的な点数化が絶対必要だと考えている人は多く、社会全体の信念になっているようだ。しかし、第2章で述べたように、なぜ客観的な点数化が必要なのかという問いに答えられない人も多いのではないか。**試験で絶対的に客観的で正確な点数化が必要なのは、入学試験のように、多くの受験者の中から定員制のため限られた人数を選抜しなければならない場合のみである。学校で、学習内容を子どもがどのように理解したり、誤解したりするかを確かめる目的で行うテストで、客観性や正確な点数化を行うことは最優先されることではない**はずだ。

たつじんテストを頒布するとき、ほとんどの学校が点数化のことを気にする。特に、子どもが自由に答えを書(描)く問題での得点化のことを心配する。確かに、たつじんテストの予備調査段階では、テストの妥当性を多方面から吟味しなければならなかったので、細かい注釈を加えながら、だれでも同じ基準で得点化できるように「客観的な採点」を行い、その結果を『算数文章題が解けない子どもたち』で報告した。しかし、自分の学校、自分のクラスの子どもがどのようにつまずいているかを見ることを目的に使うためには、自由記述の問題は、子どもの解答を見るだけでもよい。採点が負担なら得点化する必要はありませんと頒布の際に各学校へ伝えている。**正確な採点にこだわるよ**

68　第Ⅰ部

りも、子どもの解答を丁寧に読み取ることのほうがずっと大事なのである。

　図3-4、図3-5は、小学生版「かず・かんがえるたつじん」の問題の子どもの答えである。これは0から100までの尺上で、与えられた数の位置を書くという問題で、子どもの数と量の対応づけのスキーマを見る問題である。『算数文章題が解けない子どもたち』で報告したデータでは、問題作成のベースとした先行研究に従い、正確に得点化するために、正解の位置から子どもの答えが何mm離れているかを定規で測定した。しかし、以下のような子どもの解答を見れば、定規で測らなくても、この子どもがそれぞれの数について、数直線上での相対的な位置を理解していないことは明らかで、この子どもは算数・数学の基盤となる「数」の相対的な関係性についてのスキーマが誤っていることがわかる。

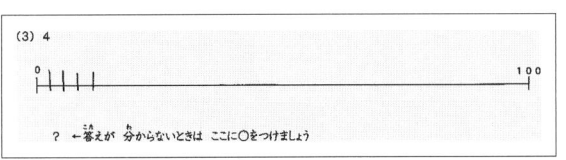

図3-4　整数の数直線上の相対的位置の誤答例1

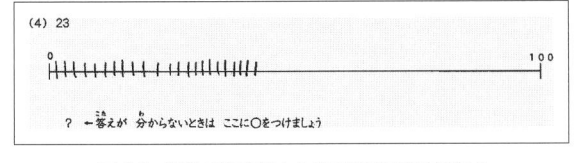

図3-5　整数の数直線上の相対的位置の誤答例2

もちろん、正確に得点化することで、学校全体としての課題がわかったり、課題への取り組みの効果が表れているかなどを見ることができるので、正確な得点化ができればするに越したことはない。しかし、時間的に厳しければ、**先生が自分のクラスの子ども一人ひとりの理解を把握し、指導を考えることを得点化よりも優先してほしい**というのが、開発チームの願いである。

【第3章のまとめ】

　本章では、「たつじんテスト」小学生版と中学生版が開発された経緯と開発理念について述べた。「たつじんテスト」は従来のテストと異なり、各教科の単元で学習した内容の習熟度を測ることを目的にしているのではなく、教科の学びに必要なスキーマと汎用的な思考力、認知能力を測ることを目的としている。多くの人々、特に教育者は、テストといえば厳密に採点をしなければならないと思っている。しかし、その理由については答えられない。

　厳密に客観的に採点し、得点化する必要があるのは、定員以上受け入れると教育の質が下がってしまうために行わざるをえない入学試験のみである。テストが悪ということではない。学び手がどこにつまずいているのかを知るためのテストは必要で、指導に有用な情報を提供しうる。しかし、それと「厳密な得点化」は関係がない。

　「たつじんテスト」はすべての教科の学びの前提として、「数」についての直観的な理解（スキーマ）、読解力の前提となることばについてのスキーマと運用する力、思考力を柱に置き、厳密に採点しなくても、子どもの解答を見るだけで、子どもの誤ったスキーマや思考力における課題が見て取れるようにデザインされた。

第3章　学びの躓きの原因を診断するためのテスト　71

第Ⅱ部(第4章〜第6章)では、「たつじんテスト」(小学生版および中学生版)の問題と子どもたちの解答をダイジェスト的に紹介しながら、子どもがつまずく原因を考察していく。

第Ⅱ部

学力困難の原因を解明する

第4章

数につまずく

　学力全般、特に算数・数学の学校での学びについていけ
ずに苦しんでいる子どもたち。第Ⅱ部では、算数・数学を
中心に、学力不振の理由を、誤った概念知識(スキーマ)の
問題(第4章)、読解力の問題(第5章)、認知機能と思考力
の問題(第6章)から考察していく。まずは、第4章で、学
校の算数・数学の学びについていけていない小学生、中学
生が数についてどのような知識(スキーマ)をもっているの
かを考えていこう。

1 「数」はモノを数えるためにあるわけではない

　算数という科目で子どもは何を学ぶことを期待されてい
るのだろうか?　足し算からはじまり、引き算、かけ算、
割り算。これらの計算ができるようになること。そして、
これらの計算を使って、文章題が解けるようになること。
さらに「算数」に限定せず、すべての教科、あるいは生活
全般における問題解決にそれらを活用できること。

　一方で、子どもたちはとても文章題が苦手だという声を
聞く。全国学力調査の結果もそれを示している。第1章で
も、計算はできるのに、かけ算を使わなければならない問

74　　第Ⅱ部

題で、割り算を使ってしまった例など、基本的な計算をいつ、どこで使うのかがわからないケースが非常によくみられることを指摘した。このような躓きはどこからくるのだろうか。**「意味」がわからないということに集約されるだろう**。では「何の意味」か？ かけ算の意味？ 割り算の意味？ それとも数の関係性を「式」に表すという意味だろうか？ 文章題の解答を見ていると、それらすべてのようだ。しかし、それ以前に、子どもたちは「数」という概念を理解しているのだろうか？ まず、このことについて述べよう。

　数というエイリアン——「イチ（1）」は目で見えない
　ほとんどの人は、虚数は実世界には存在しない、とても抽象的な概念だと感じるだろう。それに対して、イチ、ニ、サン、のような自然数やニブンノイチのような基本的な分数を「とても抽象的な概念」と思う人は少ないだろう。しかし、「イチ（1）」ということばが意味する概念は目に見えるだろうか。見えない。見えるのは、1個のリンゴ、1本のバナナ、1匹の猫、1台の自動車などの、モノである。「イチ」という数は目に見えない。物体を透明にして、「1個のモノの存在」の間の抽象的な共通性を取り出さなければ「イチ」ということばの意味は理解できない。「イチ」「ニ」「サン」などの自然数を表すことばは、すべての文化がもっているわけではない。数のことばは、ヒトという種ならだれでももって生まれる自然な概念ではないのである。
　「ニブンノイチ」は「イチ」よりさらに抽象的である。

第4章　数につまずく　　75

教科書には、ピザを半分にした絵が描かれていて、それが「ニブンノイチ」であると教えられる。しかし、子どもの視点から考えたとき、その絵から、「ニブンノイチ（$\frac{1}{2}$）」の意味をどのように解釈できるだろうか？　実に様々な解釈が可能なのだ。「ピザを二つに分けること」「丸いものを分けること」。これが子どもが考える「ニブンノイチ」なのかもしれない。そうだとすれば、丸いケーキを不均等に分けても、それぞれのピースは「ニブンノイチ」になるのである。そのように解釈してしまっている子どもは、四角いものやひも状のもの、5リットルのジュース、10人の子どもたちを「ニブンノイチ」に分けることができるとは思えないのかもしれない。少数の事例から、「ニブンノイチ」や「サンブンノイチ」ということばの「正しい意味」を取り出すのは、子どもにとっては至難の業なのである。

システムであることの抽象性

数というのは、「イチ」や「ニブンノイチ」のような数のことばが集まったシステムである。システムというのは、ある目的のために、異なる役割をもつ要素が互いに協調しながら働く組織である。語彙もまた巨大なシステムである。そして「イチ」「ニ」「ニブンノイチ」などの数字は、数という普通のことばよりもさらに抽象的なシステムの構成員なのである。

システムを構成することばの意味は、システム全体をうっすらとでもイメージできないと理解することが難しい。色のことばを例にするとわかりやすいかもしれない。「ア

カ」ということばを使うことができるためには、「アカ」は消防車、トマト、イチゴ、というように特定の事例のいくつかと結びつけるだけでは不十分なのである。2〜3歳の子どもに「イチゴの色は？」と聞くと元気よく「アカ！」と答えるのに、様々な色の積み木から「アカの積み木をとって」というと、わからない。「アカ」ということばを使えるようになるには、アカの範囲がわからなければならない。そのためには、「アカ」ということばを知っているだけではダメで、アカを取り巻く「ピンク」「オレンジ」「ムラサキ」などのことばが存在することがわかっていないといけない。ということは、色の語彙のシステムがどういうものであり、どのようなことばで構成されているか、色がどのようにそれらのことばで切り分けられているのかがぼんやりとでもわかっていないと、一つ一つの色のことばを使うことは難しいのである。

　数のことばも同じである。「数」という概念分野にどのような種類の数があり、**それぞれの間の関係がどうなっているか。この理解がないと、数をシステムとして理解し、使うことができない。**

　数のシステムを理解するために小学生は少なくとも何を理解している必要があるだろうか。

1　数のシステムは自然数以外にもあること、分数も小数も数の構成員であることを理解すること。

2　自然数どうしの量的な関係が、相対的なスケール（尺）上でわかること。例えば、100 cm、つまり1 m

の物差しの上で、あるいは 0 から 100 の数直線上で、20 はどのあたりにあり、60 はどのへんなのかが感覚的にわかっていること。

3　それぞれの自然数と分数の量的な関係がわかること。例えば、$\frac{4}{5}$（ゴブンノヨン）にもっとも近い自然数は？ $\frac{2}{3}$ にもっとも近いのは、1 なのか、2 なのか、3 なのか。$\frac{4}{5}$ と $\frac{2}{3}$ はどちらが大きくて、数直線上の 0 から 1 の間で、それぞれどのあたりに位置しているのかがわかっていること。

4　分数、小数、自然数などの異なる種類の数と量の間の対応づけができること。例えば、$\frac{1}{2}$ は 0.5 であり、数直線上では 0 から 1 のちょうど真ん中の位置にあること。$\frac{2}{2}$ は 1 であること。$\frac{3}{2}$ は 1.5 と同じ量を表す数で、数直線上では 1 と 2 のちょうど真ん中にあることを理解していること。

　算数・数学を学ぶ小学生、中学生はこれらの前提をクリアしているのだろうか？　第 3 章で紹介した、たつじんテスト小学生版「かず・かんがえるたつじん」(以後、数を主題とするものを「かずのたつじん①」) および、たつじんテスト中学生版「数の達人」を使った調査結果から考察しよう。

数と量の対応づけと整数の間の等間隔性の(不)理解

　システムとして「数」を理解するためのミニマムに必要な前提知識を前に挙げた。そのうちの 1 を子どもに直接聞いても、子どもは質問の意味がわからないだろう。しかし、2 から 4 ができていれば、1 はわかっていると考えられる。

78　　第Ⅱ部

「かずのたつじん①」(大問1)では、0から100までの数直線上に、与えられた数の位置を線(矢印)で示すという問題を出した(第3章でも少し触れたが、ここでは他の小問や解答例をいくつか挙げて詳しく説明していく)。

数が数直線上で量に対応づけられ、さらに、その位置が与えられたスケール(尺)によって相対的に変化するということを理解していて、さらに、整数と整数の間はすべて等間隔であるということも理解していれば、例えば18なら、20に近いから、目分量で100を5分割して、それよりもちょっとだけ0に近いところに線を引くだろうし、71なら、100を10等分して70に近いところに線を引くというように考えるはずだ。実際、正解を導き出した子どもの解答を見ると、そのように、補助線が引かれていた(図4-1)。

しかし、この方略が使える子どもは多くなかった。

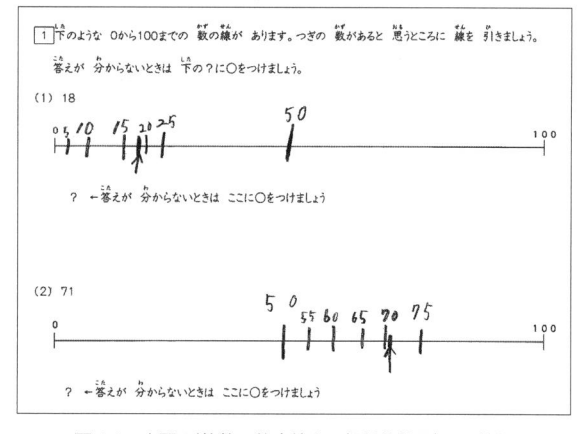

図4-1　大問1(整数の数直線上の相対的位置)の正答例

《コラム》 正答率の算出方法について

「かずのたつじん①」大問1（整数の数直線上の相対的位置）は、以下のように採点し、正答率を**表4-1**にまとめた。

A：左端（0）から解答した線までの距離（mm）を測定する。

B：100までの数直線の長さが200 mmであったため、Aを2で割る。

C：Bが提示数±3、提示数±5、提示数±10、提示数±15の範囲であれば各1点

D：さらに、Bが50以下／以上であれば1点（提示数が50より上か下かによって変更。なお、提示数が4の問題だけはBが25以下の場合に1点）

E：すべてを足し、得点を出す（5点満点）。

表4-1 大問1（整数の数直線上の相対的位置）の学年・階層別正答率

（単位：%）

	全体平均	低位	中位	高位
3年生	40.4	9.7	44.1	72.3
4年生	65.0	39.8	73.2	83.5
5年生	74.7	63.1	76.6	84.9

大問1は四つの小問（提示数が18、71、4、23）があり、合計で20点満点。他の問題と比較可能なように子どもごとに四つの小問の合計点を出し、20点で割った数値を正答率とした。

次に図4-2と図4-3を見てほしい。この解答を描いた子どもは0から100までの数直線上に、問題で問われている数だけ線を引いている。数が数直線で表せるということ自

80　第II部

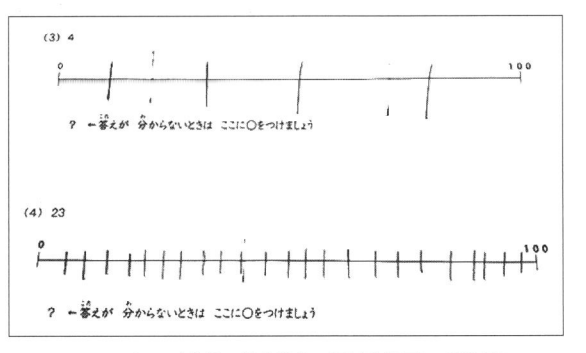

図4-2　大問1（整数の数直線上の相対的位置）の誤答例1

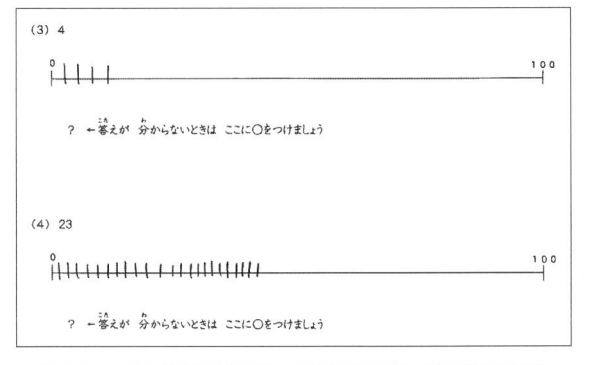

図4-3　大問1（整数の数直線上の相対的位置）の誤答例2（再掲）

体が理解できていないのだろう。数は、100にしろ、1000にしろ、任意の長さの線や量として表すことができるものだが、この子どもは、与えられたスケール（尺）の上で数の位置や量を考えるということができない。

　次の図4-4の解答を描いた子どもは、数はモノを数えたり、測ったりするためのものだと思っている。生徒の中に

第4章　数につまずく　81

は定規を取り出し、4のときは4mm、23のときは23mm、18のときには18mmのところに線を引いていた子どもも少なからずみられた。71のときはどうしたか。**なんと17mmのところに線を引いているのだ**(図4-4)。算数文章題でも計算しやすいように一の位と十の位の数をひっくり返してしまう子どもが一定数いたが、ここでも同じことをしている。このような子どもにとって、数字の位は意味をなさず、一の位と十の位を勝手に変えてもOKなのである。

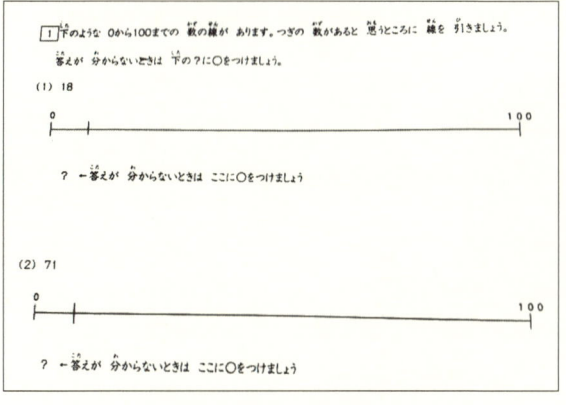

図4-4　大問1(整数の数直線上の相対的位置)の誤答例3

10進法の不理解

　そもそも二桁の数字の最初の数字が十の位で、後の数字が一の位を表し、71は70+1ということの理解があやふやなのかもしれない。実際、「71は10が7つ分と1」という大人にとって当たり前のことの理解が、子どもにとっては当たり前でないかもしれない。小学1年生のある教室

82　第Ⅱ部

では、1円玉、5円玉、10円玉、50円玉、100円玉のスタックを与えられ、先生に言われた数（金額）をスタックから取ってつくるという活動をしていた。そのさなかに、一人の子どもが二桁の数に（計算ではなく、数そのものに）苦戦していた。「56円を取って」と先生が言うと、21円を差し出す。それも、1円玉11枚に10円玉を1枚。「23円を出して」と言われると、15円を出す。1円玉5枚と10円玉1枚だ。この子どもの理屈が読者にはわかるだろうか？

　この子どもは「56円」に対して、まず1円玉を5枚取った。次に10円玉を1枚取り、最後に1円玉をもう一度6枚取った。すると21円になったのだ。この子どもは「ごじゅうろく」という耳から入った数字を「50＋6」ではなく、聞こえた通り、三つの数字に分解した。「5＋10＋6」が「ごじゅうろく」と考えたのだ。要するに、10進法を理解していないわけである。大人にとって当たり前の数の仕組み。というより、それ以前の数の表記の意味。それも、幼児や算数を学び始めたばかりの1年生にとっては、「すぐわかる当たり前のこと」ではないのである。

　単位に変換することの意味の不理解
　第I部で算数文章題に取り組むときに、子どもは単位の変換に大きな困難を覚えていると述べた。たつじんテスト小学生版「かずのたつじん①」でわかったのは、単位の概念の不理解が原因となっていることである。「1」が1個のモノを数えるためにあるのではなく、任意の数のモノをひとまとまりとして「1とみなす」ことができるとわから

第4章　数につまずく　83

なければ——例えば、クラスの人数を比べるときは、A組が1クラスの場合にはA組の生徒数「30」を「1」とみなす、あるいは、生産者Aと生産者Bの卵の大きさや重さを比べるには、適当に選んだ卵1個ずつを比べるのではなく、24個を「1」と考えて、比べる場合もあるということ——「単位」の概念が意味を成すわけがない。また、分数、割合、比率なども意味をなさない。分数、割合、比率は小学校算数の中でもハードルが高いことで知られている概念だ。そしてこれらが難しいのは、もとをたどれば、基準としての「1」の意味がわからないからと言えるだろう。

《コラム》 ゴジラとヨンジラ

　『ゴジラ−1.0』という映画が公開され、人気だった。映画館の前で、幼児が、「ゴジラマイナスイチってヨンジラ？」と言い、それを聞いた人がX(旧Twitter)に投稿して、「カワイイ」と話題になった。

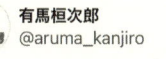

有馬桓次郎
@aruma_kanjiro

さっき映画館の前で、小さな女の子が横のママに

「ゴジラまいなすいちって、ヨンジラ〜？」

って言ってて、おじさん思わず胸をおさえて「か……かんわ……！」と呻いちゃったよ

子どもは幼児のときから、知っていることばに敏感にアンテナを立てて、ことばを探し、組み合わせて新しいことばをつくっている。語彙が少ないからそれを補うためにそうすることもあるし、子どもなりのジョークで遊んでいるときもある。「ゴジュウロク」を「ゴ、ジュウ、ロク」の組み合わせと考えるのは、ついこの間まで幼稚園・保育園に通っていた子どもにとってごく自然な発想なのである。10 進法がわからない子どもを「オバカ」と思う大人のほうが「オバカ」なのだ。

2　分数というエイリアン

分数の概念の不理解

　分数。この不可解なるもの。多くの子どもにとってそれは、高く険しく屹立（きつりつ）し、登ることが困難な岩壁のようだ。発達心理学では、世界中の子どもが分数に苦しんでいることが常識となっている。なぜそんなに分数が難しいのかは後で述べることとして、まずは小学生が、どのくらい分数ができないのか、データを示そう。

　「かずのたつじん①」では、先ほどの、特定の整数を 0 から 100 のスケール上に位置づける問題に加えて、小数と分数の位置を 0 から 1 のスケール上に示す問題も出した。具体的には、0.5、0.8、0.1、$\frac{1}{2}$、$\frac{9}{10}$、$\frac{2}{5}$ の位置を矢印で書いてもらった（大問 3：小数・分数の数直線上の位置）。

第 4 章　数につまずく　　85

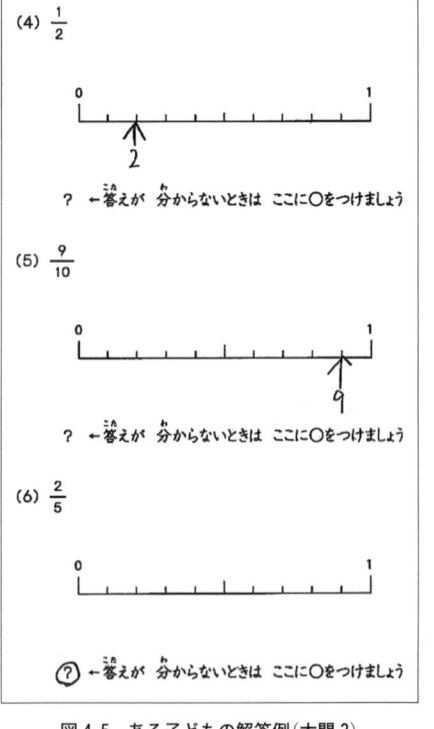

図4-5 ある子どもの解答例（大問3）

　図4-5はその解答例である。この子どもが正答できたのは $\frac{9}{10}$ だけである。0から1のスケールを10分割して0から数えていったら9番目が $\frac{9}{10}$ だとわかった。でも、$\frac{1}{2}$ の場所はわからない。$\frac{2}{5}$ にいたっては見当もつかない。

　この問題は、小問が全部で6問あり、小数と分数がそれぞれ3問ずつあった。表4-2は、小問ごとの正答率を学年

86　　第Ⅱ部

別に記し、さらに、各学年の子どもを、「ことばのたつじん」「かず・かんがえるたつじん」のすべての大問の合計得点によって高・中・低位の三つの層に分けたときの各層での正答率を記した。表4-2を見ると、4、5年生でも低位層では極端に正答率が低い問題があることがわかる。

表4-2　大問3（小数・分数の数直線上の位置）の小問ごとの学年・階層別正答率

（単位：％）

		小問1 0.5	小問2 0.8	小問3 0.1	小問4 $\frac{1}{2}$	小問5 $\frac{9}{10}$	小問6 $\frac{2}{5}$
3年生	全体	64.1	62.7	62.7	15.5	31.7	4.9
	高位	85.4	85.4	85.4	43.9	63.4	12.2
	中位	73.1	71.2	71.2	7.7	26.9	3.9
	低位	36.7	34.7	34.7	0.0	10.2	0.0
4年生	全体	88.1	85.8	86.6	26.1	60.5	19.4
	高位	90.7	90.7	90.7	58.1	81.4	46.5
	中位	93.3	86.7	91.1	13.3	62.2	11.1
	低位	80.4	80.4	78.3	8.7	39.1	2.2
5年生	全体	88.7	88.0	88.0	46.0	76.7	31.3
	高位	93.5	93.5	93.5	76.1	82.6	56.5
	中位	84.9	84.9	84.9	47.2	83.0	35.9
	低位	88.2	86.3	86.3	17.7	64.7	3.9

　小問1〜3と小問4〜6の間で正答率に大きな違いがあることがすぐに目につく。小問1〜3は小数で、小問4〜6は分数である。0から1のスケール上で、0.1ずつ目盛りが打ってあるので、小数のほうが1を10等分した5つ分／8つ分／1つ分であることがイメージしやすかったのだろう。それに比べ、分数は1をいくつに分割したうちのいくつ分

第4章　数につまずく　　87

であるかということがわかりにくいのである。分数の小問の中で$\frac{9}{10}$の正答率はもっとも高いが、これは、1を10に分割したうちの9だということが視覚的にわかりやすいからだろう。それに対し、$\frac{1}{2}$は、日常生活の中で非常に頻繁に使われる数であるにもかかわらず、「ケーキ」のような具体的なモノが与えられないと、純粋に「数」として「1を基準にしたときにそれに対してどの割合の量なのか」という基本的な概念が理解できていないので、正しく答えることができないのである。

$\frac{2}{5}$を正答するには1を5分割しなければならない。つまり0.1ずつ打ってある目盛り2つ分を1単位として、その2つ分なので0から4つめの目盛りに矢印を描くと正解であるが、この目盛り2つを1単位とする心の中の操作がこの問題を特に難しくしている。この操作は5年生の高位層の子どもでも約半分しかできないし、3年生では高位層でも12.2%にとどまっている。低位層では3年生で0%、4年生で2%台、5年生でも4%を切るという正答率の低さである。

　小数を数直線上に位置づける小問1〜3は、4、5年生では低位層の子どもでも正答率が高いのに対し、3年生の低位層は$\frac{1}{3}$くらいの子どもしか正答できておらず、ここでも低位層と中・高位層の差が大きい。3年生では、小数や分数の単元を算数で学習したとはいえ、「1」という概念をモノ1個に結びつけるバイアスがいまだにとても強い。その誤ったスキーマが障壁になり、1をさらに分割した小数や分数の概念の理解に苦しんでいるのではないかと考えら

れる。

　分数と小数と整数の関係の不理解

　たつじんテスト小学生版「かずのたつじん①」では、分数と小数の大小関係を問う問題も含めた（図4-6、大問2）。数の大小の比較も、子どもの数の概念のスキーマを理解する指標として有効であり、算数学力についての予測力が高いことが、これまでの研究でもよく知られている。この問題では分数と小数に焦点をあて、二つの数の大小を比較することを求めた。

2 つぎの (1)～(12) に答えましょう。
答えが 分からないときは 下の?に○をつけましょう。

(1) $\frac{1}{3}$ と $\frac{2}{3}$ は、どちらが 大きいですか。大きい方に ○をつけましょう。

$\frac{1}{3}$	$\frac{2}{3}$
? ←答えが 分からないときは ここに○をつけましょう	

(2) $\frac{1}{2}$ と $\frac{1}{3}$ は、どちらが 大きいですか。大きい方に ○をつけましょう。

$\frac{1}{2}$	$\frac{1}{3}$
? ←答えが 分からないときは ここに○をつけましょう	

(8) $\frac{1}{2}$ と 0.7 は、どちらが 大きいですか。大きい方に ○をつけましょう。

$\frac{1}{2}$	0.7
? ←答えが 分からないときは ここに○をつけましょう	

(10) 同じ 大きさの まるい ケーキを $\frac{1}{2}$ に切ったときと $\frac{1}{3}$ に切ったときでは、どちらが たくさん 食べることが できますか。たくさん 食べることが できる方に ○をつけましょう。

$\frac{1}{2}$ に切ったとき	$\frac{1}{3}$ に切ったとき
? ←答えが 分からないときは ここに○をつけましょう	

図 4-6　大問 2（分数・小数の大小関係）の例

表4-3は、この大問を構成する小問ごとに(つまり比較する二つの数ごとに)学年・学力階層別に平均正答率を示したものである。

　表4-3を見ると、何が子どもにとって難しいのかがよくわかり、そこから子どもが分数のみならず、分数と小数、整数(自然数)の関係をどのように捉えているのかが浮かび上がってくる。$\frac{1}{2}$と$\frac{1}{3}$(小問2)、0.5と$\frac{1}{3}$(小問7)、$\frac{1}{2}$と0.7(小問8)の正答率が特に低かった。学年・階層別に見ていくと、これらの問題は5年生でも低位層の子どもの正答率は50%を切る低さである。

　逆に、$\frac{1}{3}$と$\frac{2}{3}$(小問1)、$\frac{2}{3}$と$\frac{1}{2}$(小問3)、0.3と0.1(小問4)はどの学年でもよくできていた。しかし、それは理解を反映してのことではない。よくできていた問題の数字ペアは、それぞれの分数・小数の大きさを考える必要がなく、1と2の大きいほう、3と1の大きいほうという考え方で正答できるものである。$\frac{2}{3}$と$\frac{1}{2}$の比較では、$\frac{2}{3}$が分子の数字も分母の数字も$\frac{1}{2}$より大きいので選び、それがたまたま正解だったということにすぎないと考えられる。

　この結果から、何が見えてくるだろうか。もちろん、**多くの子どもたちが、分数や小数の概念的な理解ができていない**ことがわかる。$\frac{1}{2}$、$\frac{1}{3}$、0.5など、日常生活でも頻繁に聞く数に対して、その「意味」が理解できないでいる子どもが多数いるのである。これは、正答できない子どもたちの努力が足りないと片づけてよい問題ではない。**分数・小数がいかに捉えどころがないもので、これまでのように数少ない、わかりやすい事例とともに教えられても、理解で**

第4章　数につまずく　　91

表 4-3　大問 2（分数・小数の大小関係）の小問ごとの学年・
階層別正答率

(単位：%)

		小問 1 $\frac{1}{3}$ と $\frac{2}{3}$	小問 2 $\frac{1}{2}$ と $\frac{1}{3}$	小問 3 $\frac{2}{3}$ と $\frac{2}{5}$	小問 4 0.3 と 0.1	小問 5 1 と 0.9	小問 6 1.5 と 2
3 年生	全体	73.9	17.6	78.9	88.7	74.6	78.2
	高位	78.0	34.1	78.0	92.7	92.7	97.6
	中位	73.1	15.4	82.7	92.3	86.5	88.5
	低位	71.4	6.1	75.5	81.6	46.9	51.0
4 年生	全体	96.3	22.4	94.0	95.5	94.0	92.5
	高位	97.7	53.5	88.4	97.7	100.0	100.0
	中位	95.6	8.9	95.6	100.0	95.6	95.6
	低位	95.7	6.5	97.8	89.1	87.0	82.6
5 年生	全体	94.0	49.7	85.9	96.6	98.7	99.3
	高位	97.9	74.5	89.4	100.0	100.0	100.0
	中位	91.5	55.3	83.0	93.6	100.0	100.0
	低位	92.7	23.6	85.5	96.4	96.4	98.2

		小問 7 0.5 と 0.1	小問 8 $\frac{1}{2}$ と 0.7	小問 9 0.2 と $\frac{1}{2}$	小問 10* $\frac{1}{2}$ と $\frac{1}{3}$	小問 11* $\frac{1}{3}$ と $\frac{2}{3}$	小問 12* $\frac{1}{3}$ と $\frac{1}{4}$
3 年生	全体	23.9	31.0	73.2	41.5	59.9	33.8
	高位	29.3	34.1	78.0	70.7	65.9	65.9
	中位	17.3	26.9	75.0	36.5	69.2	30.8
	低位	26.5	32.7	67.3	22.4	44.9	10.2
4 年生	全体	39.6	50.7	76.9	59.7	68.7	53.0
	高位	51.2	58.1	83.7	88.4	72.1	76.7
	中位	33.3	46.7	71.1	64.4	64.4	57.8
	低位	34.8	47.8	76.1	28.3	69.6	26.1
5 年生	全体	42.3	54.4	82.6	78.5	71.8	69.1
	高位	61.7	66.0	91.5	97.9	89.4	95.7
	中位	42.6	57.4	78.7	83.0	63.8	76.6
	低位	25.5	41.8	78.2	58.2	63.6	40.0

*小問 10〜12 は「ケーキの $\frac{1}{2}$ こ分と $\frac{1}{3}$ こ分ではどちらがたくさん食べ
ることができますか」のような問題文になっている。

きない学び手が、いかに多いかを示すデータなのである。

　アメリカではこのことにまつわる笑えない有名な話がある。ハンバーガー大手チェーンＡ社の目玉商品のクォーターパウンダー（クォーターは $\frac{1}{4}$ なので、$\frac{1}{4}$ パウンドの重さのパテ）に対抗して、Ｂ社が「わが社のハンバーガーは同じ値段でＡ社のクォーターパウンダーよりおいしいだけでなく $\frac{1}{3}$ パウンドもある！」というキャンペーンを張った。しかし、キャンペーンは不成功だった。購買層の多くが、$\frac{1}{4}$ パウンドのほうが $\frac{1}{3}$ パウンドよりも量が多いと思ったことが原因だそうだ。ずいぶん前だが、日本でも『分数ができない大学生』（岡部・戸瀬・西村［編］、1999）という本がベストセラーになった。日本でもアメリカでも、分数や小数の概念の難しさを教育者が理解したうえで、この概念の教え方の見直しをしなければならない。

3　かけ算・割り算の意味がわからない

中学生の数のスキーマ

　ここまで、小学校高学年になっても分数・小数の「意味」がわからないし、分数、小数、自然数の量的な関係も理解できていない子どもが大勢いることを述べてきた。そういう小学生が中学生になって、より抽象度が高い数学を学ばなければならない。中学生になって数学を学ぶようになったら「分数の意味」、ひいては「数の意味」がわかるようになるのだろうか？

　第Ｉ部で、中学生に、小学校で学習する単元から作問し

第4章　数につまずく　93

た文章題を解いてもらったことに触れた。その結果を見ると、小学生で数の概念がわからない子どもたちは中学生になってもわからないままだということがわかる。非常に多くの中学・高校から小学生用の「たつじんテスト」を使いたいという問い合わせがあったことから、先生たちも、抽象的な数学を教えながら、自分の生徒たちは数というものの意味が根本的にわかっていないのではないかという危惧をもっていることが感じられた。中学・高校の先生たちからの要望に応えるために「たつじんテスト」中学生版を急遽開発したことを述べたが、その結果から、多くの中学生が「数」という抽象的な概念をどのように理解しているのかを述べていこう。

　中学生版「たつじんテスト」の調査は、2023年2月に福山市の公立中学校2校、合計340人ほどで実施した。そのうち、1校では直前に業者による全国標準学力テストを行っており、「たつじんテスト」と学力の紐づけがされている。2校の間では、「数の達人」「読解の達人」「推論の達人」という三つの下位テスト、そのすべての大問において分布と平均点はほとんど同じであった。本書では、学力との紐づけがある中学校の159人のデータにもとづいての数字を報告する。なお、ここでは全国学力テストの各教科の得点をいちおうの「学力の指標」としている。

　第2章で、全国学力テストなどの得点を「学力」としてよいのか、と偉そうなことを言っていたのに、自分も使うのかという声が聞こえてきそうだ。ほんとうの学力とは何か、ということは真剣に考えていかなければならないテー

94　　第Ⅱ部

マであるが、そのためにはいくつかの複数の指標での「学力」を比較し、分析することが重要である。筆者たちは、「たつじんテスト」は「学習の結果を記憶した知識」ではなく、児童・生徒が「学ぶための前提」を十分にもっているかを測るための指標として開発した。そこで想定した「学力」は「学んだ結果として得た知識」というより、「これから自立して学んでいくための力」である。

　「たつじんテスト」といわゆる「標準学力テスト」は「学力」の定義も、取り出したい知識や能力も異なるが、もちろんそれらは無関係なわけではなく、深く関係しているはずである。「たつじんテスト」は教科単元を学ぶための前提になる基盤知識と思考力を測り、「標準学力テスト」は学習の結果得た知識を測るものである。だから私たちも、たつじんテストとは別の、しかも、社会では一般的に広く受け入れられている「学力」の指標として、標準学力テストの得点を用い、そこからたつじんテストで測る「学ぶ力」、ひいてはより「普遍的な学力」を定義していこうということなのである。説明が長くなってしまったが、子どもの数の概念の躓きの話を続けよう。

中学生による「分数の意味」の(不)理解
　先ほど、$\frac{1}{2}$ と $\frac{1}{3}$ の大小関係がわからない小学生が5年生になっても半分ほどいると述べた。中学生ではどうだろうか？

　たつじんテスト中学生版「数の達人」では以下のような形で聞いてみた(図4-7、大問1)。

第4章　数につまずく　95

下の2つの不等式のうち正しいものを選んでください。

☐ $\frac{1}{2} < \frac{1}{3}$

☐ $\frac{1}{2} > \frac{1}{3}$

☐ わからない時はここにチェックを入れてください

図4-7　大問1（二つの数の大小比較）の例

　この問題の正答率は、小学生よりは高くなっていたものの、全体の平均正答率は76.1％だった。このサンプルの中学生を、数学標準学力テスト（以後、数学学力テスト）の得点で、高位・中位・低位の三つのグループに分けた。実際には全国標準学力テストの実施日に欠席などの理由で学力テストスコアがない生徒もいるので、層別分析の対象になったのは143人で、このサンプルを高位46人、中位46人、低位51人のグループに分類した。層別の正答率は、低位層が47.1％、中位層は84.8％、高位層は98.8％である。このデータからわかること。それは、学力が低位 $\frac{1}{3}$ と、その上の中・高位合わせた $\frac{2}{3}$ では、大きな断絶があるということである。低位 $\frac{1}{3}$ では、もっとも基本的な分数のはずの $\frac{1}{2}$、$\frac{1}{3}$ でさえ、直観的な量感をもっていないことがわかる。

　このデータはもうひとつ、とても大事なことを教えてくれる。サンプル全体の平均値である76.1％という数字で、「多くの子どもは $\frac{1}{2}$ のほうが $\frac{1}{3}$ より大きいことがわかっているから、ほとんどの中学生は分数の概念がわかってい

96　　第II部

る」と思いがちだ。しかし、実際には、$\frac{1}{3}$ の生徒は先に述べた小学 5 年生の正答率からまったく上がっていないのである。正答率 47.1 %（低位層）というのは、「半分はあっている」ということではない。二つの選択肢から選んでいるので、まったくわからないからコイントスと同じで適当に選んでいると考えたほうがよい。大きな個人差があるサンプルにおいて平均値だけを見るということは、教育の場におけるもっとも大事な情報を取りこぼしてしまうということを、この結果は教えてくれているのだ。教育効果を評価するために、数字こそがエビデンスだ、科学的だと声高に言う人たちがいる。しかし、**大事なのは数字自体ではなく、「数字の意味」**なのである。

負（マイナス）の記号の意味の理解

ちなみに中学生は、負の数については理解しているだろうか？

「数の達人」の大問 1 では、別の問題で、$-\frac{1}{2}$ と $-\frac{1}{3}$ のような負の数どうし、あるいは負と正をまたがる二つの数の大小を尋ねた。大小は 0 からの距離という絶対値ではなく、正の大きい方向に向けての「大」である。正答率は 51.6 % であった。選択肢は「$-\frac{1}{2}$ が大きい」「$-\frac{1}{3}$ が大きい」「わからない」の三つだが、実質的には最初の二つの間のどちらかなので、51.6 % という正答率は生徒の半分ができているというよりは、どちらが正しいか答えがわからずに、適当に答えた結果も多く含まれているはずだ。生徒たちには、不等式の意味、分数の意味、負数の意味におい

第 4 章　数につまずく　97

て三重の誤解・混乱があるように思われた。

頭で概数を計算できることと数の量感

もちろん、$\frac{1}{2}$ が $\frac{1}{3}$ より大きいことがわかるだけで「分数の意味」がわかったとはいえない。分数の意味どころか「$\frac{1}{2}$ の意味」がわかるということは、少なくとも0から10くらいの間の分数、小数、整数などを含めた「他の数」との関係を理解している必要がある。その理解があるかを知るために、たつじんテスト小学生版「かずのたつじん①」では数直線の上に特定の数の位置を定める「数直線」問題を作ったが、「数の達人」では「概数の計算」問題を考えた。例えば $\frac{1}{2} + \frac{1}{3}$ の答えにもっとも近い数は0、1、2、5の四つの選択肢の中でどれかというような問題である(図4-8)。

全体の平均正答率は47.2% である。誤答の中でもっとも多かったのは「5」である(図4-9)。これは二つの分数の分母を足した数である。

この問題も、先ほどの問題のように、数学学力テストの得点で生徒を低・中・高の3層に分けた。それぞれの層での正答率は、11.8%、52.2%、82.6% だった。ここでも、低位層と中・高位層の生徒が大きく断絶していることが見て取れる。

ちなみに「$\frac{1}{2} + \frac{1}{3} = ?$」という問題を出し、計算をさせたら、正答率はずっと高いだろう。しかし、分数の足し算に正解していても、それは単に手続きを覚えているにすぎず、「分数の意味」は理解していない可能性がある。この

下の計算式の答えに最も近いものを選んでください。

$\frac{1}{2} + \frac{1}{3}$

□ 0　　□ 1　　□ 2　　□ 5

□ わからない時はここにチェックを入れてください

図 4-8　「概数の計算」問題の例

下の計算式の答えに最も近いものを選んでください。

$\frac{1}{2} + \frac{1}{3}$

	回答者数	正解率
誤答 ⓪	5 名	
正答 ①	75 名	47.2%
誤答 ②	13 名	
誤答 ⑤	56 名	
その他、「わからない」など	3 名	

図 4-9　「概数の計算」問題の解答結果

第 4 章　数につまずく　　99

問題の生徒たちの解答パターンはそれを教えてくれるのである。

「概数の計算」問題には、$\frac{21}{10}+\frac{60}{31}$ に近い数を問う問題もある。選択肢は 2、4、81、41 である。$\frac{1}{2}+\frac{1}{3}$ よりもちょっと難易度が高い。$\frac{21}{10}+\frac{60}{31}$ を通分しようとしたら計算がやっかいである。しかしこの問題を解答するのに通分は必要ない。$\frac{21}{10}$ と $\frac{60}{31}$、どちらも「ほぼ 2」だということは、「分数の意味」がわかっていればすぐにわかる。だから、答えは 2+2 で 4 に近くなるはずだということは計算するまでもなく明らかだ。しかしこのように考えて正解できた生徒は全体の 35% ほどしかいなかった（図 4-10）。先ほど $\frac{1}{2}+\frac{1}{3}$ の答えは「5」に近いという誤答が多かったと述べたが、ここでも二つの分数の分母を足した「41」という誤答がもっとも多かった。しかし分子を足した「81」を選んだ生徒も一定数いた。

下の計算式の答えに最も近いものを選んでください。

$$\frac{21}{10}+\frac{60}{31}$$

	回答者数	正解率
誤答 ②	15 名	
正答 ④	56 名	34.8%
誤答 ㊏	21 名	
誤答 ㊶	45 名	
その他、「わからない」など	3 名	

図 4-10　難易度の高い「概数の計算」問題の解答結果

100　第II部

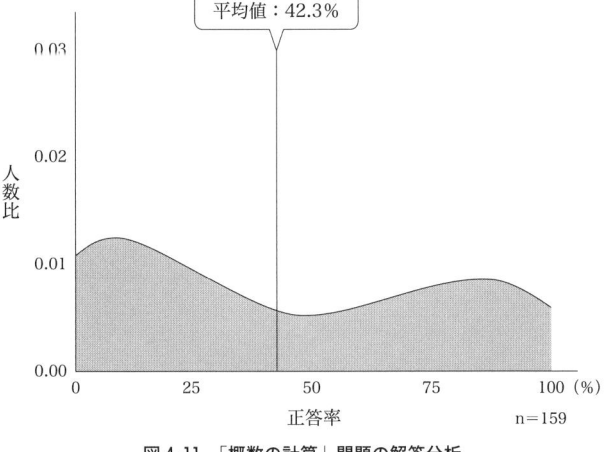

図 4-11 「概数の計算」問題の解答分析

　たつじんテスト中学生版「数の達人」では、このような概数の計算の問題 10 問を大問 2 とした。この大問全部の分布と平均正答率は、図 4-11 のようなものだった。平均は 42.3 % で、決して高いとは言えないが、注目するべきなのはむしろ分布の特徴である。分布はピークが二つある、典型的なふたこぶの分布になっていて、平均付近にいる生徒は少ない。そして二つのうち、より大きいこぶは正答率 0〜25 % である。数学学力テストで中位・高位の生徒が平均点を引っ張り上げているようだ。$\frac{1}{2}$ と $\frac{1}{3}$ の大小比較では、中位層以上の生徒はほぼ正解できていたが、概数の計算では、中位層の生徒もかなりてこずっていて、分数を「だいたいこのくらいの数」という概数として把握できていないことが見て取れる。

第 4 章　数につまずく　　101

分数を概数として直観的に捉える力は、割合の概念の理解にも深くかかわっている。たつじんテスト中学生版「数の達人」では、割合についての直観的理解ができているかを見るため、図4-12のような問題も含めた（大問6）。

以下の問題の答えとしてもっともよいものを選び、チェックをつけましょう。

30個が2割であるとき、全体の個数はいくつでしょうか？

□　6個

□　15個

□　60個

□　120個

□　150個

□　上のどれでもない

□　わからない時はここにチェックを入れてください

図4-12　大問6（割合の計算）の例

　これも、式をたてれば30÷0.2だが、計算をしなくても、全体は2割の5倍だということがわかっていれば、30を5倍すればよいから150が正解ということがすぐわかるはずだ。しかし、正解できた生徒は37.8%にすぎなかった（図4-13）。高位層の生徒でも正答率は60%に達せず（58.7%）、中位・低位層の正答率はそれぞれ37.0%、19.6%だった。選ばれた選択肢の分布を見ると、2割を「$\frac{1}{2}$」と混同して「60個」としたり、単純に30を2で割った「15個」を選

> 30 個が 2 割であるとき、全体の個数はいくつでしょうか？
>
> | | | 回答者数 | 正解率 |
> |---|---|---|---|
> | 誤答 | 6 個 | 21 名 | |
> | 誤答 | 15 個 | 23 名 | |
> | 誤答 | 60 個 | 21 名 | |
> | 誤答 | 120 個 | 12 名 | |
> | 正答 | 150 個 | 60 名 | 37.8% |
> | 誤答 | 上のどれでもない | 15 名 | |
> | その他、「わからない」など | | 7 名 | |

図 4-13　大問 6（割合の計算）の解答結果

ぶ生徒が目立った。**「2 割」が 20% であること、小数にすると 0.2 であることすらあやふやな生徒が多い**ことが見えてきたのである。

「2 割」の意味がわからない

　先ほど、小学生が「イチ（1）」の意味をよく理解しておらず、それが分数の不理解にもつながっていると述べた。「基準としての 1」の意味が腑に落ちておらず、分数もわからない。その延長線上に、「1 割」「2 割」という、日常生活の中で頻繁につかう「○割」ということばの不理解がある。この状況で、小学校高学年で学習する割合や比率の概念に子どもが苦労するのは当然のことであるし、不理解が解消されないまま中学生になり、数学に苦しんでいる子

第 4 章　数につまずく　　103

どもが多いことをぜひ文部科学省にも、自治体の教育委員会にも、学校にも、保護者にも知ってほしい。

数の感覚的理解と数学学力との関係

たつじんテスト中学生版「数の達人」は、すべて小学校で学修し、習熟していることが前提となっている基礎的な数についてのスキーマを、果たして子どもたちがほんとうに理解しているのかを確かめるためのテストである。では、「数の達人」の正答率は、中学の数学学力テストの得点とどのくらい関係するのだろうか。

「数の達人」全体の得点と、数学学力テストの得点との相関は 0.78 であった。相関は二つの指標の間に関係がなければ 0 で、一方から他方を完璧に予測できれば 1 となる。一般的な知能テストと学力との相関は 0.1 から 0.2 程度なのが普通なので、それに比べると驚異的に高い数値である。「数の達人」の六つの大問の中で相関の値がもっとも高かったのは、「$\frac{1}{2} + \frac{1}{3}$ にもっとも近い数は？」のような数の概数の直観を測る大問 2 で、この大問と数学学力テストの間の相関は 0.75 だった。この結果は「数の意味」を理解し、問題に応じて取り出せる「生きた知識」として「数の概念」をもっていることが、数学の学力の根幹になっているということを示している。そしてその根幹の知識が極めて脆弱で、「生きた知識」には程遠い状況にある子どもたちがこんなにもたくさんいるという状況を直視して、対策を講じなければならない。どういう対策が必要であるのかは、第Ⅲ部で考えていく。

104　第Ⅱ部

【第4章のまとめ】

　数の概念がまったく腑に落ちていない子どもたち。本章で紹介した、たつじんテスト小学生版「かずのたつじん①」および中学生版「数の達人」の結果は衝撃的だった。彼らは、「数」という記号ひとつひとつに意味があると思っていない。不等号や負（マイナス）の記号の意味も考えない。「式」に意味があるとは、もちろん思っていない。

　小学生で「数には意味がある」ということに気づけなかった子どもたちは、数という記号に対して量感をもっていない。これは分数で特に顕著に表れる。彼らの多くは「分数はケーキやピザのように丸いものを○人で分ける」ためのものと思っていることも疑われた。

　分数の「意味」がわからない根幹には、「イチ(1)」の意味の不理解があると思われる。乳幼児は「イチ」ということばを「1個のモノ」に結びつけて覚える。それでさえ、幼い子どもにとってはとても難しい。目に見えるのは1個のリンゴだったり、1本のバナナだったり、1個のボールだったりで、「イチ」という概念自体を視覚的に見ることはできないからだ。時間をかけて苦労してやっと「1個の○○」の多くの事例を「イチ」の意味に抽象化できても、それは「モノの数」としての「1」の理解である。しかし、算数・数学を学ぶためには、そこからさらに抽象化しなければなら

第4章　数につまずく　　105

ない。「イチ」は具体的なモノの数を数えるときに使うだけでなく、「基準量」として使われるのだということである。リンゴ10個が一袋で売られていたら、10個のリンゴが「イチ」になる。それがわからないと分数の意味もわからないし、「2割引き」の意味もわからない。

単位としての「1」の意味がわからないと、小学校高学年から先の算数・数学はひたすら「記号を操作するだけのわけがわからないもの」になってしまう。意味を考えず、記号をひたすら操作する。こういう状態を「記号接地ができていない」状態という。「記号接地」の詳細は第Ⅲ部で詳しく述べるので少しだけお待ちいただきたい。

算数文章題が解けない子どもたちの問題は、もちろん、ひとつひとつの記号の「意味」がわからないことだけから生じるものではない。この問題は、多くの原因が複合的に絡み合った非常に複雑なメカニズムで生じているものだ。次章、第5章では、算数で使われる「記号」の不理解（記号接地できていない状態）とともに、問題の根幹となる「読解力がない」問題に切り込んでいく。

106　第Ⅱ部

第5章

読解につまずく

1 「読める」とはどういうことか

　読解力は学力に大きな影響を与えるとだれもが思っている。教科書が読めなければ（読んで理解できなければ）学校で学習する教科内容を習得することはできない。

　しかし、「読解力」とは何で、「読解力がない」ということは具体的に何ができないことなのだろうか？　認知科学者としては「読解力」が何か、特にその背後にある認知のプロセスに言及せずに、ただ「読解力があるか、ないか」という議論をすることはほとんど指導に役立たないので、建設的でないように思える。教科書が読めれば「読解力がある」ことになるのだろうか。そもそも「教科書が読める」とは、どのような行為、あるいは行動の結果を指すのだろうか？

　「読む」行為の複雑さ

　文字が読める大人は「読める」ことが当たり前で、たいした能力ではないと思っているだろう。しかし「読み」は気が遠くなるほど複雑な認知過程をパラレルに実行する

第5章　読解につまずく　　107

ことを要求する。しかも、ものすごいスピードで。

　ジェットの速さで並列に行われる認知処理をものすごく簡略化すると、このような流れになる。

> ①文字の認識　→　単語の認識　→　単語の音声への変換
> ②脳内の意味の記憶貯蔵庫にアクセスして単語の意味を想起
> ③文法の知識と単語の知識を組み合わせ、文としての意味を解釈する。そのとき、しばしば、文脈に合わせて、それぞれの単語の意味を拡張したり変えたりする必要がある。
> ④テキストの内容に関するスキーマを想起する。スキーマによって文章の行間を補いながら文章の意味を解釈していく。
> ⑤テキストの字面の意味の解釈を超えて、文章の書き手の意図や意見、感情などを推測する。

　この過程の①から④までは、普通の（すらすら読める）読み手は意識せずに自動的に行っている。「読み」以前に、そもそも言語を使うということは、そこに含まれるほとんどの認知的活動を、無意識のうちに超高速で自動的に行う必要がある。これが自動的にできないとどうなるか。習熟していない外国語を使うときのことを思い出すとわかりやすい。音の認識、単語の認識が自動的に高速でできないと、時々単語が拾えても相手の話すスピードにすぐついていけなくなってしまう（図5-1）。これが子どもの「読みの困難」

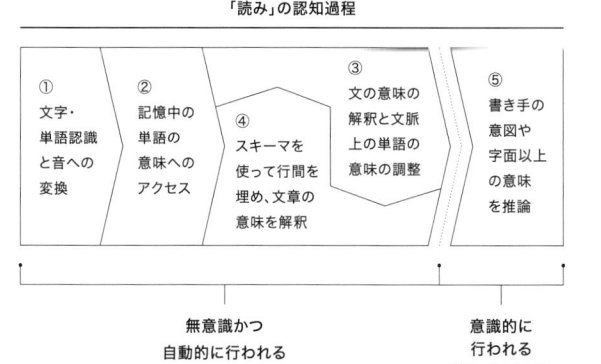

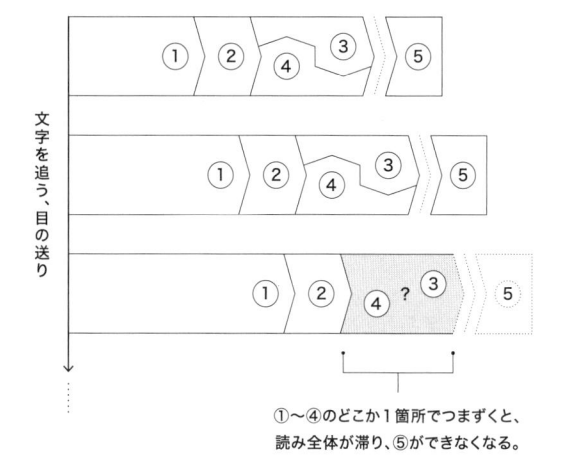

①〜④のどこか1箇所でつまずくと、
読み全体が滞り、⑤ができなくなる。

図 5-1 「読む」行為とは

にどうつながっているのか。本章では、このことについて詳しく考えていきたい。

文字の画像認識と区別

テキストを読むためには、文字を認識する必要がある[1]。読むことを学び始めた子どもが最初にすることは、ひとつひとつの文字を画像としてとらえ、区別することなのだが、そのとき、ざっくりした形の輪郭だけでなく、細かい線の区別も大事だ。例えば「お」の右の点がなかったら「お」とは読めないし、「家」という漢字で、左側のヒゲが2本になっていたら、画像としては「家」に似ているが、文字としては間違いである。文字を覚え始めたばかりの子どもは似た画像の判別に苦労する。実際、文字の手本を見せて、同じように描くように言うと、ひっくり返った鏡文字を書いたり、部首をひっくり返したり、様々な視覚的な混同を見せる（図5-2）。

文字を「読む」ためには細かく視覚的な区別をし、文字の形を正確に記憶することがまず第一歩なのだが、この段階で、すでに子どもは悪戦苦闘しているのである。

一文字から文字系列パターンで単語を認識へ

ひとつひとつの文字の形をしっかり記憶に焼き付けても、

(1) このセクションの記述の多くは、メアリアン・ウルフ『プルーストとイカ——読書は脳をどのように変えるのか？』（小松淳子［訳］、インターシフト、2008年）を参考にしている。この本は、読書という行為を認知や脳の観点から理解し、全体像をとらえるために非常に有益で、筆者の「イチ推し」である。

110　第Ⅱ部

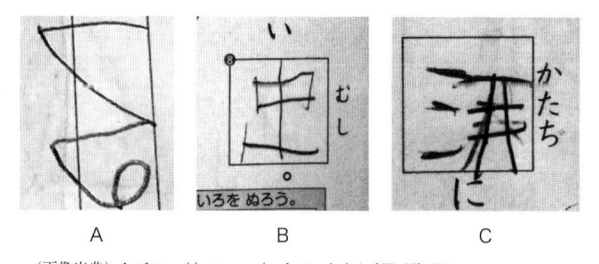

（画像出典）A：https://note.com/getbetter/n/n1cd67e67be54
B・C：広瀬友紀『子どもに学ぶ言葉の認知科学』（ちくま新書、2022年）より

図5-2　子どもの書き取りの例

文章を読むとき、文字を音に変換する認知処理の単位は文字ではなく、単語である。子どもの読みの学習は、ひとつひとつの文字を音に変換するところから始まる。読みの初心者で、まだ一文字一文字を確認しながら認識している段階の子どもの脳は、画像としての文字を読み取るのにいっぱいいっぱいで、他の必要な作業をする余裕はない。しかも、文字の認識ができただけでは読みは成立しない。文字認識の次の段階は特定の文字の並びを単語として認識することだ。それぞれの単語を文字の並びのパターンとして認識できるようになると、一文字ずつ注意を向けなくても、単語全体の文字系列のパターンが目に飛び込んでくるようになる。脳が画像認識の場所ではなく、専門の場所で高速のオートメーション処理をするネットワークを創り出すようになるのだ。

　文字の画像認識、さらに文字パターンとして単語を認識できるようになるのと同時に、視覚的な画像を音に変換する過程が始まる。つまり、子どもの次なるチャレンジは記

憶に蓄えた文字パターンを音と対応づけることである。これまで脳の画像処理を担う部分をフル活動させて文字と単語の認識をしていたが、音の処理は、側頭葉という別の場所で行う。図5-3の②の領域である。読むことを始めたばかりの学び手は①の画像処理をする脳の後方の領域と②の音処理をする部分を繋げる必要がある（もちろん「繋げよう」と意識的に思って繋がるわけではなく、単語の画像認識と音の認識を同時に何度も行うことで、自然と異なる部位の連結が脳内でできてくるのである）。

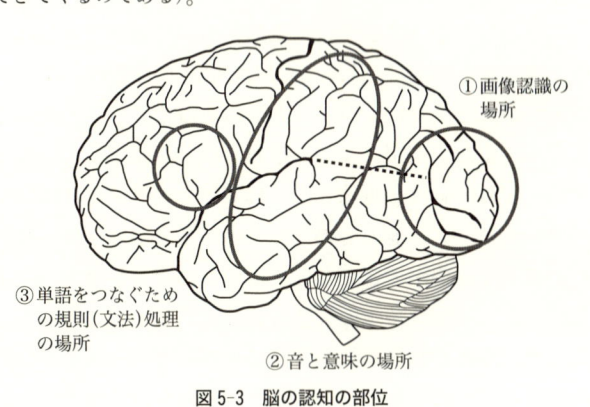

①画像認識の場所

③単語をつなぐための規則(文法)処理の場所

②音と意味の場所

図5-3　脳の認知の部位

単語認識から意味の理解へ

　熟達した読み手になるためには、特定の文字系列がすでに自分が「知っている」単語だとわかることがとても重要だ。拾い読みをしている子どもは、たどたどしく「これは「り」、つぎは「ん」……」のように画像イメージの音を思

112　　第Ⅱ部

い出そうとする。そこにりんごの絵が描かれていて、それが「リンゴ」だとわかれば、「ご」のような濁点がある特殊な文字がわからなくても単語は「リンゴ」だとわかり、さいごの文字が「ご」だということを推測できる。単語を音にしていって、二文字目くらいになると音で知っている単語を想起できることが初期の読み手にはとても大事だ。それができないと、いくら画像としての文字の認識と文字ごとの音の認識が完璧でも、単語の意味にたどり着くことはできない。

つまり、文字を音変換して「読める」ためには、その単語を「知っている」必要があるということだ。逆に、音声で覚えた、「意味を知っている」単語が記憶にあれば、文字→音の変換が完全にできなくても、「読める」(つまり書かれた単語の意味がわかる)ということも十分ありうるのである。

このことは何を意味するのだろうか。**読むことを始める前、つまり文字を覚えることを始める前に、どれだけ耳から聴いた単語をたくさん知っているかが読めるようになるために大事なのである。**ここから熟練した読み手になるための道が開けていく。この先、すらすら読めるようになるために、何が必要なのか。文字認識、文字パターンによる単語認識、文字から音声への変換にかかる時間をどんどん縮め、無意識に高速で自動的にこれらの処理ができるようになることである。なぜそれが必要なのか？ それらの認知処理が脳の負担なく自動的にできるようになれば、それだけ意味を考えるために脳のリソースを使えるからである。

第5章　読解につまずく　113

「読み」の困難を引き起こす第1の理由
——文字情報がうまく解読できない

　ここまで「読む」ために脳で起こっている認知過程について長々と述べてきたが、それは「読み」の躓きがどこにあるかを理解するために欠かせない前提だからである。

　読むことが不得意で、読むスピードが遅い子どもの困難は、すらすら読むために脳の中で高速で自動的に行われるはずの認知処理がうまく実行できていないことに由来することが多い。多くの場合、それは習熟の問題である。「読む」ことに十分な時間をかけて練習していないので、脳で「読み」を高速で自動的に行うための専門のネットワークが、まだできていない状態なのである。

　「読み」はあるところでは、運動技能でもある。ピアノを上手に演奏するためには演奏者はピアノの鍵盤の上で指を思い通りに操るための運動技能を訓練によって身につけなければならない。どんなに優れた曲の解釈ができても、ミスタッチしたり、演奏がつっかえて途中で止まってしまっては、よい演奏とはいえない。読みも同じである（このように書くと、子どもには毎日強制的に読書や音読をさせなければならないと思う保護者や教育関係者がいるかもしれないので、先に述べておくと、「毎日必ず〇分読書」のような強制的な読書はかえって逆効果である。大事なのは読みを始める前に本の魅力を知り、本が好きになること、ことばに興味をもつことである）。

114　　第Ⅱ部

《コラム》 難読症のケース

　多くの子どもは読むことを適切なやり方で訓練すれば（つまり読むことを楽しむ習慣が日常の一部になっていて読書を頻繁にしていれば）、「読み」に必要な脳内のネットワークは自然に形成され、流暢に読むために必要な認知スキルは自然に習得される。しかし例外がある。「難読症」の子どもである。

　脳には非常に大きな個人差がある。文字の画像処理を担う部分の機能が若干でも弱いと文字認識がスムーズにいかない。画像認識と音声認識の接合がうまくいかない場合もあり、そうすると文字と音声をつなぐネットワークがうまく発達せず、書記単語を音声単語に変換することがうまくできない。このように、脳の局所的な機能のほんの些細な不全（あるいは個人差）に由来して、本来高速で自動的に行う認知処理がスムーズにいかないケースが難読症の大きな原因となっている。子どもが幼少期に鏡文字を書くのはごく普通のことで心配はいらないが、小学校中学年以降でも鏡文字を書き、話すときには問題ないのに読むスピードが極端に遅い、音読をするときに（文字を音に変換するときに）よく間違えるような場合には、難読症かどうかを専門家に相談したほうがよいだろう。

2　問題文を理解するための語彙が足りない

「読み」の困難を引き起こす第2の理由
　──文章の意味が解読できない

　文字や文字の並びパターンの解読が「読解」の第1ステージだとしたら、第2ステージは書かれていることの意味

第5章　読解につまずく　　115

を理解することである。文章の「意味を取れない」は「読解ができない」現象の中でもっとも顕著なもので、一般的に「読めない」「読解力がない」というのは、このステージの困難さを指す。第1章で算数文章題が解けない子どもの解答例を紹介したが、その多くは「読解力の問題」であると言うこともできるだろう。しかし、前にも述べたように、「意味を汲み取れない」理由は一つではない。いくつかの典型的な原因を考えていこう。

　文章に使われている単語の意味を知らない
　「意味を汲み取れない」原因として最初に考えられるのは、語彙が足りないことである。文章を理解するうえで、わからない単語があるとそこで思考がストップしてしまう子どもが多い。熟練した読み手は語彙が豊富なので、文章中で知らない単語にはほとんど出会わない。たまにわからない単語が出てきても、文脈からわからない単語の意味を推論することができるので、そのまま読み続けることができる。逆に、未熟な読み手は語彙が少ないことが多い。ということは文章の中に出てくる単語を知らない確率が高いということだ。同じ文の中に二つ知らない単語があったらお手上げになってしまい、文章全体の意味を理解することはできなくなってしまう。例えば、「10人の子どもがいます。そのうち7人は女の子です。男の子は何人でしょう？」という問題を解けなかった子どもがいた。その子は、引き算ができなかったのではなく、「そのうち」がわからなかったのである。「そのうち」の意味を教えたらすぐに

問題を理解して計算し、正解することができたそうだ。

語彙は読解力に大事、という認識は社会で共有されている。だから大人は一生懸命語彙を増やそうとする。子どもにも「ことばを覚えよう。小学〇年生が知っているべき基本のことば△語」の類(たぐい)の書籍を与えて「これを全部覚えなさい」と言ったりする。

一般的な語彙テストは文学や学術的な文章などで使われるような、あまり日常では使われない単語をどれだけ知っているかを測ることが多い。しかし、大人にとって(ベテランの教師でさえ)子どもが知っていて当たり前だと思っていることばを子どもが知らないために、あるいは意味を勘違いしているために、教科書の説明やテストの問題文が読めないことがしばしばある。それを確認できるように、たつじんテスト小学生版「ことばのたつじん」を開発した。「ことばのたつじん」は3部に分かれている。①は一般的な語彙に関するもの、②は空間・時間のことばに関するもの、③は日常的な動作のことばに関するものである。「ことばのたつじん①」では取り立ててめずらしい(小学生があまり目にしない)ことばではなく、日常よく耳にし、「知っているはず」と大人が思っていることばを含めた。

算数の学習の前提なのに実は意味が よくわかっていないことば

小学生が実はよくわかっていないことばにどのようなものがあるか。以下は「ことばのたつじん①」で驚くほど正答率が低かった意外なことばである(図5-4)。

第5章 読解につまずく　117

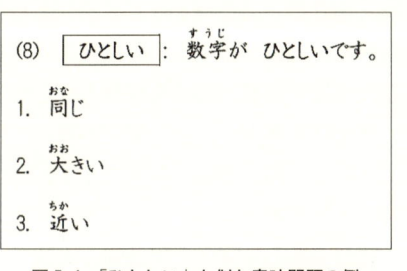

(8) | ひとしい |：数字が ひとしいです。

1. 同じ

2. 大きい

3. 近い

図 5-4　「ひとしい」と似た意味問題の例

　「ひとしい」は日常語ではないが、算数では基本的なことばである。この意味を知らないと、困ることがおこる。大人にとって、$\frac{1}{3}$ というのは、ケーキを適当に三つに分けたうちの一つではなく、任意の数や量を均等に三つに分けた場合の、その中の１であるというのは当然のことである。しかし「ひとしい」ということばの意味を理解していないとどうなるか。以前『ケーキの切れない非行少年たち』(宮口、2019) という本が大きな話題となった。この本では、少年院に入っている子どもたちの多くが、丸いケーキを等分に分けることができないことを報告している。本の表紙には、非行少年が「三等分」したケーキの図が描かれている。ケーキを半分に分け、さらにその半分を半分に分けた図である。この図を描いた子どもは、$\frac{1}{3}$ というのは、ケーキやピザを適当に(好きなように) ３人で分けたときの１人の取り分、という誤った理解をしている可能性がある。

　実際、たつじんテストでの小学２年生から４年生406人の正答率を学年別に見てみると、２年生で36.2%、３年生で32.5% だった(表5-1)。選択肢1(同じ)を選べた子ども

118　第II部

は、2、3年生では30％台で、正解と同じくらい選択肢3（近い）を選んでいた。つまり、2、3年生では「ひとしい」の意味を「近い」と混同している子どもが非常に多いということだ。4年生になると正答率は95％を超えていた。もしかしたら、「ひとしい」の意味を学校で説明されたばかりだったのかもしれない。

表5-1 「ひとしい」と似た意味問題の学年別正答率

（単位：％）

	選択肢1	選択肢2	選択肢3	無回答
2年生	36.2	18.8	31.2	13.8
3年生	32.5	23.1	38.5	6.0
4年生	95.4	2.0	2.6	0.0

　4年生になったらできるようになるのだから2、3年生で混乱していてもいいじゃないか、と考える読者もいるかもしれない。しかし、ことはそんなに単純ではない。分数は2年生で導入され、3年生では簡単な計算のしかたを学ぶ。しかし、第4章で述べたように、中学生になっても分数の「意味」がわからない子どもがたくさん存在する。分数の意味の理解にとって「ひとしい」は前提になる重要な概念である。2年生で分数を導入する際に、「ひとしく分ける」ということの意味がわからないとしたらそれは大きな問題で、「ひとしく」が抜け落ちてしまうと、ケーキをいびつに、不均等にしか分けられない「ケーキの切れない子ども」になってしまうのである。

第5章　読解につまずく　　119

比較する、割る（分ける）——動詞の理解

　そのほか、学校の学びで重要な単語のひとつに「比較する」がある。ものごとを比較し、相対的に考える力は算数（数学）、理科、社会をはじめ、すべての教科に必須である。比較はまた、割合や比率の概念を理解するためにも絶対必要な概念である。

　たつじんテスト小学生版「ことばのたつじん①」の「ひかくする」に同義（似た意味）のことばを選ぶ問題は、選択肢を(1)ならべます、(2)くらべます、(3)しらべます、とした。この問題の正答率も衝撃的に低い（表5-2）。小学2、3年生では正解の「くらべます」より「しらべます」の選択のほうが多く、しかも、4年生になっても正答率は6割を切っている。

表5-2　「ひかくする」と似た意味問題の学年別
正答率

（単位：％）

	選択肢1	選択肢2	選択肢3	無回答
2年生	29.0	20.3	41.3	9.4
3年生	32.5	26.5	36.8	4.3
4年生	8.6	57.6	29.8	4.0

　「曲線」ということばも日常では子どもはあまり使わないが、算数では使われる。特に「直線」との対比で使われることが多い。選択肢は(1)きょくのがくふ、(2)ながいせん、(3)まがったせん、の三つ。2、3年生では三つの選択肢をランダムに選択したレベルになっており、4年生でも半分ほどしか正解していない（表5-3）。

120　　第Ⅱ部

表5-3　「きょくせん」と似た意味問題の学年別
正答率
(単位：％)

	選択肢1	選択肢2	選択肢3	無回答
2年生	21.0	40.6	28.3	10.1
3年生	27.4	35.0	35.9	1.7
4年生	25.2	19.2	53.6	2.0

　算数、理科、社会などの教科の学習には、日常生活であまり使わない単語の理解が必要だ。しかし小学生はこれらのことばをあまり理解していないことがわかった。第4章で、多くの小学生が「イチ（1）」の意味をきちんと理解していないということを述べた。「イチ」の意味もわからず、「等しい」の意味も「比較する」の意味もきちんとわかっていない。これらがわからないのであれば、分数の意味がわからず、算数文章題の意味が読み解けないのも無理はない。

3　単位、時間、空間のことばを理解できない

単位のことばと時間のことば

　算数・数学にとって「単位」の概念は核になる。算数文章題には、しばしば時間の問題や量の問題が登場する。第1章で「えりさんは、山道を5時間10分歩きました。山をのぼるのに歩いた時間は、2時間50分です。山をくだるのに歩いた時間は？」という文章題を子どもがどう解いていたかを紹介した。この問題を解くためには時間と分をそろえなければならないことは知っていたものの、

第5章　読解につまずく　　121

5時間10分を510分、2時間50分は250分に変換していた子どもがいたことを思い出してほしい。そもそも時間の単位のことばを小学生はどのくらい正確に知っているのだろうか？

　ある学級で、1年生に時間の言語表現についてどう理解しているのか調査してみた。以下は答えの例だ（図5-5）。

① 1時間はなん分ですか？	8:40 分
② 11時の3時間前は、なん時ですか？	3 時
③ 11時の5時間後は、なん時ですか？	2 時
④ 100分は、なん時間なん分ですか？	12時55分

図5-5　ある子どもの時間の単位の解答例

　「1時間は何分ですか？」という問いなのに、「今何時ですか？」に対する答えになってしまっている。この子どもはそもそも「時間」と「時刻」の違いを理解していないようだ。たつじんテスト小学生版「ことばのたつじん②：時間ことば」では、1日が何時間か、1週間が何日か、1年が何か月かという、ほんとうに基本的な時間の単位の知識を確かめる質問を含めたが、この基本的な知識を問う問題3問を全問正解できたのは2年生ではたった40％で、4年生でも全問正解できない子どもが少なからずいた。「1日は何時間？」の問いにはほとんどの子どもが答えられたものの、2年生では「1週間は何日か？」「1年は何か月か？」に正答できない子どもが大勢いた。

122　　第Ⅱ部

時間というのは、見えない対象に秒、分、時間、日、週、月、年などの単位を与え、あたかも現実に存在するモノのように扱い、主に空間関係のことばを比喩的に拡張して表現している。これは非常に負荷が高い、抽象的な心の操作を要求する。「ことばのたつじん②：時間ことば」では、時間に関する単位の知識と、「1週間後」「3日前」「5日後」「1週間先」など、「前」「後」「先」という空間にも使う時間のことばの理解を測った。

　「今日は3月14日です。5日前は何月何日ですか？　カレンダーに○をつけてください」のように、問題文を読み取り、答えの日に○をつける問題（図5-6）の正答率の低さには衝撃をうけた。この問題は13問あり、（1）あした、

⑬　きょうは、3月14日です。

　　5日前は、なん月なん日ですか。

　　カレンダーの すうじに ○をしてください。

3がつ						
月曜日	火曜日	水曜日	木曜日	金曜日	土曜日	日曜日
			1	2	3	4
5	6	7	8	9	10	11
12	13	14	15	16	17	18
19	20	21	22	23	24	25
26	27	28	29	30	31	

図5-6　「カレンダー問題」の例

(2)1週間後、(3)きのう、(4)2日前、(5)5日後、(6)来週の月曜日、(7)ちょうど1週間前、(8)先週の月曜日、(9)5日先、(10)2日後、(11)1週間先、(12)2日先、(13)5日前、の日を聞いた。表5-4はそれぞれの小問の正答率を示している。この問題もまた、大人はできて当然と思っていた基本的な時間表現が子どもにとって「当たり前にわかる」ものではないことを如実に示していた。

2、3年生で特に正答率が低いのは「1週間後」「ちょうど1週間前」「先週の月曜日」「1週間先」である。これらの問題は2年生では正答率が50%以下となっている。この困難さは、いったいどこからくるのだろうか?

突然だが、未来は自分の(現在地点の)「前」か「後」か、と聞かれたら、読者はどう答えるだろうか。大半の人は未来は自分の眼前にある、つまり「前」であると答えるのではないか。過去を振り返らず、未来を向いていこうと言わ

表5-4 「カレンダー問題」の学年別正答率

(単位:%)

	あした	1週間後	きのう	2日前	5日後	来週の月曜日	ちょうど1週間前
2年生	93.2	46.6	84.5	77.0	61.5	68.9	43.9
3年生	93.9	67.4	97.0	90.9	74.2	83.3	68.2
4年生	94.7	87.4	98.0	96.7	80.1	90.7	86.8

	先週の月曜日	5日先	2日後	1週間先	2日先	5日前
2年生	50.0	70.3	72.3	48.7	70.3	66.9
3年生	68.9	78.0	83.3	65.2	83.3	81.1
4年生	84.1	87.4	91.4	80.1	84.1	88.7

れると何の違和感ももたないし、「未来に向かって後ろ向きに歩こう」はありえない。しかし、「1週間前」「1週間後」はそのイメージとは逆に、すでに起こったこと、時間的に古いできごとが「前」で、これから起こることや時間的に新しいできごとが「後」になる。つまり、「未来は前」というイメージとは逆に、すでに起こったこと、時間的に古いできごとが「前」で、時間は、直感とは逆に、未来から過去に流れるモデルで「前」「後」が使われているのである。

「何十年も前のできごとを振り返らず、未来を向いて前進していこう」というようなことを大人はよく言うし、聞いても特に違和感をもたない。しかし、この一つの文に、矛盾した時間モデルが使われていることに読者はお気づきだろうか。「何十年も前」というときには時間が未来から過去に流れているモデルを使っているのだが、後半の「振り返らず……」以下の部分は、自分が未来に向かって進んでいるモデルを使っているのである。大人は二つの対立しているモデルを意識することなく言語の慣習として使っている。しかし、この慣習が子どもに混乱を引き起こすことは想像に難くない。

もうひとつ、子どもを混乱させる言語の慣習がある。「時間」ということばの使い方だ。「今、何時？　時間教えて」と大人はしょっちゅう言う。聞いているのは「時刻」なのに、大人は「時刻を教えて」と言うより「時間を教えて」と言うことのほうが多い。先ほど、時間と時刻を明らかに混同している子どもの解答を見せたが、混乱の責任は、

大人による、言語の慣習的な使い方にあるのである。

小学生の空間ことばの理解

「前」「後」「先」は空間関係にも使われる。空間関係を表すとき、視点によって「前」「後」が変わり、それに伴って「右」「左」も変わる。これらのことばを適切に使うには状況に合わせて視点を選択することが必要だ。教科書では、子どもがこれらの空間ことばを使った文章を読んだとき、視点変換が適切にできることが前提として使われている。「子どもが14人、1れつにならんでいます。ことねさんの**前に**7人います。ことねさんの**後ろに**は、何人いますか」という問題に、小学1年生どころか、4、5年生でも間違える子どもが少なからずいることを第1章で述べた。この難しさの背後には「前に」「後ろに」がよくわからなかったこともあったのではないだろうか。そういったこともあり、たつじんテスト小学生版「ことばのたつじん②」では、先に述べたように時間のことばとともに「空間ことば」を大きなセクションとして扱った。

4、5歳になれば「右って知ってる?」と聞かれると自分の右手を挙げて「知ってるよ!」と答える子どもが多い(だが、間違って左手を挙げてしまう子どもも意外と多い)。しかし、前後左右という単語もまた、日常語でありながら意味は非常に抽象的で曲者である。なぜ抽象的なのか?それは、これらのことばたちは、意味が完全に「視点」に依存しているからである。二人で対面していたら一方の「右手側」は向かい合う人の「左側」である。

第Ⅰ部で述べたように、たつじんテスト小学生版「ことばのたつじん」は、ことばを知っているかということだけでなく、ことばを使って問題解決をするなど、ことばの運用力を測ることを目指して開発された。それは同時に、「なんとなく知っている（だけの）知識」と「使える知識」がどう違うのかを私たち大人に教えてくれるはずである。

　そこで、「宝物探し問題」を考えた。地図中に、「あなたと友だち」を設定し、「本屋の手前を右に曲がると宝物がある」などの指示文にしたがって、宝物の場所を選ぶ形式である。

● 「宝物探し問題」の例1：自分と同じ視点

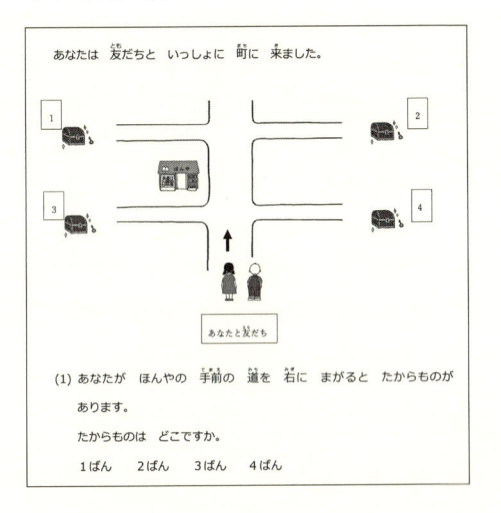

● 「宝物探し問題」の例2：自分と逆の視点

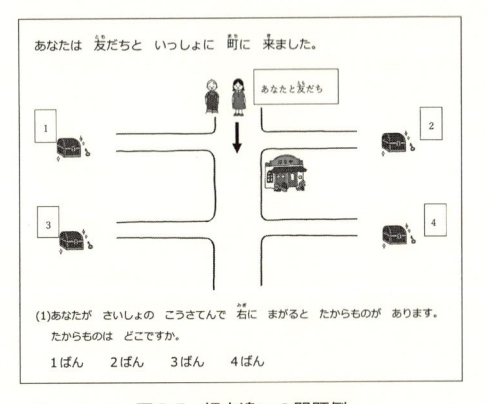

図5-7　視点違いの問題例

この問題では二つの視点で宝物を探してもらった（図5-7）。ひとつは自分（問題を解く子ども）と同じ視点。もうひとつは自分と反対の視点である。正答率は表5-5のとおりで、高いとは言えない。特に逆の視点での宝物探しは、4年生でもできない。「自分の右手を知っている」レベルでの「知っている」と、宝物探しのような問題解決に使えるレベルでは大きなギャップがあるようだ。

さらに各学年で層別に正答率を出してみた（表5-6）。すると大変興味深い傾向が見えてきた。

表5-5 「宝探し問題」の学年別
平均正答率

(単位：%)

	自分と同じ視点	自分と逆の視点
2年生	43.1	27.3
3年生	59.1	47.2
4年生	72.8	55.0

表5-6 「宝探し問題」の学年・階層別正答率

(単位：%)

	2年生			3年生			4年生		
	低位	中位	高位	低位	中位	高位	低位	中位	高位
自分と同じ視点（左右）	25.51	50.00	56.12	38.30	65.00	77.27	58.16	75.49	88.64
自分と反対視点（左右）	28.57	21.33	31.97	23.40	35.83	70.45	29.93	52.94	84.09

2年生では視点にかかわらず学力の高位層も中・低位層も正答率が低い。空間ことばをつかった指示文を理解すること自体が2年生には難しいようだ。それでも、自分と同じ視点では、学年が上がると正答率も上がっていく。し

第5章　読解につまずく　　129

かし逆向き視点では、低位層は学年が上がっても正答率が上昇していない。中位層では自分と同じ視点だと正答率が上がっていくものの、逆向き視点ではそれほど上昇しない。一方、高位層は学年が上がると自分視点でも逆向き視点でも指示文が理解できるようになり、宝物探しに成功する。

大事なのは視点を柔軟に変えることができること

この違いは何を意味するのだろうか。「右」や「左」などのことばを使い、地図を読み取り、空間のことばを使った指示に従って問題を解決できるか否かは、単に自分の右手の方向がわかる、さらに、対面になると相手の右は自分の左になるということがわかるだけでは決まらない。文章を読んでそこに書いてあることを理解する。そこで大事なのは、自分の視点から離れて文章の書き手の視点と意図を推察しながら内容を理解することである。それこそが読解である。

こうなると、「読解力」はもはや単語をたくさん知っているかどうかだけでは成り立たないことが見えてくる。「読解力」には自分以外の視点でものごとを見る力（視点変更能力）が欠かせない。興味深いことに、「ことばのたつじん②：空間ことば」は、たつじんテストの「ことばのたつじん」「かず・かんがえるたつじん」を合わせたすべての大問の中で、算数文章題テストの得点をもっとも高く予測することが分析の結果わかった。もちろん、「前後左右」の知識そのものが学力を予測するわけではない。「ことばのたつじん②：空間ことば」で正答するためには、問題ご

130　第Ⅱ部

とに視点を柔軟に変えて問題解決をする必要がある。つまり、「ことばのたつじん②：空間ことば」は、空間の関係を表すことばの知識を測るだけでなく、**柔軟な視点変更能力を測るテストであり、視点を柔軟に文章に合わせる能力が読解力のみならず、学力そのものに深くかかわっていることを示している**のである。

　視点を柔軟に修正できる能力が思考には不可欠で、「思考力」を構成する重要な要素となる。ここで改めて、なぜこの能力がそんなに大事なのかを深く掘り下げてみよう。

「割合」の概念の理解にかかわる視点変更能力

　割合や比率の概念は子どもにとって、とてもハードルが高いことが知られている。第1章では、小学校で学習しているはずの割合の文章題の正答率が、中学生でも46.9%という低い数字だったことを紹介した。次の問題である。

> 同じくぎが入っている缶があります。缶に入っているくぎの全体の重さは180gでした。同じくぎの15本の重さをはかったら27gでした。缶に入っているくぎは全部で何本ありますか。

　この問題を解くためには、釘は27gで15本だから1本あたり何gかを考える必要がある。1本○gだから全体で180g。だとすると、180gを1本あたりの重さで割れば釘が何本かわかる。このとき、180gから視点を27gに移し、1本あたりの重さを出す。そして、そこから視点をまた

第5章　読解につまずく　　131

180ｇに戻して、1本あたりの重さから本数を算出する。

そもそも割合という概念そのものが視点の柔軟な変更を必要とする。割合という概念を考えるためには、その文脈に応じて、基準量を「1」とし、それに応じて割合を考える必要がある。第4章で、多くの子どもは「イチ(1)」をモノを数えるためのことばと思っており、ある任意の量を基準量として「イチ」とすることに難しさを覚えるということを述べた。割合を理解するためには、「1個のモノ」でない量を状況や文脈に応じて「**イチ**」**としてみなす**ということをしなければならない。

これまでの自分のとらえ方、世界の見方を修正し、文脈で定められた任意の量を「イチ」ととらえて別の量と比較する。この行為は「ことばのたつじん②」の中の「空間ことば」で測っている柔軟に視点変更をする能力と同根で、その先にある能力なのである。

多義語の理解にも視点変更能力が必要

文章を「読解」するためには、まず文を構成する単語を知っていることが大事で、知らない単語が文の中にあるとそこで意味処理が止まってしまう場合があると述べた。「知らない単語」というのは、聞いたことがない単語ということだけではない。知っている(と思っていた)単語が文の中で違う(知らない)意味で使われていることがよくある。単語というのはたいていは複数の意味をもつ。文章の書き手がある単語を文中で用いたら、書き手の想定した意味と自分の中でのその単語の意味をすり合わせ、調整する必要

がある。

　良い読み手はその調整がうまい。まず自分の想定している単語の意味が、その単語の前後の文脈に合うかどうかを考える。合わないときには、文全体の意味、あるいは文章全体の流れを優先し、文章の意味を解釈する。同時に、それまで自分が認識していた単語の意味を修正したり、拡張したりする。そのようにして、文脈から単語の意味の知識を広げ、単語の多義を理解して、自分の知識を豊かにしていく。

　それに対して読むことが苦手な子どもは、文としての意味が一貫しているかどうかにかかわらず、自分の知っている意味を文に強引に当てはめてしまう。だから文章の意味も通らず、書き手が何を言っているかわからない。また、当然の結果として、もともとの、「点」でしかない厚みのない（もしかしたら誤解している）単語の意味の知識も拡張していかないし、誤解も修正されないままである。

　この力が算数・数学力に深く関係していることは想像に難くない。子どもは乳幼児期から「イチ」「ニ」「サン」をはじめとした数のことばをモノの数を数えるためのことばとして理解しているので、モノから切り離して抽象的な「数」としてその意味をとらえることが難しいことは何度も指摘してきた。分数や割合の概念に必要な「基準としてのイチ」の意味を理解するためには、今までの生活経験から思いこんでいた、「「イチ」はモノを数えるためのことば」という概念を修正しなければならない。

　先日ある中学校を訪問したとき、一人の先生からたい

へん興味深いエピソードを聞いた[2]。

> 今日昼休憩に、まさに同じ問題「$2x=4$」をクラスの子
> と一緒にやりました。「「$2x$」の「2」が邪魔だからどう
> やって消す？」と聞いたら、「消しゴム」って言いまし
> た。

　方程式の解き方を先生が説明していて、「まず2を消す」
と言った。それは左の項の $2x$ に $\frac{1}{2}$ をかけて、x の前の数
をなくすという意味で「消す」と言ったのである。しかし、
ある生徒は「消す」が数学の文脈でどういう意味なのかを
理解できず、やおら消しゴムでその数を消したのである。
ジョークではなく、まじめに。日常的に使われる動詞でも、
授業の文脈では特別な意味で使われることが頻繁にあり、
そのような単語の日常的な意味と教科で使われる意味の
違いを自分で埋めることができない生徒が一定数いて、
それが学習困難の原因にもなっていることも大人は理解
するべきである。
　このエピソードを聞いたあと、中学生版「読解の達人」
に「文の中の単語の意味」という、ごく日常的なことばを
文脈に応じて解釈できるかを測る大問を作成した。短い一
文の中で、中学生ならだれでも知っている日常的なことば
を使って例文が提示され、その中で指定された単語の、例
文中の意味に近いものを選択肢の二つの文から選ぶ問題で

(2) 情報誌『びんまる』(福山市教育委員会、2022 年 12 月号)

134　第Ⅱ部

ある。例えば、このような問題だ。

例題：支持率が過半数を割ってしまった
1　不景気で大学生の就職率が 50% を割っています。
2　食事代を人数で割ると、ひとり 1500 円ずつになります。

（正解は「1」）

　中学 1 年生から 3 年生まで合計 181 名で予備調査を行った。この問題の正答率は 45.6% である。コイン投げと同じレベルだ。「割る」は日常語で様々な意味をもつ多義語であるが、算数・数学では、特定の意味で使われる。算数・数学の問題を解くうえで、このような、多義の語の文中の意味がわかることが読解力に影響することは間違いないことである。

　「割る」に関しては、小学生版「ことばのたつじん①」で、似た意味を選択する問題中にも含めた。「水でわります」の「わります」にいちばん近い意味を(1)ながします、(2)きれいにします、(3)うすくします、の三つの選択肢から選ぶというものだ。小学生で正答の(3)を選べたのはわずか 36.7% で、(1)を選んだ子どもは 32.5%、(2)が 24.1%。こちらも、多義語の「わる」の意味に子どもたちが翻弄されている姿が見て取れた。その状況が中学生になってもあまり変わっていないということだ。「わる」や「けす」など、当たり前に使っていることばが、算数・数学では特別な意味をもち、それが理解できていない。それも算数・

第 5 章　読解につまずく　　135

数学の学習を難しくしている原因のひとつであることは、知っておくべきだ。

　話をもとにもどそう。柔軟な視点変更能力とは、単に地図を読むときや右や左ということばを使うときに視点を変えられるという単純な能力ではないのだ。文章を読むときに、他者である書き手の意図や視点を考え、それに合わせて自分の解釈を振り返り、自分の解釈が意味を成すかどうか、文章全体の意味と一貫しているかどうかを評価するという能力につながっていくのである。そう考えれば、柔軟な視点変更能力が読解力の核、さらには学力の核になる能力であり、同時に豊かな語彙をつくるためにも必須の能力であることがわかっていただけると思う。また、この能力はいわゆる「メタ認知能力」とも深く関連している。メタ認知が働いて、文章が一貫して意味が通っているかどうかが確認できていないと、視点を柔軟に――つまり文脈や状況に合わせて適切に――変更するという行為は成立しえないからである。メタ認知については後の章で取り上げる。

4　行間を埋めるための推論ができない

行間を埋めることができない

　第1章で紹介した、たつじんテスト小学生版での「算数文章題」調査の子どもたちの解答を見て際立ったのは行間を埋めることができないということだった。行間を埋めて作者（ここでは問題出題者）の意図を推測するというほどの大それたことではない。問題文に書かれていないことを式

に反映させることができないのだ。例えば、「列の並び順問題」では、14−7から、ことねさん1人分も引くことを思いつくことができない。「お菓子の量問題」では、問題文の30%を変換した0.3に「イチ」を加えて1.3をかけることを思いつくことができない。

この背後には何があるのだろうか。ひとつには、子どもは算数文章題を「問題解決」するために意味がある答えを考えて出さなければならないとはまったく考えておらず、そこにある数字を機械的に足したり、引いたり、かけたり、割ったりして計算し、何らかの答えを出すという程度にしか考えていないことがある。このように考えているため、メタ認知によって、こういう状況は不可能だということに気づかないのだ。

第2にスキーマの問題である。第2章で、「スキーマ」について述べた。復習すると、スキーマとはあるトピックについて暗黙にもっている、その概念を理解するための枠組みとなる知識である。文章を読むとき、そこに書かれているテーマに関する知識であるスキーマが自然に想起される。スキーマによって行間を埋めることで文章の意味が理解できる。第2章44ページの「洗濯の手順」の文章を思い出してほしい。スキーマが想起できない文章は極端にわかりづらく、何のことが書かれているのかということすらわからない。算数文章題に取り組む多くの子どもたちは、そのような状況にある。

子どもはどのようなスキーマをもっているのだろうか？もちろんひとつではない。第2章、第4章で述べたように、

第5章 読解につまずく 137

数について誤ったスキーマは多くの子どもがもっている。加えてかけ算と割り算についても、例えば「かけ算は数を大きくし、割り算は小さくする」など、一面的で誤ったスキーマをもっている。さらに、算数文章題を解く方略についても、「問題文にでてくる数を、文章にでてくる順番にすべてそのまま使う」などのスキーマさえもってしまっているのである。子どもたちは、数についてのスキーマ、足し算・かけ算などの計算についてのスキーマ、ことばについてのスキーマ、算数文章題を解くための方略のスキーマなどの、多層にわたる複数の誤ったスキーマが絡み合い、行間を読まずにひたすら問題文中の数字をそのまま使って、思いつくままに足したり、引いたり、かけたり、割ったりして答えをひねり出すことしかしていないのである。

接続のことばの意味がわからない

　文章としての意味を理解していくためには文と文、あるいは句と句をつなぐ接続詞の意味を理解することが必要である。接続詞には順接、逆接、並列、対比、強調、因果などがある。接続詞は、文のパーツを論理的につなげるために要となることばである。たつじんテスト中学生版「読解の達人」では、中学生が、接続詞の意味から文章の意味を解釈できるかを調べた。

　例えば図5-8の問題では、三つの短い文（章）を提示し、そのうち、一つだけ違う意味の文があればそれを選ぶという形式で、三つの文の接続詞による意味の違いが理解できるかどうかを問うた。なお「3つの文章が全て同じ意味」

138　第Ⅱ部

> 次の3つの文章の中で他の2つの文章と違う意味の文章があったら、その文章を1つ選んでチェックを入れましょう。
> もしも、3つ全てが同じ意味だと思う場合には「3つの文章が全て同じ意味」にチェックを入れましょう。
>
> □ あの人は自分では何もやらないのに、文句ばかり言います。
>
> □ あの人はいつも文句ばかり言います。そのくせ、自分では何もやりません。
>
> □ あの人は自分では何もやらないので、文句ばかり言います。
>
> □ 3つの文章が全て同じ意味
>
> □ わからない時はここにチェックを入れてください

図 5-8　違う意味の文章を選ぶ問題の例 1

という選択肢も含めた。

　第4章で紹介した「数の達人」を使った調査にも参加してくれた中学校の生徒のこの問題の全体の正答率は 64.9% である。まあまあの数字と思うかもしれない。しかし、それは高位層が 88.6% という非常に高い正答率だったからである。中位層は 65.1%、低位層は 42.6% と低く、どちらも「全て同じ意味」とする誤答が多かった。3番目の文が正解で、この文はそもそも「ので」では意味が通らないのに、「全て同じ意味」を選ぶのは、「のに」と「ので」の区別がついていない可能性がある。

　次の問題(図 5-9)の正答率は高位層も含め、驚くほど低く、全体の平均正答率は 29.1% で、30% に届かなかった。高位層でも正答率は 50%、中位・低位層ではそれぞれ

第5章　読解につまずく　　139

スポーツジムを利用するには、1レッスン60分×4回で月額6000円かかります。加えて、登録料が3000円必要です。
スポーツジムを利用するには、登録料3000円の他に、1レッスン60分×4回で月額6000円かかります。
スポーツジムを利用するには、登録料3000円を含め、1レッスン60分×4回で月額6000円かかります。（正解）
全て同じ意味

図5-9　違う意味の文章を選ぶ問題の例2

20.9％、17％という低いスコアだった。階層にかかわらず、多くの生徒は、「全て同じ意味」という選択肢を選んでいて、高位層45％、中位層65％、低位層45％の生徒が「全て同じ意味」を選択していた。3番目の文は実は、レッスン料6000円に登録料3000円が含まれるというようにも読めて、常識的には不自然だし、他の2文とは意味が違うのだが、それがわかった生徒は少なかった。

　このような、常識では絶対おかしい内容を平然とスルーしてしまい、意味がわからないまま「読んだ」「理解した」としてしまうのも、「読めない」特徴である。読んだ内容を、自分の知識に照らして、意味が通り、つじつまが合っているか評価することができないのである。これは認知科学では「メタ認知が働かない」状態であるという。メタ認知の問題は、読解力の問題だけではなく、思考力全般の大きな問題なので、次章、第6章で扱うことにする。

140　　第Ⅱ部

【第5章のまとめ】

　「読解力がない」ことがつとに話題になっているが、あまりにも抽象的で漠然としており、ただ「ない」と言われても、教えるほうも学ぶほうも何をどうしたらよいのかわからない。本章では、「読解力がない」を指導に活かせるような具体的なレベルに解きほぐし、「読解力がない」ように見える子どもたちが実際に何ができないのかを考えた。

　読解力の基盤となるのは以下の要素だ。

①視覚的に文字画像を「文字」として認識するための画像処理の能力
②文字の系列パターンから単語を認識する能力
③文字を音に変換する能力
④文中のそれぞれの単語の意味を記憶から取り出し、文法の知識と合わせて文の意味を構築する能力
⑤文章のトピックのスキーマを記憶から想起し、スキーマによって行間を埋めながら「文章の意味」を理解していく能力
⑥文章としての意味の一貫性やつじつまを評価し、つじつまが合わないところがあれば、振り返り、必要に応じて単語や文の意味を調整する能力

　「読解力」が足りない(弱い)ということは、①から

⑥の中のひとつ、あるいは（多くの場合には）複数の能力が機能しない状態をいう。このうち、①から③は、脳の局所的な不具合が原因となっている可能性があるので、難読症の専門家がいるクリニックや機関に相談したほうがよい。しかし、もっとも多い「読めない原因」となっているのは、④⑤⑥で、この三つは連動していることがほとんどである。その根にあるのは「生きた知識」となっている語彙が足りないことである。「語彙の力」は読む力の基盤である。ただし、図鑑、辞典、問題集などで与えられた、単語の音をひとつの絵に結びつけただけ、短いことばで与えられた定義を覚えただけで、自分で使ったことがないことばは、「生きた知識」になっていないことが多い。「生きた知識」になっていないことばをどんなにたくさんもっていても、「スキーマ」を育てることはない。その結果、文章を読んでも行間を埋めて解釈することができない。それをしないと、「文章から意味を汲み取る」ことができない。また、一文一文の意味も十分に理解できないから、文と文の間を論理的につなげる接続詞の語彙も育てることができないし、複数の文が集まった、文章としての意味の一貫性をチェックするメタ認知機能も育たない。文章の意味が理解できなければ、読むことが楽しくないので、読むことをしなくなる。このように、負の循環によって、読解力がない状態が続いて

142　第Ⅱ部

しまうのである。

　また、本章で述べた「読み」は、大きく捉えれば以下のようにいうこともできる。

> ・読むことは運動能力である。熟達にはたゆまぬ訓練が必要だ。
> ・読むことは自分のスキーマで行間を埋めながら、書いてあることの「意味」を解釈することだ。
> ・読むことは、自分の視点から離れ、他者の視点で世界を捉えることだ。
> ・読むことは、作者の視点で作者の意図を読み取り、理解し、それを超えて自分の知識と思考を拡張することだ。

　結局「読むこと」と「思考すること」は切り離せないことなのである。

　第6章では「読みにつまずく」から「思考につまずく」に視点を移し、「思考ができない」「思考停止の状態になる」ということがどういうことなのかを考えていく。

第5章　読解につまずく　　143

第6章

思考につまずく

人はいつでも考えている

悪いテストの点をお母さんに見つかって、お母さんに、「ちゃんと考えて答えを書かなきゃダメじゃない」と叱られた。こんな経験をしたことはないだろうか。あるいは仕事で、自分の思ったものと違う報告書を作成した部下に「もっとちゃんと考えて仕事しろ」などと言った経験、あるいは上司にそう言われた経験はないだろうか?

しかし、そもそもテストの問題を「ちゃんと考えて解く」とはどういう意味なのか? 何をしたら「ちゃんと考えて仕事している」と上司に思ってもらえるだろうか? よくよく考えてみると「考える」というのは恐ろしく抽象的であいまいである。例えば、子どもが算数の問題を解くとき、あるいは部下が報告書をまとめたときに「考えてない」というのは、どういうことをしたときなのだろうか?

認知心理学者の筆者にとって、「考える」ことが人間を人間たらしめるというのは当たり前のことであり、深淵なデカルトの命題を持ち出すまでもないことだ。人はつねに今、目の前にしている現象について説明を求める。例えば、地面が濡れていればなぜ濡れているか考える。友人と待ち合わせをしていて、とっくにこの場所にいるはずなのに到

144　第Ⅱ部

着していなければ、なぜ遅れているのかを考える。太陽が東の地平から昇って西の地平に沈む現象を見れば、なぜなのか理解したいと思う。手に持ったリンゴから手を放したらリンゴは落下する。それを目撃すれば、なぜモノは支えがないと落下するのかを知りたいと思う。

人はつねに、学んだこと、知ったことを他の事例に拡張しようともする。「パンダ」ということばを聞けば、「パンダ」は目の前の動物以外の他のどういうモノに使えるのか（例えば「コアラ」や「ツキノワグマ」も「パンダ」と言ってよいのか）考える。

いつも考えている。それは大人だけでなく、子どもも同じだ。そもそもことばを覚え、ことばを使うことは、思考することに他ならない。思考することは呼吸をするのと同じくらい自然なことのはずである。それなのに、なぜ多くの子どもは、小学校入学以降には、大人から見て「思考停止状態」と思われるような行動をとってしまうのだろうか？

学力に必要な思考力とは

第3章で「たつじんテスト」は、知能テストのように知識の影響を排除した「純粋な思考力」を取り出すことは目指さないと述べた。しかし、幅広い社会知識や数学の知識のほか、読解力、記憶力、注意制御能力（実行機能）、論理・推論能力など多岐に及ぶ要素を包摂し、非常に複雑な過程を経ないと問題解決に至ることができない PISA テストのようなテストも目指さないとも述べた。

第6章 思考につまずく 145

知能テストとも PISA テストとも異なり、特別な教科の知識を必要とせず、幼児期から小学校低学年くらいまでに子どもが日常生活から習得している常識的な知識を使い、作業記憶や実行機能などの認知機能を用いて問題解決ができる。そこに学校で学ぶのに必要な様々なタイプの推論が含まれている。筆者は、そういう「思考力テスト」を作りたい。そのために「たつじんテスト」では、とりあえず、いくつかの問題を作ってみて、子どもたちの解答を分析しながら「学習に必要な思考力」を考え、必要に応じてテストを修正していくという方略をとることにした。

　とはいえ、何がしかの「仮説」（というより「見通し」）がなければテスト作成に着手することもできない。筆者たちは、「思考力とは、知識を使って問題解決をする力」と定義し、認知科学の知見をもとに、それを形づくるための鍵概念として、以下の三つの能力を設定した。

①知識を拡張し、創造するアブダクション推論能力
②推論過程を制御するための認知・情報処理機能
③思考を振り返り、知識の誤りを修正するためのメタ認知能力

　これらのうち「アブダクション推論」については、なじみのない読者も多いと思う。簡単にいえば、アブダクション推論とは、演繹推論のように結論が一義的にきまる、必ず正しい答えが得られる推論ではなく、異なる分野の知識

146　第Ⅱ部

を組み合わせたり、比喩や類推を用いて新たな知識を創造する推論のことである。このように書くと、専門家にしかできない、難しいことのように思うかもしれないが、これは、私たち人間が乳幼児のときから行っている推論で、ことばの習得や概念の習得には必須のものである。この推論は知識を拡張・創造するものであるが誤りも犯し、誤ったスキーマを形成する原因にもなる。したがって、「**創造的に、質の高い思考をする**」とは、「**質の高いアブダクション推論をしながら、つねに推論をリアルタイムで制御すると同時に、結果をモニターし、誤りを修正するサイクルを伴う思考をする**」ということなのである。

　①から③のそれぞれの能力は他と独立して測れるものではないが、筆者たちは、それぞれを主眼にした大問題を作ることから、「たつじんテスト」の作成に着手したのであった。以下では、子どもたちの解答と照らし合わせながら、「思考力を形成する力」は何か、そして「思考につまずく」とはどういうことかを、改めて検討・考察していきたい。ちなみに、たつじんテストの「かず・かんがえるたつじん」は、第4章で紹介した数（整数・分数・自然数）に関するスキーマを測る「かずのたつじん①」のほかに、実行機能・作業記憶を中心に認知機能を測る「かずのたつじん②」と推論能力を軸とした「かずのたつじん③」の3部構成となっている。

　まずは、推論をリアルタイムで制御する認知処理能力とはどういうもので、それがうまく働かないとどういう状況になるのかということから考察を始めよう。メタ認知能力

第6章　思考につまずく　　147

については本章の第4節で、アブダクション推論について
は次の第7章で、それぞれ主に論じることにしたい。

1　認知処理の負荷に押しつぶされる

形のイメージを心の中で回転させる

　「思考」には大きく分けて二つの機能が働いている。ひ
とつは、情報を脳の一時的な貯蔵庫において、操作する
認知機能、もうひとつは**推論機能**である。「**考える**」**行為
において、二つの機能は同時に働いていて、両方必要な**
だが、子どもの思考の躓きについて整理するために、まず
は分けて考えていく。

　認知機能の代表的なものに**作業記憶**がある。例えば任意
の数字をどんどん言っていき、それを覚えてそのまま言う
課題や逆順で言う課題（数字逆唱——例えば、2、5、3、8、1の
系列を聞いたら、1、8、3、5、2と言えると正解）がある。逆順は
脳の処理の負荷がぐっと高くなる。

　ほかにも、ある抽象的な図形を画面平面上で任意の角度
回転させた図形はどれかを選ばせたり、二つの図形が同じ
図形を回転したものかどうかを判断させるような問題を
知能テストでやったことがある人は多いと思う。それらも、
この認知能力の一種である（図6-1）。

　たつじんテスト小学生版「かずのたつじん②」では、図
形を心の中で回転させる課題を含めた。こういった問題は、
知能テストの問題に近いが、この課題を解くためには、類
推も含まれる。子どもには、見本（例）として、回転前と回

148　　第Ⅱ部

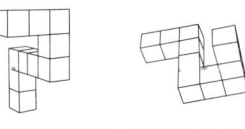

80°画像平面上で回転されたペア

図 6-1　立体図形を回転させた例

転後の同じ図形が示される。そして問題では、見本と同じ
だけ図形を回転させたときの図形の見え方を選択肢から選
ぶ。「かずのたつじん②」に即してもう少し詳しく説明す
るなら、まず「れい（例）」で、矢印の左側の図形の見え方
から右側の見え方になるまでに何度図形を回転すればよい
のかを心の中でシミュレーションしながら考える。そして、
下にあるターゲットの図形を同じ角度回転させたときの
見え方を心にイメージし、それと同じ見え方をしている
選択肢を選ぶのである。

　次項で紹介する「かずのたつじん②」の大問 6（図形を回
転させたときのイメージ）は 5 問の小問からできているのだ
が、小問ごとに正答率のばらつきがみられた。小問 1 はど
の学年でも平均正答率が高く、小問 4 はどの学年でも平均
正答率が低くなっている。このような問題ごとの正答率の
ばらつきは、問題のどの部分に子どもがひっかかっている
のかを教えてくれる。

認知的負荷の高さと正答率

　図 6-2 は、大問 6 の一部である。上が小問 1、下が小問
4 である。全体的に正答率が高かった小問 1 と全体的に低

第 6 章　思考につまずく　　149

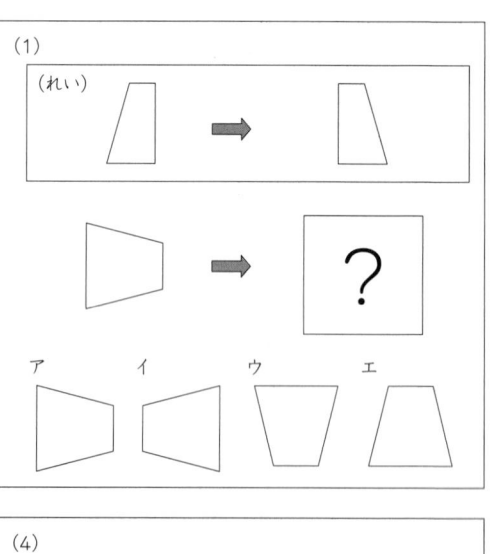

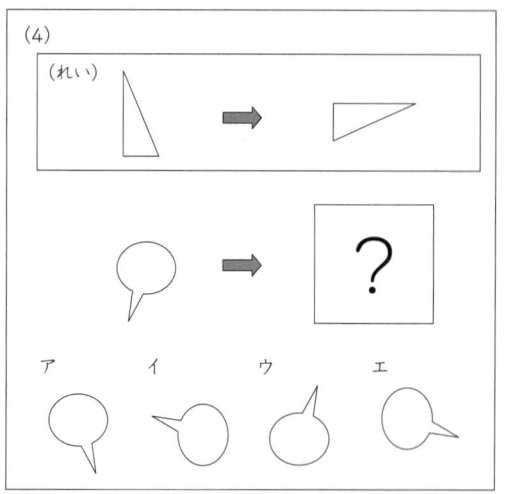

図 6-2　大問 6（図形を回転させたときのイメージ）の小問 1、4 の例

150　第 II 部

表 6-1　大問 6（図形を回転させた
ときのイメージ）の小問 1、4 の学
年・階層別正答率

(単位：%)

		小問 1	小問 4
3 年生	全体平均	78.9	27.5
	高位	95.1	56.1
	中位	82.7	19.3
	低位	61.2	12.2
4 年生	全体平均	84.3	43.3
	高位	95.4	81.4
	中位	86.9	35.6
	低位	71.7	15.2
5 年生	全体平均	89.3	48.7
	高位	95.7	80.9
	中位	90.6	52.8
	低位	82.0	14.0

かった小問 4 の学年別・階層別の平均を表 6-1 に示す。

　小問 1 は四角形の右側の縦直線を軸にして反転させたも
ので、この回転は図形全体を回転させるよりも、心の中の
回転量が少なく認知的な負荷が低いので、全体的に正答率
が高いのだろう。低位層に着目すると、学年が上がるとと
もに 10% くらいずつ正答率が上昇している。

　それに対して小問 4 では、まず、「れい（例）」の矢印の
左側と右側を比べて、三角形全体を 90 度時計回りに回転
させた変化であることを見つけ、90 度回転であることを
作業記憶に留めておきながら、下のターゲットの図形の
90 度回転を心の中でシミュレーションする必要がある。

第 6 章　思考につまずく　　151

このような認知的な負荷が高い問題では、高位層の正答率が突出して高くなっており、低位層はもとより中位層とも大きく差をつけている。

認知的負荷を軽減するために工夫している

この結果を見て、読者は、高位層の子どもはもともと認知能力が優れているから「かずのたつじん②」のどの問題もよくできて高位層に入っていると考えるかもしれない。しかし、正答している子どもの解答をよく見ると、図形の一部に補助線を引き、その補助線が回転後にどの位置にくるかを考えて答えを選択していることがわかる（以下の正答例、図6-3を参照）。

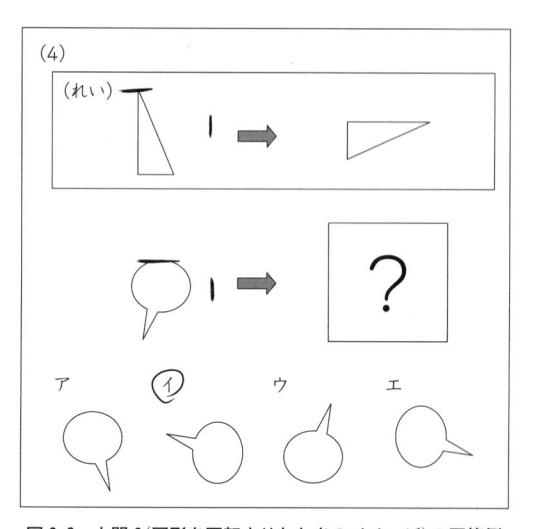

図6-3　大問6（図形を回転させたときのイメージ）の正答例

152　第Ⅱ部

たしかに図形全体を心の中で回転させていくのは認知的な負荷が高い。それを軽減するために補助線を引くことによって認知的な負荷を軽減させているのである。言い換えれば、高位層の子どもは図形の回転に認知的な負荷が高いのを見抜き、負荷を軽減するための方略を自分で考えることができたので、正解できたのである。

　そして高位層の子どもたちはこのように、問題解決のために自分で方略を考えることがどの問題でもできたので、この問題でも、他の難易度が高い問題でも、高い割合で正答することができたと考えられる。

　課題に応じた方略を工夫することができる能力は、学校でのどの教科の学びにも重要である。この能力が低い子どもの多くは、様々な教科において、問題解決に必要なパーツをもっていても、少し問題が複雑になってパーツを組み合わせたり統合したりしなければならなくなると行き詰まってしまい、問題が解けない事態になってしまうのである。言い換えれば、（逆）数唱課題のように作業記憶容量だけを測ることに特化した単純な問題を大量に与えて記憶容量や情報処理のスピードが速くなるような訓練をするよりも、認知的な負荷を軽減できるような方法を自らの状況に合わせて見出せるようになるための支援をしたほうが、学力に必要な思考力を高めるうえでは有効であるということだ。

第6章　思考につまずく　　153

2 状況に応じた視点の変更ができない

推移性推論の力を見る

　別の問題を見てみよう。今度の問題(たつじんテスト小学生版「かずのたつじん③」：大問7)は、推移性推論の力を見るものである(図6-4)。この推論は、演繹推論の一種で、部分的に与えられた情報をつなげて、複数の項の部分的な大小関係から、与えられていない項の大小関係を論理的に推論し、全体の関係の構造を組み立てることを要求する。

　AはBより大きい(A>B)、BはCより大きい(B>C)という大小関係が与えられたとき、A、B、Cの三つの間の大小関係がA>B>Cであることを理解し、AのほうがCよりも大きいということを推論する力である。例えば大問7の小問2では、ダイヤ形が正方形よりも重く、また星形よりも重いから、三つの中でダイヤ形がいちばん重いはずである、星形と正方形を比べると、星形のほうが重いから、2番目に重いのは星形である、という推論が求められる。

　全体の順番を決めるためには、どれとどれの比較が大事かに気づけることがポイントになる。ここでは、重さを比較するモノが三つある小問2と、四つある小問4を例として提示する。

　3、4、5年生の、大問7の学年ごとの平均正答率は、3年生では64.0%、4年生では76.1%、5年生では83.2%なので、まずまずの出来のように見えた(表6-2)。また、学年が上がるにつれ正答率は少しずつ(7〜12%くらい)向上して

154　第Ⅱ部

(2)おもさを くらべましょう。

答えが 分からないときは 下の?に○をつけましょう。

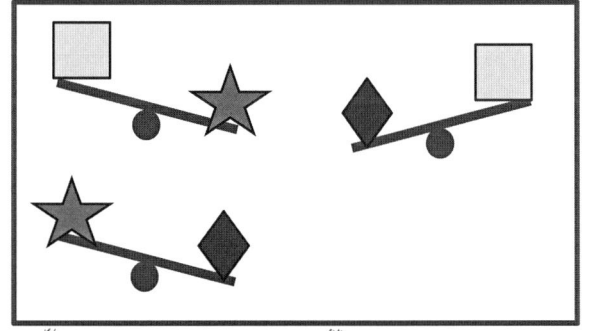

1 <u>1番 おもい</u> かたちは どれになるか ア～ウの中から <u>1つえらんで</u> ○をつけましょう。

ア   イ   ウ

? ← 答えが 分からないときは ここに○をつけましょう

2 <u>2番目に おもい</u> かたちは どれになるか ア～ウの中から <u>1つえらんで</u> ○をつけましょう。

ア   イ   ウ

? ← 答えが 分からないときは ここに○をつけましょう

図6-4 大問7(推移性推論)の小問2

第6章 思考につまずく   155

表6-2　大問7（推移性推論）の学年・階層別
正答率

（単位：％）

	全体平均	低位	中位	高位
3年生	64.0	41.0	69.1	85.2
4年生	76.1	59.1	78.2	92.1
5年生	83.2	61.8	93.4	94.3

いる。しかし、低位・中位・高位の階層別に見ていくと、
低位層と高位層の差が大きいことに気づく。もう少し詳し
く見ていくと、高位層では3年生でも正答率が85％を超
えている。それに対して、5年生の低位層は3年生の高位
層に及ばない。高位層は3年生でもほぼ完璧に正答できて
いる。また中位層は、学年が上がると着実に正答率が上が
っている。それらに対して低位層は、学年が上がってもあ
まり伸びていないのである。

　この課題における高位層と低位層の違いはどこからくる
のだろうか？　表6-3は学年・階層別の正答率を、小問2
と小問4で別々に記している。小問2では、3年生に多少
の差はあれど、どの学年も高位層と低位層の違いはそれ
ほど大きくはない。高位層と低位層の違いが顕著なのは、
小問4である。では小問2、4の正答率の違いは何に由来
するのだろうか？

推論の並行が認知処理の負荷を高める

　小問2は問題に登場するモノが3種類で重さを比べるペ
アは3組である。先に説明したように、ダイヤ形は正方
形・星形と比べたときに、どちらよりも重いから、三つの

156　　第Ⅱ部

表 6-3 大問 7（推移性推論）の小問 2、4 の学年・
階層別正答率

(単位：%)

		小問 2		小問 4		
		問 1	問 2	問 1	問 2	問 3
3 年生	全体平均	76.8	82.4	46.5	45.8	67.6
	高位	92.7	95.1	80.5	68.3	85.4
	中位	88.5	92.3	53.9	50.0	76.9
	低位	53.0	61.0	10.2	22.5	42.9
4 年生	全体平均	88.3	85.1	57.0	55.6	76.1
	高位	97.7	95.4	86.1	83.7	95.4
	中位	91.1	89.0	62.2	60.0	91.1
	低位	76.1	71.7	34.8	34.8	56.5
5 年生	全体平均	87.3	92.0	71.3	72.0	86.7
	高位	93.6	93.6	89.4	89.4	95.7
	中位	96.2	96.2	86.8	86.8	94.3
	低位	72.0	86.0	34.0	40.0	70.0

中でいちばん重いことがわかる。残る正方形と星形のどち
らが重いかは、直接比較したものが描かれているので、す
ぐわかる。このようなシンプルな推論でも、3 年生の低位
層の子どもは、中位・高位の子どもと異なり、半数ほどが
正答できないのだが、4、5 年生になると低位層でも正答率
は 70% を超える。

　それに対して、小問 4 では 4 種類のモノが登場するので、
比較しなければならないペアが多くなる（図 6-5）。桃は
洋梨、レモンより重いが、その桃より柿が重いから、柿が
いちばん重い。次に重いのが桃だ。洋梨とレモンを比べる
と洋梨のほうが重いから、3 番目に重いのが洋梨で、いち

第 6 章　思考につまずく　　157

(4)おもさを くらべましょう。

答えが 分からないときは 下の？に〇をつけましょう。

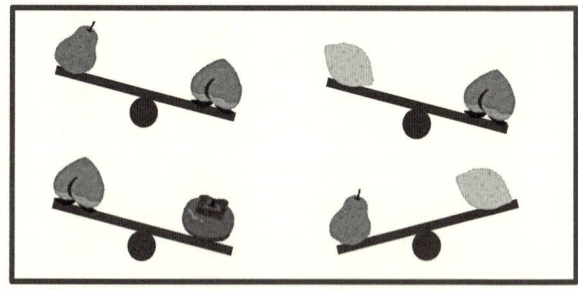

1 <u>1番 おもい</u> くだものは どれになるか ア〜エの中から <u>1つえらんで</u> 〇をつけましょう。

ア　　　　　　　イ　　　　　　　ウ　　　　　　　エ

　　？ ←答えが 分からないときは ここに〇をつけましょう

2 <u>2番目に おもい</u> くだものは どれになるか ア〜エの中から <u>1つえらんで</u> 〇をつけましょう。

ア　　　　　　　イ　　　　　　　ウ　　　　　　　エ

　　？ ←答えが 分からないときは ここに〇をつけましょう

3 <u>1番 かるい</u> くだものは どれになるか ア〜エの中から <u>1つえらんで</u> 〇をつけましょう。

ア　　　　　　　イ　　　　　　　ウ　　　　　　　エ

　　？ ←答えが 分からないときは ここに〇をつけましょう

図6-5　大問7（推移性推論）の小問4

ばん軽いのがレモンだ、というように、推論する。推論の
しかた自体は小問2と変わらないのだが、小問4はどっち
がどっちより重いという関係を四つ並行して確認しなけれ
ばならないので、小問2より認知処理の負荷がぐっと高く
なる。この認知処理の負荷が正答率の分布に大きく影響し
ていることが前掲の表6-3からわかるのである。

　小問4では、学年が上がることによる正答率の上昇より
も、階層の違いが目立つ。高位層では、3年生でも80％
を超える正答率を示しているのに、低位層では正答率が
極端に低く、階層間の差が際立っている。また、中位層は
学年が上がると上昇し、高位層に追いついてくるのに、
低位層では学年が上がっても正答率の上昇が少ないことも
読み取れる。

　複数次元が変化する類推問題
　次のたつじんテスト小学生版「かずのたつじん③」の大
問8は、帰納と類推を組み合わせた問題だ。この問題では、
数、形、配置など複数の次元が同時に変化するので、子ど
もはそれぞれの次元に注目し、どの次元がどのように変化
しているのかを記憶に一時保存したうえで心の中で操作し
なければならない。その意味で、推論の種類は異なるもの
の、大問7と共通するところもある。また、複数次元の規
則を統合して類推をすることを求めるという点で、大問8
は非言語的な認知能力を測る知能テストとして有名なレイ
ヴン行列テストと似ている（第3章参照）。
　次に示した「かずのたつじん③」大問8の小問1を見て

第6章　思考につまずく　159

ほしい（図6-6）。ア→イに変化する見本が示されている。なお、小問1では変化するのは数と配置の二つの次元である。枠内の十字のような上の図形も下のダイヤ形の図形もア→イで数が2倍になり、元の図形の下に同じ数だけ同じ形が配置されている。この変化の規則をウ→エにあてはめ、エにくるはずの図を1〜4の選択肢から選ぶ。小問4（図6-7）になると次元数が増え、数、形、配置の三つの次元を同時に考慮しなければならないので処理における認知負荷が高くなる。

次元数と情報処理の負荷

　まず、大問8のすべての小問の平均正答率を学年・階層別に表6-4に記す。次に注目次元が二つの小問1と、三つの小問4の正答率を見ていこう（表6-5）。

　大問8の類推問題でも、大問6や大問7と似た傾向がみられた。次元数が多くなり、認知処理の負荷が高くなると、低位層が正答率を大きく低下させるのである。この問題では特に3、4年生でこの傾向が顕著だった。

　一方、どの学年でも、高位層は次元数が増えても正答率は変わらない。中位層は3、4年生が多少影響を受けるが5年生では影響を受けない。この課題でも、やはり、鍵になるのは、推論ができるかできないかではなく、推論に必要な情報処理の負荷が重くなったときに、それを制御できるかどうかであるようだ。

(1) つぎのアの図を イの図のように かえました。

かえかたには きまりが あります。そのきまりを つかって ウの図を かえると どうなりますか。エの [___] に当てはまる 図を 次の1〜4の中から 1つえらんで ○をかきましょう。
答えが 分からないときは 下の？に○をつけましょう。

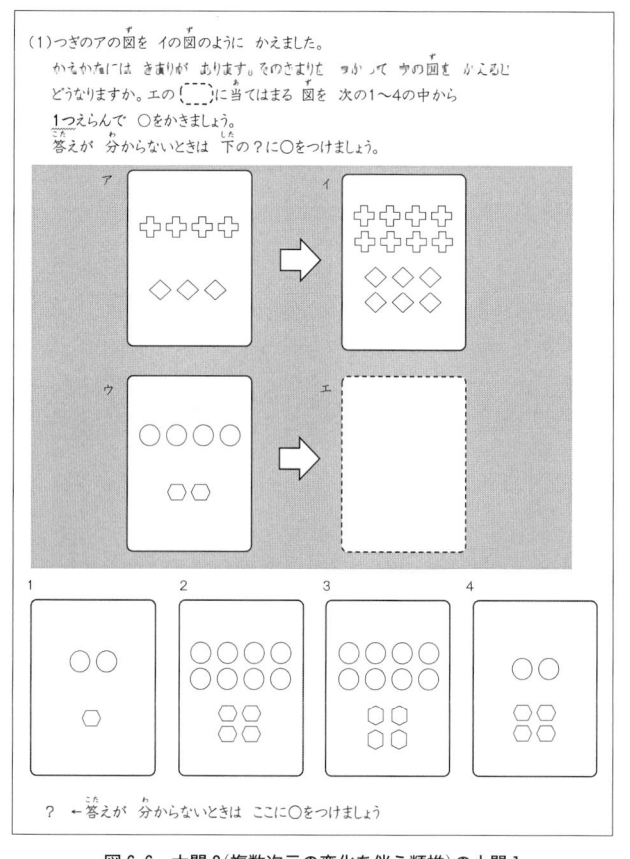

？ ← 答えが 分からないときは ここに○をつけましょう

図6-6　大問8（複数次元の変化を伴う類推）の小問1

(4)つぎのアの図を イの図のように かえました。

かえかたには きまりが あります。そのきまりを つかって ウの図を かえると どうなりますか。エの ┊┊┊に当てはまる 図を 次の1〜4の中から 1つえらんで ○をかきましょう。

答えが 分からないときは 下の？に○をつけましょう。

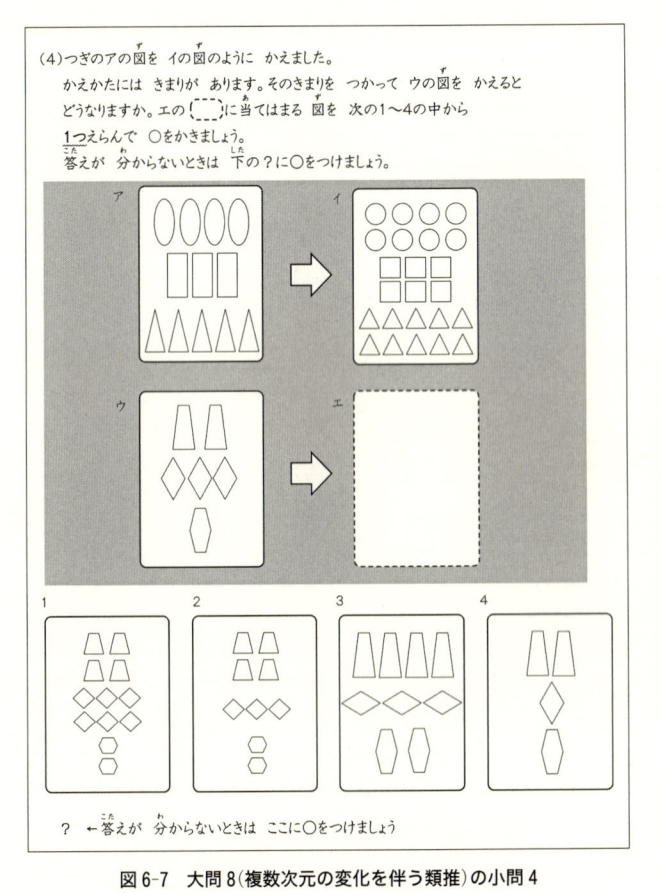

？ ← 答えが 分からないときは ここに○をつけましょう

図 6-7 大問 8（複数次元の変化を伴う類推）の小問 4

162　第Ⅱ部

表 6-4　大問 8（複数次元の変化を伴う
類推）の学年・階層別正答率

（単位：%）

	全体平均	低位	中位	高位
3 年生	58.9	28.2	70.2	81.2
4 年生	70.8	43.7	80.0	90.2
5 年生	77.4	58.8	80.0	94.3

表 6-5　大問 8（複数次元の変化
を伴う類推）の小問 1、4 の学
年・階層別正答率

（単位：%）

		小問 1	小問 4
3 年生	全体平均	69.0	57.8
	高位	85.4	80.5
	中位	76.9	69.2
	低位	46.9	26.5
4 年生	全体平均	77.5	65.5
	高位	95.4	93.0
	中位	91.1	77.8
	低位	60.9	45.7
5 年生	全体平均	79.3	82.0
	高位	93.6	97.9
	中位	83.0	84.9
	低位	62.0	64.0

3　パーツの統合ができない

実行機能が必要な拡張的類推

　たつじんテスト小学生版「かずのたつじん③」の大問9
も大問8と同様に類推を扱うテストであるが、問題の形式
は大問8と大きく異なっていて、大問9はよりオープンエ
ンドな問題である（図6-8、図6-9）。この問題では、見本が
提示され、二つの関係するモノのペアが示されている。子
どもは、様々なモノが描かれた絵の中から、見本と同じ関
係にあるモノのペアを見つけ、矢印で結ぶ。問題文の中で
は、矢印で結ぶペアの数が指定されている。また、矢印の
向きも見本と同じにするように指示されている。

　従来の子ども用の類推の課題は、

インク（A）：ペン（B）

を与えて

ペンキ（C）：　？（D）

という形で、空欄のDを選択肢の中から選ぶものがほと
んどだった。

　しかし、本来、**学習の場面では、自分のもっている知識
のどれが問題解決に使えるのかを思いつくことのほうが
むしろ大事である**。（C）を与えることは問題を解決するの
にこれが役立つよ、と教えられることに等しいが、現実
の場面では（C）を自分で考えられないと問題を解決できな
い。そこで「かずのたつじん③」の最後の大問であるこの
大問9では、見本の関係と同じ関係をもつペアとして（C）

164　第Ⅱ部

（れい）

（1）

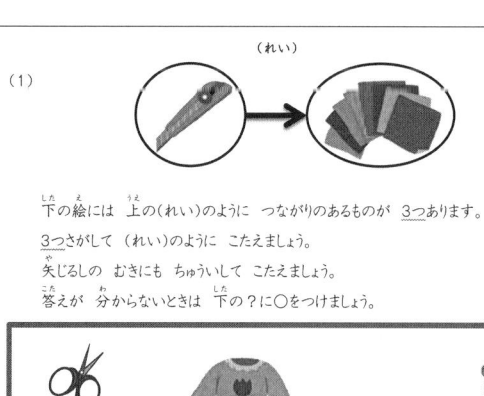

下の絵には　上の（れい）のように　つながりのあるものが　3つあります。

3つさがして　（れい）のように　こたえましょう。

矢じるしの　むきにも　ちゅういして　こたえましょう。

答えが　分からないときは　下の？に〇をつけましょう。

？　←答えが　分からないときは　ここに〇をつけましょう

図6-8　大問9（実行機能を伴う拡張的類推）の小問1（再掲）

第6章　思考につまずく　　165

(4)

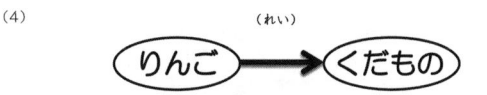

^{した}下にある ことばには ^{うえ}上の(れい)のように つながりのあるものが <u>4つ</u>あります。

<u>4つ</u>さがして (れい)のように こたえましょう。

^や矢じるしの むきにも ちゅういして こたえましょう。

答えが 分からないときは ^{した}下の？に〇をつけましょう。

にんじん

はたけ

どうぶつ

せんろ

チューリップ　　うさぎ

やさい

^{みず}水

のりもの

ケーキ

でんしゃ　　^{はな}花　　たいよう

？　← 答えが 分からないときは ここに〇をつけましょう

図6-9　大問9（実行機能を伴う拡張的類推）の小問4

も（D）も自分で探す問題を考案した。「ウォーリーをさが
せ！」に着想を得て、いろいろなモノをちりばめ、そこか
ら（C）と（D）を同時に探す課題である。

　この課題では、類推の推論を行うときに**実行機能**と呼ば
れる注意を制御する認知機能がとても重要な役割を果たす。
すでに述べたことであるが、実行機能とは、注意の抑制や
必要に応じた切り替えを実行する能力である。

　図 6-8 は「かずのたつじん③」大問 9 の小問 1 である。
図 6-8 は第 3 章で一度示したが、ここで再度取り上げ、実
行機能について理解を深めていく。この問題の見本のペア
の関係は左が切る道具（A）、右が切られる対象（B）である。
しかし、答えを探す図の中には、A→B の関係とは違う関
係があるペアが潜んでいる。例えば木に対して、鳥と葉
っぱはとても関係が深いし、糸と針、リンゴと皿やカップも
同じシーンでよくいっしょに使われる、強い共起（いっしょ
に起こること）関係がある。

　この小問 1 に正答するには、**見本のペアの関係に気づく
ことと同時に、見本のペアの関係ではない関係への注意を
抑えることも求められる。**しかし、そのためには、**見本の
ペアの関係をつねに短期の記憶貯蔵庫に置きながら、注目
したペアの確認と見本のペアが同一の関係なのか、矢印の
方向性も同じになっているかを確認することが必要**である。

　状況に即して注意を切り替えられる能力
　さらに、大問 9 には小問が全部で四つあるが、小問ごと
に見本のペアの関係性が変わる。小問 1 は「切る道具→

第 6 章　思考につまずく　　167

切られる対象」、小問2は「成長前→成長後」、小問3は「モノとそれが保管される、あるいは帰属する場所」、小問4は「モノのカテゴリーの包含関係（ウサギ→動物のようにAがBのカテゴリーに含まれる）」を扱う（前掲図6-9）。

　子どもは、前の小問で扱った関係から、今の小問の見本の関係へ注意を切り替えなければならない。このような、**状況に即した注意の切り替えの能力も実行機能の重要な働きのひとつである。**小問1、2はモノをイラストで表し、小問3、4はことばで表した。

　大問9の各小問は以下の基準で採点している。

［大問9の各小問の採点方法］
- 組み合わせと矢印の向きが両方合っていれば2点
- 組み合わせのみ合っていて矢印の向きが違っていれば1点
- 余分な組み合わせがあれば2点減点（ただし最低点0点よりは減点しない）

　表6-6では、各小問の得点を足し合わせ、計4問の満点（6+8+8+8＝30点）で割った百分率で正答率を示した。

表6-6　大問9（実行機能を伴う拡張的類推）の学年・階層別正答率

（単位：％）

	全体平均	低位	中位	高位
3年生	34.1	15.9	30.8	60.1
4年生	40.7	13.1	40.1	70.8
5年生	53.2	26.8	55.5	78.6

この大問は、全体的に正答率が低い。低位層の子どもだけでなく、中位層の子どもにもかなり難しいようだ。これは、大問9が複数の思考の工程を要し、さらに、注意の抑制と柔軟な切り替えを同時に要求する複雑な問題のためであると考えられる。

　他方、この大問は小問によって認知的な負荷が低いものと高いものがあるわけではなく、認知的な負荷はどの問題でも高いので、どの小問でも、完全正答できた子どもは少なかった。

　以下、典型的な解答（誤答）例を示す。

図6-10　大問9（実行機能を伴う拡張的類推）の解答例1（再掲）

　この解答を描いた子どもは高位層に属し、「たつじんテスト」全体での正答率はかなり高かったが、それでも三つのペアのうち一つは、針と糸という結びつきの強い関係に

第6章　思考につまずく　　169

惑わされ、ハサミの代わりに針を選んでしまった（図6-10）。つまり、求められている関係への注意が他の関係性の気づきに負けてしまったのである。

次の解答（誤答）例を見てみよう。

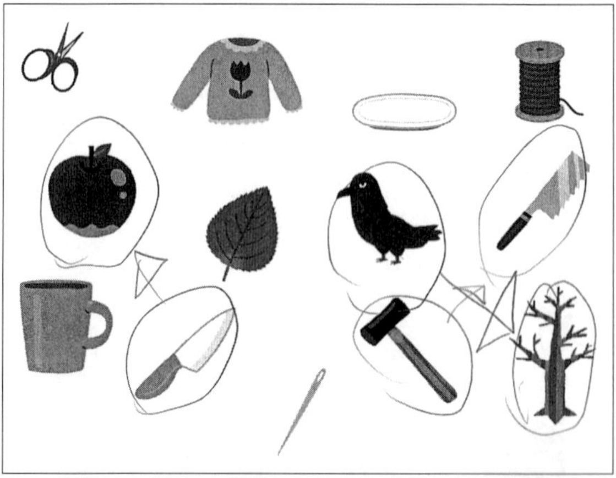

図6-11　大問9（実行機能を伴う拡張的類推）の解答例2

この子どもは、ナイフとリンゴの関係は正しく矢印で結ぶことができたが、木と結びつきが強い鳥に惑わされ、鳥と木を結んでしまった（図6-11）。カナヅチは同じ道具カテゴリーに属するノコギリと結んでしまっている。たぶん最初にナイフとリンゴを矢印で結んだあと、見本の関係を短期記憶で保持できなくなり、他の結びつきが強い関係に注意を移してしまったのだろう。

もうひとつ、解答（誤答）例を紹介しよう。

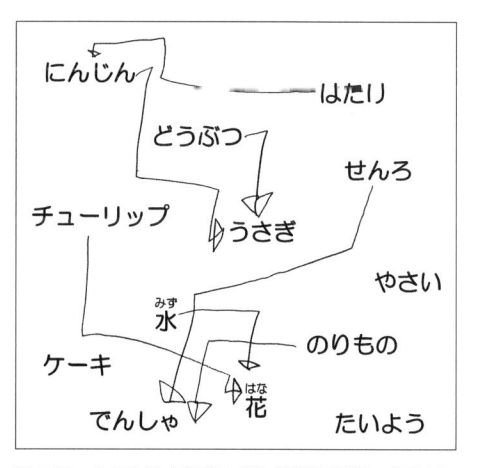

図 6-12　大問 9（実行機能を伴う拡張的類推）の解答例 3

　これは小問 4 の解答例である（図 6-12）。この子どもは、「どうぶつ」と「うさぎ」、「チューリップ」と「花」、「のりもの」と「でんしゃ」を結んでいる。しかし、矢印の向きが逆になっている。また、「せんろ」と「でんしゃ」、「水」と「花」、「にんじん」と「うさぎ」、「はたけ」と「にんじん」も結んでしまっている。モノどうしの異なる関係にそれぞれ気づき、すべてを矢印で結んでしまっているのである。求められている関係だけに注目し、それ以外の関係への注意を抑えることができていない。実行機能を働かせながら推論するのが苦手な子どもなのではないかと思われる。

第 6 章　思考につまずく　　171

4　モニタリングと修正ができない

メタ認知

　本章でここまで述べてきた「思考の制御」は情報処理の負荷に負けないようにするという点での「制御」だったが、思考の制御にはもうひとつ、さらに大事な要素がある。「メタ認知」である。

　作業記憶や実行機能による制御というのは、問題を考えているとき（より正確には脳が情報を処理しているとき）に無意識に働いている機能であるが、メタ認知は意識的なもので、自分の思考がうまくいっているかどうかや結果を、意識的に、そして自分から少し離れた客観的な視点で評価するものだ。

　メタ認知の能力は自分の思考の過程を他者視点で振り返ることのできる**批判的思考**につながっている。前に述べたように「文脈に合わせて柔軟に視点を変える能力」とも深く関係している。

　メタ認知が働いていないと子どもはどういう解答をするかは、第1章で少し紹介した。「子どもが14人、1れつにならんでいます。ことねさんの前に7人います。ことねさんの後ろには、何人いますか」という問題に、14×7という式をたて、98という答えが計算で出たら、そのまま98人と解答した子どもが少なからずいた。

　「子どもが14人」と書いてあるのに、いつの間にか子どもが98人になってしまった。それなのに変だと思わず、

172　　第Ⅱ部

98人とすまして解答を書いてしまう子どもに、批判的思考をしてほしいというのは望みすぎかもしれないが、ちょっとだけでもメタ認知を働かせてくれたらと思わざるをえない。

システム1とシステム2の思考

メタ認知を働かせ、ものごとを吟味しながら論理的に考える思考は「批判的思考」と呼ばれる。それと反対なのは、素早いが、直観的（直感的）で非論理的な思考である。ノーベル経済学賞を受賞した著名な**心理学者のダニエル・カーネマンは前者をシステム2の思考、後者をシステム1の思考と名づけた**。

読者のみなさんは、システム2が大人の思考のデフォルトだと思っているのではないだろうか。大人はメタ認知を働かせて批判的に判断できるはずだ、そうでなければいけない、と。しかし、大人になれば批判的思考が自然にできるようになるのだろうか？

読者はとりあえず、以下の問題に答えてみてほしい。たつじんテスト中学生版「推論の達人」の問題の一部である（図6-13）。

指示

Ａさんが言っていることが<u>正しい</u>とした場合、Ｂさんが言っていることは<u>正しい</u>と言えるでしょうか？　正しいと言える場合は○を、正しくないと言える場合は×を、どちらとも言えない（つまりＢさんが言っていることが正しいかどうかの判断ができない）場合は△を選んでください。

答える時には常識的に正しいかどうかではなく、あくまでＡさんの言っていることが正しければＢさんが正し<u>いと言えるか言えないか、結論を出すことができないか、ということから判断</u>してください。

問題1
Ａ：花子は東京に住んでいる
Ｂ：花子は日本に住んでいる

問題2
Ａ：彼はキャベツが好きだ
Ｂ：彼は野菜が好きだ

問題3
Ａ：アカリさんは肉だけが好物だ
Ｂ：アカリさんは魚も好物だ

問題4
Ａ：20歳まではビールを飲んではいけない
Ｂ：20歳まではお酒を飲んではいけない

問題5
Ａ：太陽は北の空を通らない
Ｂ：太陽は南の空を通る

問題6
Ａ：全てのりんごは赤い
Ｂ：青りんごは赤い

問題7
Ａ：植物は光合成をする
Ｂ：動物は光合成をしない

図6-13 「推論の達人：二段論理推論」の問題例

二段論理推論と概念の学習

このように、2文で前提部と結論部がある推論は、二段論理推論、あるいは省略三段論法といわれる。

三段論法で有名なのは、

人間はみないつかは死ぬ
ソクラテスは人間だ
ゆえにソクラテスはいつかは死ぬ

である。あるいは、

この袋の豆はすべて白い
この豆はこの袋にあった
したがってこの豆は白い

というのも、三段論法の演繹推論によって結論が導かれている。

第6章 思考につまずく 175

二段論理推論は、三段論法の２番目の前提（小前提）が省略される推論形式である。その場合、結論を導くために、小前提を自分の知識で補う必要がある。

　例えば、

　すべての昆虫は脚が６本である
　したがってスズメバチの脚は６本である

というようなものだ。ここでは、小前提の「スズメバチは昆虫である」が省略されている。二段論理推論問題のほうが、三段論法よりも我々が日常生活でする推論に近い。

　日常の中で大前提、小前提のどちらも与えられる演繹推論をすることはめったにない。しかし、小前提を自分で埋めるような推論は、よく行っている。この「スズメバチの脚は６本」という結論を導くためには、推論を行う者が、自分の知識で「スズメバチは昆虫である」という小前提を埋める必要がある。このとき、知識が誤っていて、間違った知識で小前提を埋めてしまうと、その結果、結論を誤ることもしばしば起こる。例えば、「クモも昆虫だ」と思っていると、「クモの脚も６本だ」と思ってしまう。

　三段論法では自分で知識を埋める（行間を埋める）余地がない。それに対し、二段論理推論は、すでにもっている知識で大前提と結論の間を埋めて、結論を導く。その意味で、二段論理推論は、アブダクション推論と演繹推論を組み合わせて使う推論である。

　この二段論理推論問題は、たつじんテスト中学生版「推

176　　第Ⅱ部

論の達人」に含まれるもので、純粋な（論理学でいうところの）論理的思考というよりも、自分の知識を使い、推論によって論理的な結論を引き出すという、科学における仮説を検討するうえで必要な、アブダクションと演繹を組み合わせた思考の力を測ることを目的としている。

この大問は、いわゆる知能テスト的な「思考力」を測るものではない。一方で、大前提と結論の間を埋めるのに特別な知識は必要ないので、知識を問うテストでもない。行間を埋めるのは日常の常識的な知識で十分である。むしろ、このテストで測りたいのは、思考バイアスを制御するメタ認知能力である。

メタ認知能力とシステム２の思考

人は、成人でも様々な思考のくせ（バイアス）をもつことがよく知られている。例えば「20歳まではビールを飲んではいけない」は、「20歳まではお酒を飲んではいけない」ことを論理的には排除しない。したがって、問題４の正解は、△（前提からは、結論は合っているとも、間違っているともいえない）である。しかし、多くの人は〇と答えるだろう。無意識のうちに、「ビールを飲んではいけないなら日本酒もワインも、お酒はみんな飲んではいけないよね」と前提を拡張してしまう。これが社会の規範と一致しているからなおさらである。このような思考は、直観的（直感的）で、思考バイアスに引っ張られた思考、カーネマンのシステム１の思考といえる。

しかし、ここでシステム２の思考をすることができたら

第６章　思考につまずく　177

どうだろうか？「未成年はお酒（アルコールを含む飲料）を飲んではいけない」という自分の知識（常識）を見直し、「お酒はビール以外にいろいろな種類があって、Ａさんはビールを飲んではいけないとしか言っていない。だからビール以外のお酒について禁止されているとは言えないのではないか」のように、常識と論理的に正しい結論を分けて考えられるだろう。このように、自分の常識やバイアスを、自分とは違う視点から見直すことができるのは、システム２を駆動させることができることを示すものであり、「批判的思考」ができる始まりである。このような意図をもって、中学生には、「推論の達人：二段論理推論」を作成した。

　ただし、中学生の思考の特徴を見るために、この大問の中には、システム２で思考する必要のない、常識だけで正答になる問題も含めた。先ほどの例では、問題１と問題３がそれにあたる問題だ。読者は問題１と問題３を除いて、全体的にはこの二段論理推論問題は意外と難しいと思われたのではないだろうか。筆者は、この７問を含む全22問を、中学生とは別に、19歳から56歳の大卒以上の学歴の成人50人（男性33名、女性17名。うち人文科学系15名、社会科学系16名、理工学系11名、その他8名）に答えてもらった。

　問題に答えてくれた彼ら彼女らの感想は、出身分野にかかわらずほとんどが「難しい」あるいは「やや難しい」というものだった。

　次ページの表6-7に正解と成人調査参加者の正答率、中学生の全体と学力層別の正答率が記されている。大学生や

表 6-7 「推論の達人：二段論理推論」の問題（一部）の正解と
正答率

(単位：%)

	問題文	正解	成人の正答率	S中の正答率		
問題 1	A：花子は東京に住んでいる B：花子は日本に住んでいる	○	92.0	82.6		
				高位	中位	低位
				91.7	84.1	73.1
問題 2	A：彼はキャベツが好きだ B：彼は野菜が好きだ	△	50.0	56.2		
				高位	中位	低位
				62.5	59.1	48.1
問題 3	A：アカリさんは肉だけが好物だ B：アカリさんは魚も好物だ	×	84.0	84.7		
				高位	中位	低位
				87.5	88.6	78.8
問題 4	A：20歳まではビールを飲んではいけない B：20歳まではお酒を飲んではいけない	△	54.0	23.6		
				高位	中位	低位
				37.5	20.5	13.5
問題 5	A：太陽は北の空を通らない B：太陽は南の空を通る	△	74.0	59.0		
				高位	中位	低位
				83.3	56.8	38.5
問題 6	A：全てのりんごは赤い B：青りんごは赤い	○	68.0	49.3		
				高位	中位	低位
				66.7	54.5	28.8
問題 7	A：植物は光合成をする B：動物は光合成をしない	△	76.0	47.2		
				高位	中位	低位
				75.0	40.9	26.9

第6章　思考につまずく　179

社会人でも 100% 正答できるわけではないことが表から見て取れる。

だれもが正解できる推論

予想通り、論理的な結論が常識と一致する問題1と問題3は全体的に正答率が高かった。少し前に紹介した図6-13を見てほしい。問題1の結論部の「花子は日本に住んでいる」は「花子は東京に住んでいる」から常識的に引き出せる。この問題は学力低位の中学生も含め、どの層でも正答率が高い。図6-13には含めなかったが、このタイプに属する「A：カープは広島の球団だ」「B：カープは日本の球団でない」(正解は「×」)も同じように高かった。

問題3の「A：アカリさんは肉だけが好物だ」「B：アカリさんは魚も好物だ」(正解は「×」)も、やはり、予想と一致して、成人だけでなく中学生のどの層でも正答率が高かった。同じパターンで、図6-13にはないが「A：太郎さんは晩御飯を食べた」「B：太郎さんは晩御飯を食べていない」(正解はもちろん「×」)という問題も、正答率は非常に高かった。学力低位層にある中学生たちも、これらの問題のように、常識と論理とが一致する問題は正答できることがわかった。

大人でもシステム1の思考で間違う推論

それに対して、常識的にはもっともらしい結論がでるが、論理的には正しくない問題は、成人でも誤答が目立った。問題2「A：彼はキャベツが好きだ」「B：彼は野菜が好き

180　第Ⅱ部

だ」と問題4「Ａ：20歳まではビールを飲んではいけない」「Ｂ：20歳まではお酒を飲んではいけない」は、成人でも特に正答率が低かった。問題2の、「キャベツが好き」と「野菜が好き」はもちろん同じではない。キャベツ以外の野菜はたくさんあり、キャベツが好きでもピーマンやセロリは嫌いな人がいるかもしれないからだ。問題4のお酒の問題は、成人サンプルでも正答率が低いが、中学生ではさらに低い。高位層でもとても低いのが特徴的だ。中学生は、お酒にどのようなものがあるのかよくわかっておらず、ビールはお酒の典型なので、「ビール」と「お酒」を同じものとして考えてしまっているのかもしれない。

　話をもとに戻すと、「キャベツ」と「野菜」の関係や、「ビール」と「お酒」の関係が、同じカテゴリーのメンバーとしての「同じ」ではなく、包摂、つまり前者は後者に含まれるものであることは、ちょっと振り返って、ビール以外にお酒がないか、などと考えればすぐわかることだ。しかし話題がこれらの文のように日常的なものだと、成人でも、直観的(直感的)にすぐに「同じ」だと思い、メタ認知も働かせないまま——つまりカーネマンのシステム１の思考のまま——答えてしまうのだろう。

成人と中学生高位層がシステム２で考えられる問題
　成人と中学生高位層では、問題2(「キャベツと野菜」の問題)や問題4(「ビールとお酒」の問題)に比べて、問題5と問題7の正答率が高くなっているのが興味深い。この２問は、前提と結論が、北と南、植物と動物のように、相互に対立

第6章　思考につまずく　　181

する概念を対比する構造になっている。人は、「Xでないから Y だ」という相互排他の推論は得意である。それがアダになり、A と B が反対の特徴をもつという結論を誤って受け入れやすくなる。しかし、成人と中学生高位層は、そのバイアスを制御でき、B さんの結論は「△（判断できない）」と判断できたようだ。この場合、問題 2 と問題 4 が日常生活で行う推論なのに対し、問題 5 と問題 7 は、理科を思い起こさせる問題であることが重要となる。この点から考えると**中学生学力高位層は、日常の推論では思考バイアスに負けてカーネマンのシステム 1 の推論を思わずしてしまうのに、学校で学ぶ教科に関係するようなトピックだとシステム 2 の批判的な思考を発動できる**(しやすい)ということなのかもしれない。

　問題 6 の「A：全てのりんごは赤い」が正しいという前提では「B：青りんごは赤い」の結論は「○」が正しい。これは、事実とも、自分の信念とも矛盾する。しかし、「前提は正しい」という仮定世界においては、りんごである青りんごの色は赤いという結論を受け入れなければならない。この問題では、事実や信念と矛盾するにもかかわらず、成人と中学生高位層の正答率が意外と高いのが興味深い。この問題のようなたてつけだと、「論理の問題」であることが際立ち、システム 2 が発動しやすくなるのかもしれない。そのように考えると、成人でも、日常生活上の推論は基本的にシステム 1 であって、特別な必要性を感じるとシステム 2 を働かせることができる、といえそうだ。

低位層中学生の思考

　ここまで、成人でも、必ずしもいつもシステム２を使っ
て論理的に思考できるわけではないと述べてきた。学力高
位の中学生の各問題での正答率のパターンは、成人に非常
によく似ていた。高位層の中学生も、成人と同様に、日常
的にはシステム１の思考をデフォルトとしながらも、学校
での学習や論理のテストのような文脈が与えられると、
（ある程度は）思考スタイルをシステム２にシフトすること
ができるようだ。では、低位層の中学生はどうだろうか？

　中学生低位層の子どもたちが50％を超えて正答できた
のは、自分のもつ常識・信念が、論理的結論と合致する問
題のみであった。低位層の生徒たちは、日常場面に関する
問題でも、理科の問題を想起させるような問題でも、「△」
（Ｂさんの結論はＡさんの言っていることからは引き出せない）と
考えることができず、自分の常識や信念にもとづいて答え
ることしかしなかった。つまり**システム１の思考のみで押
し通しているようである**。特に、問題5、6、7のように、
高位層の生徒たちがシステム２を発動して正答率がアップ
する問題では、高位層との正答率の差は際立っていた。

システム２を使えないと何が起こるのか？

　**システム２を発動できないとたいへん困ったことが起こ
る。誤った知識を修正できないのだ。**すでに述べたように、
子どもは覚えた知識を推論によって積極的に拡張する。あ
ることばを聞けば、そのことばを別の状況で使うために、
そのことばが使える範囲を推論する。また、自分で推論を

第6章　思考につまずく　　183

しながら対象のもつ特徴を聞いたらその特徴を他の対象にも拡張する。

そのとき、二段論理推論と深い関係があるような推論をする。先ほどの「クモの脚も6本だ」という誤った推論は、以下の②を自分で埋め込んで、このように推論する。

---

①ハチは脚が6本ってお父さんが言っていた。
②ハチとクモはどっちも「ムシ」だよね。だから同じ種類の仲間だ。
③だからクモの脚も6本だ。

---

②の自分で埋めた知識が間違っているので結論も間違いになる。しかし、実はこのように誤った推論をすることは決して悪いことではない。幼児期にはとにかく語彙を増やし、ことばを手がかりに、自分を取り巻く世界、例えば世界を構成するモノや事象、他者の意図や行動などについて、理解することが大事である。

ところが、誤りに気づかず、修正ができないと、間違った知識が誤ったスキーマに成長してしまう。誤ったスキーマは、学習につまずく大きな原因になってしまう。だから、システム2の思考を働かせ、メタ認知によって、自分の知識の一貫性を見張り、誤りがあれば修正していくことが大事なのである。

また、数学や物理のように概念が抽象的になると、ある仮定（前提）が直観に反していても、それを受け入れて思考を進めなければならないこともある。例えば、慣性の法則

184　第Ⅱ部

がそうだ。平たくいえば、止まっている物体は力を加えなければそこで止まり続ける。しかし動き続けている物体はそのまま動き続ける、というものである。止まっている（自立運動ができない）物体が勝手に動かないのは、実は生後5か月の乳児でもわかる。しかし、動いている物体が等速で動き続けるほうは、成人でも理解が難しい。

　私たちが生きている地球の環境では、重力や空気抵抗・摩擦があるため、動いている物体が等速で動き続ける現象を観察することはないからである。逆にいえば、科学を理解するためには、自分の常識（スキーマ）から離れ、現実では観察できない仮定を受け入れたうえで、思考を進めなければならないことがあるということだ。この思考能力が学力、特に理科の学習と関係することは容易に予想できる。

　表6-8は、二段論理推論問題（全22問）の得点と各教科の学力テストスコアとの相関値を示している。表で示される相関の値は、まったく形式も内容も異なるテスト間の相関としては非常に（常識的にはありえないほど）高い。これは、

表6-8　「推論の達人：二段論理推論」問題の得点と5教科標準学力テストとの相関

	テストを受けた生徒数(n)	相関係数(r)
国　語	144	.60
数　学	144	.55
理　科	144	.60
社　会	144	.51
英　語	144	.56

この二段論理推論問題が、中学での各教科の学習に共通している必要な能力を測っていることを示唆するものである。その中でも、特に国語と理科のスコアとの相関が高いことは注目すべきである。

【第6章のまとめ】

　本章の前半で紹介した「たつじんテスト」小学生版に含まれる「かずのたつじん②③」の諸問題では、問題を解くための情報量が多くなり、認知処理の負荷が高くなるときに、学力高位層と低位層の差が大きくなることも明らかになった。学力高位層の生徒たちは情報が多くなっても補助線を描いたり、情報処理の負荷を軽減するためのメモをしたりという工夫をして、一時に遂行可能な情報処理能力の破綻を防いでいた。

　認知科学では、一時的に記憶を貯蔵し、操作する「作業記憶能力」と、問題解決に必要な情報にのみ注意を集中し、不必要な情報への注意を抑制することができる「実行機能」が、学習の達成度に重要な役割を果たす認知機能として以前から重要視されていた。

　しかし、「たつじんテスト」小学生版で扱う思考力は、作業記憶や実行機能などの認知能力をそれだけ取り出したものではない。むしろ逆の発想で、演繹推論、帰納的類推、拡張的類推という推論の課題の中で、推論能力と認知能力を同時に測ろうとするものである。ただし「**測る**」といっても**正確に数値化することを目的にしているわけではない**。実際、学校の学習や社会における問題解決の場面では、知能テストで測られるようなピュアな認知能力がいくら高くても、推論の力と連動されなければ意味がない。

第6章　思考につまずく　　187

ここまで紹介してきた四つのタイプの推論問題で共通していたことは、学力が低位層にいる子どもでも、基本的な演繹や類推の推論はできるということである。低位層の子どもがつまずくのは推論そのものができないということではなく、情報処理の負荷が厳しくなったときに、そこで思考が止まってしまうということなのだ。言い換えれば、**子どもがつまずく原因として、「思考力そのもの」より「思考の制御の問題」が大き**いことを知っておくべきだということである。

　今回の私たちの調査の結果からは、作業記憶・実行機能は、たしかに学力に影響するが、それはもともと生まれつきの能力差によるものではなく、認知負荷を軽減するための工夫ができるか否か、すなわち推論課題において情報処理の負荷をコントロールできるか否かが、個人差を生んでいることが示唆された。その点が重要である。このポイントをどのように指導に活かすことができるかについては、第Ⅲ部で考察する。

　本章の後半は、前提と結論の間に省略されている小前提を自分の知識で埋めて推論をする二段論理推論課題での思考のしかたに焦点をあてて、「思考力と学力」との関係を考察した。論理推論というとガチガチの演繹推論をイメージする人も多いと思うが、この課題は、日常で行われる推論と、学校で行われる抽象的な推論のどちらもカバーする問題である。学校の教科の学習

は、日常推論の延長でできる部分もあるが、そこから離れなければならないことも多い。子どもが（しばしば大人でも）思考につまずくのは、日常的に行うデフォルトの推論とは異なるスタイルの推論をしなければならないときである。

大人でも人間のデフォルトの思考は、カーネマンの言うシステム１の思考である。人間が得意なのは理詰めで批判的に考えるのではなく、自分のスキーマや信念で情報の行間を埋めて素早く直観的（直感的）に結論をくだすことなのだ。このことが教育現場ではあまり認識されていないように思う。だから、あたかも努力すれば簡単にできることのように、「批判的思考をすること」を子どもに求める。しかし、**システム１の思考がデフォルトの人間にとって、「批判的思考が大事です、注意深く考えましょう」と言われて、簡単にシステム１からシステム２へ乗り換えられるようなものではないのである。**

幼児期はシステム１が圧倒的に優位で、システム１上でアブダクション推論をすることでことばも概念知識も急速に増やし、知識の体系をつくっている。それは人間にとって非常に重要なことだ。誤りが多少あっても、大きな惨事が起きない程度のそこそこの精度の判断が素早くできるほうが、誤りのない完璧な判断を10倍の時間をかけてするより、生きていくうえでは

圧倒的に有利なのである(そしてそもそも人間が生存する複雑な環境下では、絶対に誤りのない完璧な結論というのはほとんどありえない)。他方、システム1が有効なのは、誤りを修正できる能力があればこそで、誤りを修正できない場合には、システム1的な思考は生命の危険を伴う、重大な不利益をもたらすかもしれない。

システム1を論理、数字で理性的に批判的に見直し、直観や感情に流されずに結論をくだすためにシステム2がある。**システム1とシステム2をどちらも使え、二つのシステムの間を行き来できるのが他の動物にない人間の特徴である。**しかし、システム2を働かせるためには訓練とメタ認知が必要だ。また、システム2をどれだけ有効に働かせることができるかには個人差がある。成長につれてシステム2の思考が発達するが、その速度はゆるやかである。また、大人でもシステム1の思考をしなくなることはない。人間は、生存のために、システム1的な思考が必要なのだ。日常場面ではシステム1がとくに強く働く。

「たつじんテスト」中学生版の二段論理推論問題では、日常場面に近いトピックでの推論は、成人でも、中学生学力高位層でも、システム1に依拠した誤った推論をすることが目立った。しかし、問題が、学校の学習にかかわるようなトピックだった場合には学力高位層の正答率は高くなった。**高位層の生徒たちは学習**

の文脈だとシステム2が働きやすいのだろう。だが、低位層の生徒たちにはトピックによる違いはみられなかった。低位層の生徒たちが正答できた問題は、人間がもともともっている思考バイアスに則りシステム1で結論をくだしても正解になる問題だけだった。

　結局、学力につながる思考力の個人差というのは、人間ならだれでももっている、認知バイアスと思考バイアスに駆動されたシステム1的な思考スタイルを、どれだけ意識的な工夫によって制御できるかで生まれるといってもよいだろう。逆にいえば思考の躓きは、思考を制御する力が弱いことに起因するといっても過言ではないのである。すると、教育の重要な役割というのは、知識を詰め込むことよりも、子どもが自分で認知能力という制限の中でうまく思考ができるよう工夫することであり、だれもがもつ思考バイアスや思考スタイルを自らコントロールできるような力を育むことだという結論が、自然に導き出せるのではないだろうか。

　本書の第III部では、そのために何をしたらよいのかということを考え、実践例を紹介していく。

第6章　思考につまずく　　191

第III部

学ぶ力と意欲の回復への道筋

第7章

学校で育てなければならない力
——記号接地と学ぶ意欲

　第Ⅲ部では、いよいよ子どもの躓きにどう対処するのかについて議論する。ここで、読者はいますぐ具体的な方策（メソッド）の提案がされると期待されたのではないかと思う。しかし、まことに申し訳ないのだが、ここで認知科学の理論にいったん戻らなければならない。

　人間はなぜつまずくのか。この問題に対し、ここまでの章で、スキーマ、作業記憶や実行機能などの認知能力、メタ認知、思考バイアスなどに問題があるということを、例とともに挙げてきた。だからその手立ては、それぞれの能力（文部科学省のいうところの「資質・能力」）について、それぞれの対策をとっていけばよいと思われるかもしれない。しかし、「数の概念」「語彙」「メタ認知」「実行機能」などの課題について個別にばらばらに対応しても、子どもの躓きの問題は解決できないと、筆者は、自信をもって言える。実際、研究者たちも、それぞれの問題について専門的な立場から研究を積み重ねてきた。現場の先生たちも、学校ごとに課題を設定し、それらのどれかに力点をおいて、指導研究をされてきた。それらの努力には、ほんとうに頭が下がり、リスペクトしかない。

　しかし、それにもかかわらず、なかなか現状が変わらな

194　第Ⅲ部

い。これは、**躓きを生み出す複数の要因を一つ一つ個別に
潰していっても問題が解決しないこと、もっと根本からす
るべきことがあることを意味している**のではないだろう
か？

1　生成 AI と記号接地

記号接地問題

　たつじんテストの開発のために様々な小・中学校で調査
を繰り返したが、そのたびに衝撃を受けた。筆者自身は数
学教育や数概念の発達を専門に研究してきたわけではない
のだが、世界中の子どもが分数の理解に苦しみ、分数を苦
手としていることは、多くの文献で報告されており、認知
発達科学の常識となっているのでよく知っていた。しかし、
自分たちで考えたテストを多くの子どもたちに受けてもら
い、子どもたちの解答を目の当たりにしたとき、あらため
て強いショックを受けた。分数が難しいことは頭では知っ
ていても、それがどんなに子どもたちを苦しめていたのか
は、実感として理解していなかったことがわかった。

　**子どもたちは分数という概念について「記号接地」がで
きていない**。子どもたちの解答を見た瞬間に思ったことだ。
数のことばもまた記号である。数字の意味がわかっていな
い。つまり「記号接地」ができていないのだ。子どもたち
は $\frac{1}{2}$ の意味がわかっていない。分数の意味がわかってい
ない。そもそも「1」という数のことばの意味もわかって
いないのである。

第7章　学校で育てなければならない力　　195

「記号接地」とは人工知能と認知科学における長年の未解決問題である。1990年にスティーブン・ハルナッドという認知科学者が、当時のAIを批判して、記号接地問題（Symbol Grounding Problem）ということばでAIを特徴づけた。当時のAIは今と異なり、記号（ことば）を操作する記号アプローチが主流だった。記号の意味は人間が定義を与える。しかし、コンピュータはひとつひとつの記号（ことば）の意味を他の記号で記述しなおしているだけで、コンピュータが意味をほんとうに理解しているわけではない。

例えば「いちご」ということばは、デジタル大辞泉では、

> バラ科の多年草または小低木の総称。また、その実。春から初夏に白色の花が咲き、のち赤い実が熟す。キイチゴ・クサイチゴ・ノイチゴ・ヘビイチゴなどがあるが、一般には実を食用とするため栽培されるオランダイチゴをいい、品種にダナー・豊の香・宝交早生・福羽などがある。ストロベリー。

と記述されている。この記述により、AIは「いちご」は「ストロベリー」ともいうことを知り、「いちご」の意味を聞かれて「食用にする赤い実でストロベリーともいう」と答えることはできるだろう。すると、答えを読んだ人はAIが「イチゴ」という概念を「理解している」と思うだろう。しかし、AIにはいちごの香りや味、口の中の触感などはもちろんわからない。経験することができないからだ。しかし、「いちご」を食べたことがある私たちは、言

196　第III部

語でうまく説明できなくても、たしかに「いちごの意味」を知っていると感じている。

　「北」の意味は何ですか、と聞かれたとき、「西を向いたときの右のほう」とAIは答えるかもしれない。しかし、それは「北」というわからないことばを「西」や「右」という別のわからないことばで置き換えているにすぎない。この状態は、一度も地面に足をつけることなく回り続け、記号から記号を漂流しつづけるメリーゴーラウンドのようだ。ハルナッドはそう言ったのである。

生成AIと記号接地問題

　ハルナッドの「記号接地問題」提起から30年以上経った今、AIは飛躍的に進化した。AIの学習のしかたが根本的に変わったのである。ハルナッドの時代の、記号を処理のベースにしてAIに推論させるという方法ではなく、とにかく大量のデータを与え、人間の脳の神経ネットワークを模した方法で学習させる手法が用いられた。その手法を用いて、2022年11月にオープンAI社がリリースしたChatGPTは、これまでのAIとは次元が違うものだった。巧みに言語を操る。日常のトピックの対話なら、人間と区別がつかないほど自然で流暢な言語を返してくる。

　しかしどんなに流暢でも、生成AIが記号接地をしていないことには変わりはない。**ChatGPTは超優秀な「次のことば予測マシン」**である。ビッグデータの海を泳ぎ、単語や句が別のどの単語や句といっしょに使われるのかを計算し、この単語の次に来そうな単語や句を予測する。予測

第7章　学校で育てなければならない力　　197

をどんどん積み重ねて文を、そして文章を作り上げていく。それが ChatGPT をはじめとした生成 AI が行っていることである。「いちご」のビジュアルの統計値をもち、いちごの画像を選ぶことはできる。「いちご」が果物であること、「甘酸っぱい」味をもつこと、よく練乳(コンデンスミルク)といっしょに食べられることなどは、聞かれれば言語で返すことはできる。これを一般に人は「知っている」と考えてしまう。しかし、「甘酸っぱい」がどういう味なのかはわからない。リンゴなど他の「甘酸っぱい」食べ物と区別することは(少なくとも現状の)AI にはできない。ハルナッドが30年以上前に指摘した状況とまったく変わらず、ことばの海を、ひとつのことばから別のことばへ漂流しながら、言語による言い換えで人間の質問に答えているにすぎない(図7-1)。

ChatGPT は分数をどのように理解しているか

小見出しの「理解しているか」は実は正しい表現ではない。というのは、AI はどんな概念も「(人間にとって)あたかも理解しているように思える答えを出力している」だけで「理解する」という状態をもたないからだ。しかしそれを言い出すと非常にややこしくなるので、とりあえず先に進もう。

ChatGPT に「たつじんテスト」からの問題を出してみた(図7-2)。小学5年生の半分が不正解だった問題だ。

「分母が小さいと分数の値は大きくなる」、ここは合っている。しかしそれに続いて「3分の1の方が大きい」と結

生成AIは、ことばを別のことばに置き換えながら
言語という閉じた世界の中で永遠に循環している

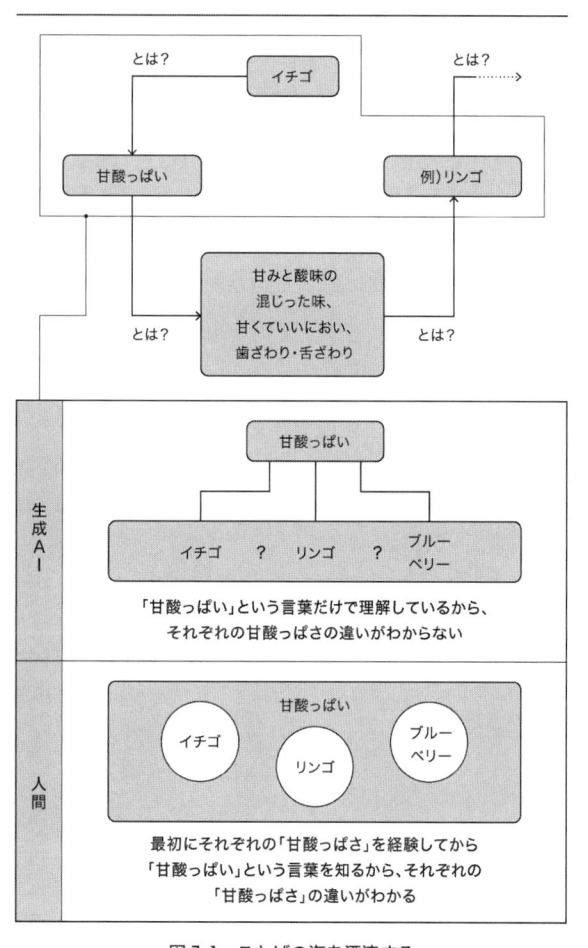

図7-1　ことばの海を漂流する

> 問題：
> 2分の1　と　3分の1のうち、どちらが大きいで
> すか？
> 答え：
>
> 3分の1の方が大きいです。2分の1は分数で表す
> と 1/2、3分の1は分数で表すと 1/3 となります。
> 分母が小さいと分数の値は大きくなるため、3分の
> 1の方が大きいということになります。

図7-2　ChatGPT による「たつじんテスト」の誤答例1

論している。

　次の問題でもまったく同じ振る舞いをしていた(図7-3)。
「6% は、100分の6と表現できます。6割は60%なので」
と、ここまで正しいのに、結部は「6% は6割の100分の

> 問題：6% は下のどれと同じですか？
> 選択肢：
> A：6割
> B：6割の10分の1
> C：6割の100分の1
> D：上のどれでもない
> 答え：
>
> C：6割の100分の1
> 6% は、100分の6と表現できます。6割は60%な
> ので、6% は6割の100分の1となります。

図7-3　ChatGPT による「たつじんテスト」の誤答例2

200　第Ⅲ部

1」となってしまうのだ。「○割」という表現の意味も、「％」という記号の意味も、分数の意味も理解せずに、統計的な予測だけで文を作ると、こういう出力が生成される。

第1章で紹介した、小学生が書いた算数文章題の答えを思い出してほしい（図7-4）。

足し算、引き算、かけ算、割り算の計算のしかたはわかる。しかし、それぞれの計算の「意味」はわからない。だから、それぞれの計算をいつ使ったらよいのかまったくわからない。すると、かけ算の計算はできるが、この解答のように、かけ算とはまったく関係ない問題でかけ算を使ってしまうのだ。

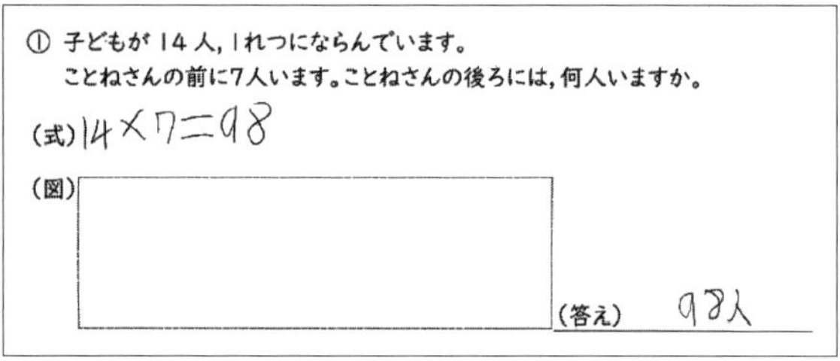

① 子どもが 14 人、1れつにならんでいます。
ことねさんの前に7人います。ことねさんの後ろには、何人いますか。

(式) 14×7＝98

(図)

(答え) 98人

図7-4 「列の並び順問題」の誤答例（再掲）

ChatGPT と算数がわからない子どもに共通すること

ChatGPT と算数がお手上げ状態の子どもに共通すること。それは、パターンは覚えているが、その意味が抽象化されていないことである。**記号の表現する意味が理解できていないと、いつ、どのようにその記号を使ったらよいの**

かわからない。それが顕著にみられたのが、「$\frac{1}{2}$ と $\frac{1}{3}$ では、どちらが大きいか」問題に対する ChatGPT の最新モデル GPT-4 の答えである。

GPT-4 は従来の GPT-3.5 に比べ、学習データが格段に大量で、性能もあがっているとされる。GPT-3.5 は無料だが、GPT-4 は有料で、プロ仕様である。この問題も GPT-3.5 では不正解だったが、今度は正しく「2分の1が3分の1より大きい」と答えている（図7-5）。ChatGPT は人間の思考に近づいたのだろうか？

答えは否である。少なくとも分数の意味がわかっている人は、この質問に対して、わざわざ通分をして考えたりしない。あるものを1と考えたとき、2人で分けたときと3人で分けたときでは、2人で分けたときのほうが取り分は多い。このように人間は分数を量に置き換えて、どちらの量が多いかを「直観的（直感的）」に判断する。

ChatGPT は人間のもつ、数と量を対応づける直観的理解をもっていない。さらにいえば、「1」「2」「$\frac{1}{2}$」「$\frac{1}{3}$」のような数のことばがどのくらいの量に対応するか、それぞれの量が互いにどのような関係にあるのか、ということも理解していない。

次の図の問題での ChatGPT の答え方は象徴的だ（図7-6）。$\frac{12}{13} - \frac{11}{12}$ を通分してまともに計算し、その答え（$\frac{1}{156}$）は合っている。それにもかかわらず、ここでも前掲（図7-2、図7-3）の問題と同じように、なぜか問題の答えとして－1を選んでいるのである。

そもそも分数の概念を理解している人間ならわざわざ

■ 問題：
2分の1　と　3分の1どちらが大きいですか？
答え：

◉ 2分の1が3分の1より大きいです。

■ どのようにして上の問題を解いたのかを解説してください。

◉ この問題は、2つの分数を比較してどちらが大きいかを求める問題です。2つの分数があるので、それらを比較しましょう。
分数1：2分の1（1/2）
分数2：3分の1（1/3）
比較するには、分子（上の数字）と分母（下の数字）を見て、どちらが大きいかを判断します。この場合、分母が異なるので、両方の分数を同じ分母に揃える必要があります。最小公倍数を使って同じ分母に揃えます。2と3の最小公倍数は6です。
次に、両方の分数を同じ分母6に変換します。
分数1：1/2＝(1×3)/(2×3)＝3/6
分数2：1/3＝(1×2)/(3×2)＝2/6
これで、両方の分数が同じ分母6になりました。
分数1：3分の6（3/6）
分数2：2分の6（2/6）
分子を比較すると、3（分数1）は2（分数2）より大きいです。したがって、2分の1（3分の6）が3分の1（2分の6）より大きいことが分かります。

図7-5　GPT-4の解答例

203

指示：

下の問題文にある計算式の答えに最も近いものを選んでください。

問題：

12/13－11/12

選択肢：

A：0

B：－1

C：1

D：2

答え：

B：－1

どのようにして上の問題を解いたのかを解説してください。

この問題を解くために、まず分数の引き算を行います。分数を引くには、同じ分母を持つように分数を変換し、その後分子同士を引きます。

問題：12/13－11/12

まず、最小公倍数を求めます。13 と 12 の最小公倍数は 156 です。次に、両方の分数を同じ分母に揃えます。

12/13 を変換するために、分子と分母を 12 で掛けます。

12*12/13*12＝144/156

11/12 を変換するために、分子と分母を 13 で掛けます。

11*13/12*13＝143/156

これで同じ分母を持つ分数になりました。

204　第Ⅲ部

144/156−143/156
これで分子同士を引くことができます。
(144−143)/156＝1/156
答えは 1/156 ですが、選択肢の中で最も近いものは
B：−1 です。答えが B：−1 となる理由は、答えが
0 に非常に近く、選択肢の中で最も近い値が−1 で
あるためです。

図 7-6　GPT-4 の誤答例

通分などせず、「$\frac{12}{13}$ も $\frac{11}{12}$ も 1 にとても近い数だから 1−1
で 0」と考え、0 を選ぶだろう。

　ちなみに、この問題を中学生はどう考えたのだろうか。
正答率は振るわない（表 7-1）。全体の平均正答率はわずか
27.3% だった。多くの生徒が通分をして正面から計算をし
ようとしていた。ただし、手で計算するとなかなかやっか
いで、途中でミスをして答えを間違えたり、時間がかかり
すぎて他の問題を解く時間がなくなってしまうケースが目
立った。他方、**正解した子どものほとんどは、直観的に一
瞬で解いていた**。しかも、この問題は、学力高位層でも
54.3% しか正解していない。この結果から、**高位層でもほ**

表 7-1　中学生の分数問題の正答率

$\frac{12}{13}-\frac{11}{12}$	全体平均	低位	中位	高位
−1				
1	27.3%	5.9%	23.9%	54.3%
2				
0　正解				

205

んとうに分数概念を接地しているかというと、実は怪しいのかもしれない、という疑惑が浮上してくる。

　繰り返しになるが、ChatGPT は分数の概念を接地していない。そのため、当該の数に対して、数直線上でどのあたりにあり、どの整数とどの整数の間にあるのかというような、**数の記号の量的直観ももたない**。計算ができるだけである。分数がわからない中学生のふるまいは ChatGPTとそっくりだ。計算はできるが、それぞれの数がどれだけの量なのかについて理解がない。だからこの分数とこの分数を足したらだいたいこのくらいの数になると直観的に把握することができないのだ。

　この量的直観こそ、実は、中学・高校で数学を学習していくために不可欠な要素なのである。実際、「たつじんテスト」を使った調査では、量的直観があるかどうかが、小学校の算数はもとより中学校での数学学力を非常に高く予測することが明らかになった。つまり、**分数や整数をはじめとした「数」の(システムの)意味を理解し、直観をもたないと、いくら懇切丁寧に文章題の解き方の方略を教えられても、文章題を解くことができないということだ。**

　本書の中で、これまで学校現場や行政が多大な努力を重ねてきたにもかかわらず、学力不振に悩む子どもたちの現状が何十年も変わっていないのはなぜかと問うた。結局、子どもたちは学校で学習する多くの内容について、記号接地ができていないのだ。それがもっとも顕著に表れるのが、分数概念に代表される算数・数学にかかわる記号概念だということなのだ。

206　第Ⅲ部

記号接地がそんなに大事なら、子どもはどのように言語を接地しているのだろうか？　そして一般的にはことばを接地できるのに、分数（あるいは「数」のシステム全般）はなぜ接地できないのだろうか？　どういう概念が接地困難になるのだろうか？　この問いは、人間の学びと教育を考えるうえで、もっとも大事な問いなのである。

《コラム》　記号接地していないと東大数学の入試問題はお手上げ

　2024年5月5日の日本経済新聞（電子版）に掲載されていた「数学が1点では……ChatGPT、英語8割超も「東大不合格」」(https://www.nikkei.com/article/DGXZQOUC2103E0R20C24A3000000/)という記事が非常に興味深かった。日経新聞の記者が、東京大学の二次試験をChatGPTに解かせて東大合格に挑戦したそうだ。しかも、ChatGPTに3週間の事前学習をさせて「受験脳」にしたうえで臨んだとのこと。有名予備校の先生がChatGPTの解答を採点した。

　英語は8割正答で、合格ラインを超えていた。他方、数学は1点しか取れなかったそうだ。数学でまったく点が取れなかったということに驚かれた読者も多いと思う。導き出した答えが解答と一致していた問題もあったそうだが、解き方の方針、論理に説明を求められたときに、ChatGPTは一貫した記述がまったくできなかったと記事に書かれていた。記事の中では、解答は正答だったが、不等号の向きが間違っていたという指摘があり、特に興味深かった。これは、ChatGPTに「たつじんテスト」小学生版、中学生版で数の大小を聞いたときの解答でもみられた。要するに、不等号の記号の意味

第7章　学校で育てなければならない力　　207

をまったく理解していないのだ。数字の意味も式の意味もまったく接地せずに問題を解こうとすると、いくら解法のテクニックを訓練しても、論理の筋道を経て解答にたどり着くことができない。まさにそのことが、この記事に書かれていた。

数学がほぼ0点なのに比べて英語が高得点だったのは興味深かった。このことについて、記事では特に説明がなかったが、筆者なりのアブダクション推論で原因を考えてみると、東大の入試問題とはいえ、ある大きなイシューについて、受験生自身に多角的に掘り下げて長い論述を英語でさせるような問題はなく、英文読解では与えられた文章の内容の要約的な問題、英作文では短い文章の英文翻訳が主だったためではないか。ChatGPTがもっとも得意とするのは要約の作成と翻訳だ。このレベルでは深い洞察力や論理立った思考は求められず、パターンからの「次に来る単語の予測」だけで入試問題で「得点を取る」ことは可能なのだ。

2 子どもはどのように記号接地しているのだろうか?

記号接地の第一歩

イチゴを見て、「イチゴ」という音を聞き、イチゴを味わったら、「イチゴ」という記号(単語)をすぐに接地して使えるようになるのだろうか? 実はそうではない。

言語を(少なくとも母語を)習得し、毎日使っている私たち大人は、言語の意味の単位は単語であること、単語をある特定の規則(つまり文法)に則って組み合わせることで文が作られ、文の意味が作られることを知っている。しかしこのことは、生まれたばかりの乳児が当たり前に知っている

208　第Ⅲ部

ことではない。実際、赤ちゃんは、自分の周りで人が発している音は意味の単位である「単語」というものから成り立っていることを発見し、連続的な音声を単語に区切っていく手がかりを見つけようとする。単語を見つけること。その目的のために、母語の音韻の特徴を探索すること。それが言語という巨大な記号体系に自らを接地せんとする赤ちゃんが最初にしなければならないことなのだ。

すべてのモノに名前があるという洞察

単語を見つけたら単語の意味を覚える。多くの人は、単語の意味は「大人が教える」と思っている。しかし、基本的に単語の意味を教えることはできない。そもそも赤ちゃんは、最初は単語というものの存在も、その役割も知らないだろう。

特定の音の連なり(つまり単語)が特定の対象といっしょに現れる。それをいくつかの単語で経験したら、それが抽象化されて「単語は特定の対象を指す」という洞察が生まれる。これは第6章で述べたアブダクションという推論だ。

ただし、単語と対象の共起(いっしょに起こること)だけから「単語は特定の対象を指す名前だ」という洞察に、一足飛びにたどり着くのは難しい。そのとき子どもを助けるのは、単語の音と、単語が指示する対象との自然なつながりである。これを言語学や認知科学では、「音象徴」という。音で意味を表すということだ。

一般的にことばの音は意味とは無関係だ。このことばがこの音でなければならないという必然性はない。だから、

第7章　学校で育てなければならない力　209

言語によって、同じ意味のことばの音はまったく異なる。日本語で「リンゴ」ということばは、英語では「アップル」だし、中国語では「ピングオ」、フランス語では「ポム」。しかし、なかには音と意味がつながっている感じがすることばもある。その代表が擬音語・擬態語である。オノマトペともいう。

子どもはオノマトペが大好きだ。子ども用の絵本はオノマトペにあふれ、幼稚園・保育園はオノマトペワールド。特にベテランの保育士さんは巧みにオノマトペを使い、抽象的な意味をもつことばをオノマトペで代用して、幼児とコミュニケーションを取っている。

オノマトペは音から意味がなんとなくわかる。身体に直接つながっている感じを与える。この感覚こそが、子どもが記号接地することを助けているのではないか。例えば、子どもが毎日聞くであろうことば、「おかたづけ」。これは極度に抽象的なことばである。対象は食器、衣類、靴、本、おもちゃ。なんでも「おかたづけする」の目的語になる。それぞれを片づけるためにする行為や工程は、対象によって全部ちがう。食べた後の食器を片づけるときにすることと、脱いだ服を片づけるとき、おもちゃを片づけるときで、することはみんなちがう。様々な状況で使われる「片づける」ということばで共通するのは、ちらかった状態から、整えられた状態に変化するという「状態の変化」だけである。これが幼児にすぐにわかるものでないことは想像に難くない。

しかしゴミを「ポイして」ならどうだろうか。ゴミ箱に

210　　第Ⅲ部

投げ入れることであるオノマトペは「片づける」よりずっと意味を想像しやすい。以前、保育園に調査に行ったときに、保育士さんが幼児に「うがいをしましょう」という代わりに「ガラガラペッをしようね、ブクブクペッじゃないよ」と言っていたのには心底、感心した。うがいということば自体、幼児にはわかりにくいが、オノマトペでうがいの正しいしかたまで伝え、子どもたちは実際それができていたのである。子どもの心を理解できる大人はオノマトペを巧みに使うことで、子どもを抽象的な記号の体系である言語に誘っているのだ。

　ことばの音と、一つの対象との結びつきを探すことは、当たり前にできることではない。子どもを取り巻く日常の現実世界にはたくさんのモノ、行為などの名づけの対象がある。子どもは情報が豊富すぎる外界から、ことばの指す対象を切り取り出さなければならないのだ。そのときに、オノマトペのもつ音と意味の間の類似性（アイコン性）は強力な手助けになり、子どもの記号接地を助けるのである。

　また、ことばと対象を結びつけるためには、第6章で述べた「アブダクション」と呼ばれる推論を必要とする。ことばは、記号と対象の間に対称的な関係を想定しないと覚えることができない。大人が「これはリンゴよ」と言いながら1個のリンゴを指さすと、子どもは当然その赤い果物を「リンゴ」と呼ばれるものだと思う。「これは何？」と聞かれたら「リンゴ」と答える。それに続いて、いろいろなモノが周りにある中で「リンゴを取って」と言われたら、当たり前のように先ほど「リンゴ」と呼ばれたものを選ん

第7章　学校で育てなければならない力　　211

で、大人に渡すことができる。これを推論と思う大人はいないだろう。

　しかし、これは「対称性推論」といわれる立派な「推論」である。対称性推論は、論理的には正しくない。「AならばBである」が与えられたとき、「BならばAである」は論理的に同じではない。これは「カナリアは鳥である」が正しくても、「鳥はカナリアである」は正しくないという例を考えればすぐわかることだ。しかし、人間は、「AならばBである」を教えられると、「BならばAである」と考えてしまう強いバイアスをもっている。

　対称性推論はもっとも原始的なアブダクションである。そしてこの論理的には正しくない推論が言語習得を可能にしているのである。筆者たちの研究チームは、単語の意味の学習を始める前の生後8か月の乳児が、この対称性推論をすることを実験で示した。興味深いことに、ヒト以外の動物種は対称性推論をしないようだ。

　10色の積み木についてその色をチンパンジーに教えた実験がある。青色の積み木に対して〇、赤色の積み木に対して△、黄色の積み木に◇、黒い積み木に☆、というように色と記号の対応づけを学習させ、ほぼ完璧に覚えたチンパンジーに、今度は逆にして☆に対応する色の積み木、〇に対応する積み木を選ばせようとした。しかし、チンパンジーたちはこれができないのである。「AならばB」が「BならばA」を論理では導けないことを考えれば、チンパンジーたちのほうがヒトよりも論理的である。しかし、この非論理的な推論ができないと言語の習得はでき

ないのである[1]。

点から面へのアブダクション

　単語の意味を覚えるというのは、ことばが発せられた状況においてそのことばと一つの対象を結びつけるだけではすまない。それだけでは、そのことばを他の状況で使うことができないのである。ことばを覚えるということは、点を面に広げることということに他ならない。「ウサギ」ということばを、ある特定のウサギを見ているときに聞いた。しかし「ウサギ」ということばを自由に使えるということは、まだ見ていない対象について、「ウサギ」なのか「ウサギではない」のかを判断できるということなのだ。そのときのウサギは普通の白い、耳の長いウサギだった。しかし、茶色いウサギも、灰色のウサギもウサギだとわかり、同時にリスやハムスターはウサギではないことがわからないと、「ウサギ」ということばは使えないのである。

　それを大人が教えることはできないし、実際そういうことはしていない。点から面への拡張は子どもが自分でしなければならないのだ。一つの事例を広げて面としての意味、つまり、目の前の特定の対象に限定しないで、そのことばのほんとうの意味を考える。これを「一般化の推論」という。この推論も、もちろんアブダクションである。

　一事例から正しい一般化をすることは論理的には不可能

---

[1]　本書では対称性推論について、これ以上深く議論することはしないので、興味がある読者は秋田喜美氏との共著『言語の本質』(中公新書、2023年)を読んでいただきたい。

第7章　学校で育てなければならない力　213

である。「ウサギ」という単語を聞いた状況で、そのことばをよく見るような普通のウサギに対応づけた子どもは、ウサギとは「白いモノ」「耳の長い生き物」「かわいい生き物」「生き物」などと思うかもしれない。すると、白いタオル、ロバ、ネコ、ゾウなどにも「ウサギ」を使うかもしれない。これは「過剰一般化」である。その逆に、耳が短いウサギや、ミッフィーなどのデフォルメされたウサギは「ウサギでない」と思うかもしれない。「ウサギ」のような、かなりわかりやすい名詞でさえ、アブダクションは一筋縄ではいかず、間違った一般化をする可能性は高い。

　これが動詞になると正しい指示対象への一般化は、さらに困難になる。動詞には「歩く」「跳ぶ」のような行為を指示するものと、「片づける」「壊す」などの、結果を表すものがある。「ちぎる」「裂く」「つぶす」など、行為の結果とそのときの動作（様態）を両方含むものもある。動詞を一般化するということは、少なくともその動詞を様態（動くさま）に注目して一般化するべきなのか、結果に注目するべきなのか、両方に注目しなければならないのかを知らなければならないということだ。しかし、そもそも2,3歳の幼児は、動詞の意味を推論するとき、動作主と動作を切り離すことができない。筆者が行った実験では、着ぐるみのウサギが特定の動作で動いている（例えば、腕を大きく振りながらバタバタ前進している）動画を見せて「ネケっている」のような新造動詞をつけた。この直後のテストでは動作主が変わり、着ぐるみクマで同じ動作をしている動画と、さっきと同じウサギがまったく違う動作で動いている動画

を同時に見せて「ネケっているのはどっち？」と聞くと、
3歳児は、動作に注目して一般化するべきか、動作主に注目して一般化するべきかわからなくなってしまい、同じ動作の動画（正解）を選べなかった（図7-7）。

　動詞はモノ（動作主や動作対象など）どうしの関係性を名づけるので、モノそのものを名づける名詞よりも、格段に抽象度が高くなるのである。抽象度が高くなると必然的に

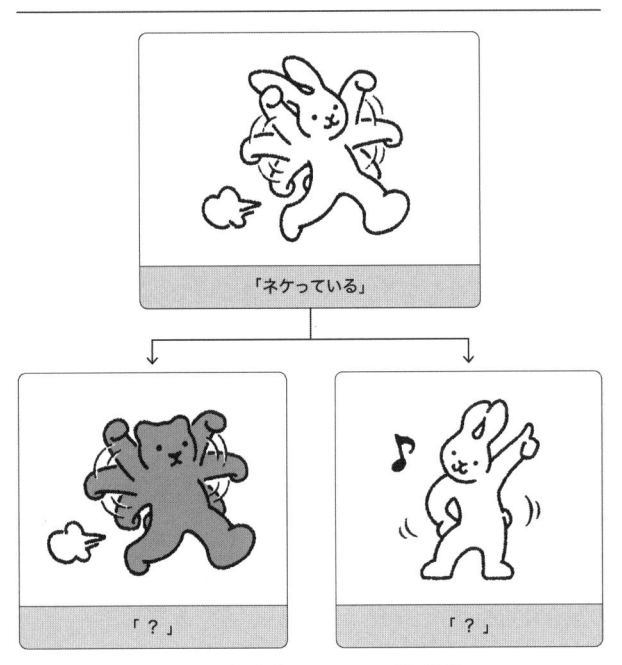

図7-7　新造動詞についての動画実験

記号接地は難しくなる。一つの事例を見ただけでことばと対象を結びつけることはできないし、一般化も、多くの可能性が生まれてしまい、格段に難しくなるからである。

記号接地が比較的容易な概念と困難な概念

ことばはすべてが抽象的な記号であり、ことばと対象を結びつけるとき、そこから一般化の推論をするときに、間違う可能性がある。しかしその中でも記号接地を比較的しやすいことばと、非常に難しいことばがある。

これまで例に出した中では、具体的なモノの名前は、記号接地がもっともしやすいことばである。例えば「イチゴ」や「ウサギ」は記号接地が容易にできることばだろう。ただし、対象の画像を見ただけでは接地できない。食べ物なら匂い、味や歯ごたえ、口に入れたときの食感などが接地に必要だ。動物でも画像だけではなかなか接地が難しく、鳴き声、実際の大きさ、匂い、生息環境での行動などを観察する経験が、接地には必要だ。

しかし名詞でも、「動物」「植物」「野菜」などの上位概念を表すことばの接地は、「イチゴ」や「ウサギ」より難しくなる。「イチゴ」や「ウサギ」は直接見て触ることができるが、「動物」は様々な種類の動物の集合体を指すので、接地が難しくなるのだ。「ウサギ」だけを見ている状況で「どうぶつ」と言われても、それが様々な種類の動物の集合体を指すことがわからないからである。

動詞は一般的に名詞より記号接地が難しいが、接地するポイントは自分で動作や行為を行うこと、その動詞が使わ

216　第Ⅲ部

れる多様な状況を経験することだろう。動作の動詞は動詞の中では比較的接地がしやすいが、「おかたづけ」のように、対象が多岐にわたり、対象によって行為が異なる動詞は記号接地が難しいだろう。そもそも行為の結果として「整頓されている状態」というのが、文化によって、もしかしたら家庭によっても異なる動詞は、非常に接地が難しいはずだ。

究極的に接地が難しい概念

もっとも接地が難しい概念の代表が、数の概念や、算数・数学で用いる式だろう。「イチ（1）」ということばでさえ、接地は難しい。「イチ」は目に見えない。見えるのは1個のリンゴ、1本のバナナ、1匹の猫など、モノだけである。1個のリンゴだけから「イチ」の意味を推論することはできない。人間の知覚の指向性から考えると、1個のリンゴ、1個のオレンジ、1本のバナナを見てすぐ「これらはどれもひとつしかない、だから「イチ」は数を指すことばなのだ」とすぐにわかる子どもはいないだろう。様々なモノが1個ずつあるのを見たら、それらのモノが集まった集合体の名前——つまり「果物」を指すのではないか——と考えるだろう。それだって記号接地が難しいのは、先ほど述べた通りである。

分数は整数よりさらに接地が難しいはずだ。分数は、単にモノを二つに分けたり三つに分けたりするということではない。ある量を基準として——つまり「イチ」と考えて——その量を均等に分割しなければならない。適当に三つ

第7章　学校で育てなければならない力　　217

に分けたものの一つは「サンブンノイチ $(\frac{1}{3})$」ではない。しかし、そもそも「イチ」の意味がわからないし、「等しい」の意味もわからない(第5章参照)。この二つがわからないで、ケーキが三つに分けられている絵を見せられ、$\frac{1}{3}$に分けてある、と言われたら、子どもはそれをどう解釈するだろうか。「$\frac{1}{3}$とはケーキを(あるいは丸いモノを)好きなように3人で分けることだ」という解釈は十分に可能なのだ。そして、このような解釈のもとでは、「かずのたつじん①」の数直線の問題(大問1)で、0から1までの尺の上で $\frac{1}{2}$ や $\frac{1}{3}$ の位置がわからないことも、何ら不思議はないのである。

3　アブダクション推論とブートストラッピング

記号接地と学び方の学び

いったいどうしたら子どもたちに分数を接地させることができるのだろうか。この難しい問題を考える前に、乳幼児が一般の名詞や動詞をどのように記号接地させているのかを考えてみよう。その延長線上に分数の記号接地の可能性があるかもしれない。

すでに何度か述べたように、子どもはことばを「点」としてしか教えてもらうことができない。そこから自分で「面」にするための、一般化のアブダクション推論をする。そのとき、無限の数の一般化が可能である。実際、乳児期(出生から1歳半くらいまで)の子どもは非常に面白い誤ったアブダクションによって、ことばを過剰一般化している。

218　第Ⅲ部

「おつきさま」を丸い時計にも、クロワッサンにも、レモンスライスにも、牛の角にも、露がついて光る葉っぱにも、一般化する事例が有名だ。「ことばは似た形の他のモノにも使える」という洞察を得ているからである。そして、「おつきさま」を、丸い形と三日月型のものすべてに使うだけでなく、黄色いものや光るものにも使っていた。絵本で「おつきさま」ということばが使われていて、三日月も満月も「おつきさま」だとわかると、そのお月さまのように輝いて光るものや、黄色いものも、すべて「おつきさま」と思ってしまったのだ。

しかし、しばらくすると子どもはこのような過剰一般化をしなくなる。比較的少ない数の単語を試行錯誤しながら覚えると、子どもは「モノにつけられたことばは似た形の他のモノにそのまま使うことはできない」という洞察を得る。この洞察を得ると、語彙が一気に成長していく。一般化のアブダクションの精度が上がり、無駄なアブダクションをしなくてすむようになるからである。

このように、何かを学習するときに、子どもが自分で手がかりを見つけ、洞察を得て、学習を加速させていくプロセスを、発達心理学ではブートストラッピングという。靴(ブーツ)の履き口にあるつまみ(ストラップ)を自分の指で引くと、うまく履くことができる。そこから、「自らの力で、自身をより良くする(より高い発達段階へひき上げる)」という意味に、比喩的に拡張された用語である。

子どもは、ことばの学習において、単にそれぞれの単語の意味を推論しているだけではない。語彙というシステム

第7章　学校で育てなければならない力　219

の仕組みを探索し、様々なことを発見していく。語彙を急速に増やしていくためのアブダクションの精度を上げるために、洞察を繰り返し記号接地を得ていくのだ。

人間のことばの学習における記号接地はそれぞれの単語を外界に対応づけること以上のことを含む。単語が属する語彙というシステムについての知識をつくっていくこと。また、その知識を構築するための学び方を学ぶこと。第2章で暗黙の知識について述べたが、まさに、**個別の単語の意味を自分で推論することで学びながら、同時に語彙についての暗黙知である「スキーマ」を学び、身体化していく。それが人間の言語という記号体系の接地のしかた**なのである。

上位概念のことばの記号接地とブートストラッピング

「ウサギ」や「リンゴ」のように視覚的に実体があり、触ることもできる対象のことばは接地しやすい。しかし、先ほど述べたように、上位概念を指す名詞は記号接地が難しくなる。「野菜」や「家具」は、ことばが指すカテゴリーのメンバーが視覚的に多様になり、メンバーの間の、見てすぐにわかる類似性が低くなるためだ。

幼児は上位概念を指すことばの習得には苦労する。しかし、最終的には接地できる。筆者はその仕組みを実験で探った（図7-8）。

3〜4歳の子どもに、「怪獣語を覚えよう」という状況を設定し、モノに新造語をつける。例えばニンジンの絵を見せて「これは怪獣語でフェップっていうんだよ」と教える。

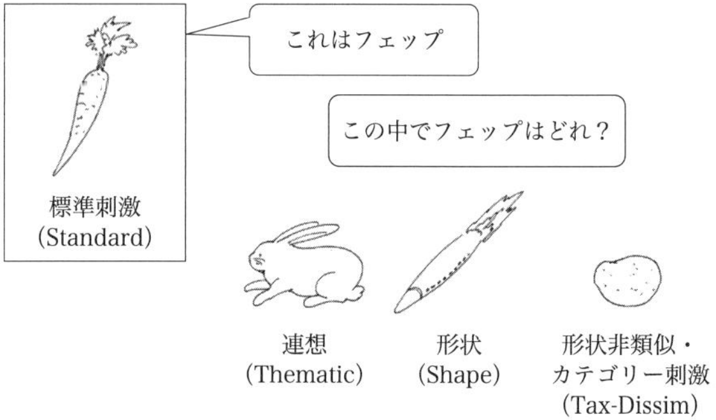

図7-8　上位概念の記号接地実験

次に選択肢の絵を見せて「フェップはどれ？」と聞く。大人に聞くと、ジャガイモを選ぶ。どちらも「野菜」という上位概念に属するからだ。しかし子どもはロケットを選ぶ。先ほどの「ことばは似た形の他のモノにも使える」という洞察——これを形バイアスという——のために、形が似ているロケットに一般化をしてしまう。つまり、ことばの学習を効率化するためにつくったバイアスが抽象的な概念の学習の邪魔をするのである。

　これは誤ったアブダクションのよい例である。しかし、ほんのちょっとの手助けで子どもたちは形バイアスを克服し、正しい一般化ができた。何をしたのか。

　先ほどの三つの選択肢に、四つめの選択肢を加えたのだ（図7-9の一番右）。この新しい選択肢は名づけられた対象（ニンジン）と同じ種類であり、かつ、見た目も似ている。この四つの刺激を提示されて「他のフェップはどれ？」と聞かれた子どもは、ロケットではなく、トウモロコシを選

第7章　学校で育てなければならない力　　221

| 連想
(Thematic) | 形状
(Shape) | 形状非類似・
カテゴリー刺激
(Tax-Dissim) | 形状類似・
カテゴリー刺激
(Tax-Sim) |

図7-9 「刺激」を増やした四つの選択肢

んだ。見た目だけでなく、「食べ物」「野菜」であることからロケットよりトウモロコシのほうがより「強力な候補」であることがわかったのだ。

興味深いのはこの後だ。子どもたちに、「フェップがもうひとつあるんだけど、もうひとつのフェップを教えてくれる?」と聞いた。最初に「トウモロコシ」を選んだ子どもが次に何を選ぶか。形が似ている「ロケット」を選ぶのか、形は似ていないが種類が同じ「ジャガイモ」を選ぶのか。

この状況で、子どもたちは「ジャガイモ」を選んだのである。見た目が同じで抽象的なレベル、つまり「形や種類が同じ」モノを一つ混ぜただけで、子どもたちは形バイアスを克服し、見かけの類似性ではなく、概念の本質的な類似性に注目した一般化ができるようになったのである。

4　自走できる学び手へ

見た目の類似性はどういう役目を果たすのか
なぜ「トウモロコシ」を選択肢に入れただけで、形では

222　第Ⅲ部

なく「種類」という目に見えない類似性を幼児が見抜くことができたのだろうか？　それは形と種類がどちらも「ニンジン」に似ている「トウモロコシ」によって、幼児が標準刺激であるニンジンとロケット、ニンジンとトウモロコシという、それぞれのペアの共通性を比較しようとしたことによる。ジャガイモのように、最初に名づけられた「ニンジン」に対して、見てすぐわかる類似性がないと、子どもは比較という認知プロセスを始める前に直観的にすぐに見た目の類似性に飛びついてしまう。しかし、トウモロコシは見た目が似ているので、子どもはロケットとトウモロコシという二つの候補があることに気づき、二つのうち、ニンジンに、より似ているのはどちらかを**比較し始めた**のだ。その過程でトウモロコシは見た目以上の類似性があることに気づいた。その気づきで選択肢を見ると、見た目だけ似ていても種類が違っている他にまったく類似性がない「ロケット」よりも、見た目は似ていなくてもニンジンと共通する特徴が多い「ジャガイモ」のほうがよい候補だということに気づいた。第6章で、システム1とシステム2の二つの思考スタイルの話をしたことを思い出してほしい。つまり、「トウモロコシ」は、子どもたちに、システム1だけで直観的（直感的）に一般化をしようとしていたモードから、候補の間の比較を促し、それによってシステム2の発動を促したともいえよう。

比較の役割
　前節で、ものごとを比較することでブートストラッピン

第7章　学校で育てなければならない力　　223

グ・プロセスが誘発されることを述べた。「比較」は思考の重要な一部である。ことばを習得するときも、概念を習得するときも、「比較」はとても重要な役割を果たす。

そもそも、一般化の問題というのは、あることばに対して、そのことばで指示される一つの事例（点）を一般化して「面」にするときに、その範囲はわからないということである。

ケージの中にいる1羽の白いウサギを見ているときに、大人が「ウサギ」ということばを言った。すると子どもは、その白い動物を「ウサギ」と言うのだと思う。しかし、ハムスターやリスやネコも「ウサギ」と言えるかどうかはわからない。実際、1〜2歳の子どもは、「ワンワン」を、ありとあらゆるモノに使うことが知られている。ヒツジも、ネコも、ライオンも子どもは「ワンワン」と言う。特定の「イヌ」と結びつけられた「ワンワン」を他のイヌに対してのみならず、動物全般、あるいは四つ足の動物みんなに過剰一般化するのだ。

しかし、ウサギ、リス、ネズミなど、いろいろな小動物の絵がある絵本や図鑑を見ながら「これはウサギ」「これはリス」「これはネズミ」と言ってあげたらどうだろう。子どもはすぐに「これ（リスの絵）はウサギじゃない」「これ（ネズミ）もウサギじゃない」と思い、過剰一般化された範囲が修正される。

複数例も大事

逆に、複数の例を比較することで、一般化ができるよう

224　第Ⅲ部

にもなる。動詞の習得はとても難しいと前に述べた。3〜4歳の子どもは、動作主や動作対象のモノが変わってしまうと動詞を一般化することが難しい。しかし、筆者は大人が手がかりを与えて支援してあげれば、この年齢の子どもが動詞を一般化できる場合があることを実験で示した。ひとつは動作と合うオノマトペの音で動詞をつくること。二つめは、最初に動詞が言われたシーンで使われたモノと似たモノを用いて同じ動作をすること。三つめは動詞の指す事例を一つではなく、複数にすることである。

　年齢が低いほど、三つの手がかりを同時に必要とする。3歳になると、オノマトペでない、音と意味の対応づけがない動詞でも、動作対象のモノが似ていて、かつ、その動詞が使えるシーンが複数あると、動詞を同じ動作に使えるようになる。4歳だと複数のシーンで動詞が使われればモノの類似性がなくても動詞を一般化できるようになるのである。

　比較して対比することは、モノや行為の間の共通性と差異を際立たせる。ネズミとハムスターにそれぞれ「ネズミ」「ハムスター」のように区別する名前がつけられれば、子どもはそれぞれの対象の間の違いに注意を向ける。逆に、両方に「げっ歯類」という名前がつけられれば両者の共通性に目を向けやすくなる。

　ことばの習得と概念の習得は「比較」に仲介されながら、共に発達していくのである。このことも、学校で抽象的な概念の学習に苦労する子どもたちに大人が何をするべきなのかについて貴重なヒントを与えてくれる。

第7章　学校で育てなければならない力　　225

身体でわかる類似性を使って本質的な類似性へ
自力で登っていく

　子どもは言語の発達の道筋で、このように、身体で感じてすぐわかる類似性を使って、見てもわからない、抽象的で本質的な類似性に注目して一般化ができるようになる。自分で気づくことができる手がかりを使って具体から抽象へ自分の力で登っていく。これがブートストラッピングである。この変化は一度だけでなく、発達の過程で何度も繰り返して起こるし、実は、ことばの学習だけでなく、すべての学習で起こることである。

　学校のすべての教科、すべての単元の学習も例外ではない。すべての知識の学びにとって、子ども自身で点を面に拡張することは、必要不可欠な過程なのである。ここで大事なのは、**子どもが自分で抽象化をすること**である。しかし、大人の役割がないわけではない。子どもが自らブートストラッピングできるように足場をかけてあげること。それが大人のもっとも重要な役割である。様々な分野でブートストラッピングのサイクルを繰り返し、異なる分野の知識が関連づけられていく。それによって、大きな知識の体系ができる。それが必要なときにすぐに使うことができる「生きた知識」を生む。生きた知識が新しい知識を生み、広くて深い知識の体系をつくっていくのである。同時に学び手は学び方を学んでいき、精度の高いアブダクションができるようになる。言い換えれば、将来自走できる学び手に成長していく。このスパイラルをつくれるように子どもを支援し、足場架けをしてあげること。それが教師の役割

であり、親の、あるいはすべての大人の役割なのである。

　システム2を育てて誤りを修正する

　点を面に拡張する推論はアブダクション推論だと述べたが、すでに述べたように、アブダクション推論には、精度の低いものから高いものまである。精度の高いアブダクションができるようになるために、もうひとつ（考え方によっては二つ）必要なことがある。第6章で述べたことを思い出してほしい。人間の思考のしかたとして、直観的（直感的）な思考（システム1）と、メタ認知を効かせながら熟慮する思考（システム2）の二つがある。「システム1の思考」は直観のみでアブダクションをついしてしまう人間にとって、自然で、いわば「デフォルトの思考」である。乳幼児の思考は、まさに「システム1」の思考である。「システム1」は、アブダクション推論によって急速に学習し、知識の体系をつくっていくことを可能にする。しかし、アブダクションは誤りも犯す推論である。結局、人間が生きた知識を構築していくためには、アブダクション推論をコントロールし、その精度を上げていくこと、そして誤った推論によって生まれた誤った知識を修正していかなければならないのである。

　誤った知識を修正すること。簡単なように思えるが、実は簡単ではない。他者から聴いた断片的な知識を表層で修正するのは比較的簡単だ。しかし、暗黙の知識の枠組みであるスキーマ（このことばを忘れていたら第2章を読み直してほしい）が間違っていたらやっかいだ。スキーマは学習者が

様々な事例から自分でつくった暗黙の知識だけに、他の人に、それが先生であれ、親であれ、「それは違っているよ。正しいのは〇〇だよ」と言われても簡単には修正されない。

認知発達科学では、この状態から抜け出すことがいかに難しいかを示す、多くの研究がある。正しい答えを教えてもらっても、すぐ忘れてしまい、誤ったスキーマは修正されない。そもそも多くの子どもは「正しい答え」を自分の誤ったスキーマに合うよう都合よく解釈して覚えてしまう。

知識は大きく育てたい。そのためにアブダクションは欠かせない。そうすると間違うことは避けられない。しかし、間違いは修正しなければならない。けれども、大人が正解を言っても間違いは簡単に修正されないのである。こういうジレンマに多くの子どもが陥ってしまっている（図7-10）。

どうしたらこの穴から抜け出すことができるのか。二つの大事なポイントがある。

①子どもが自分のスキーマの誤りを修正することに自分で納得できるような状況をつくり、子どもがスキーマの誤りを認めること。これはいわば記号接地をしなおすことである。
②システム1の思考をシステム2で監視する習慣を育てること。

システム1を磨く

システム1の思考が、人間のデフォルトの思考スタイルだと述べた。システム1が暴走しないようにシステム2に

228　第III部

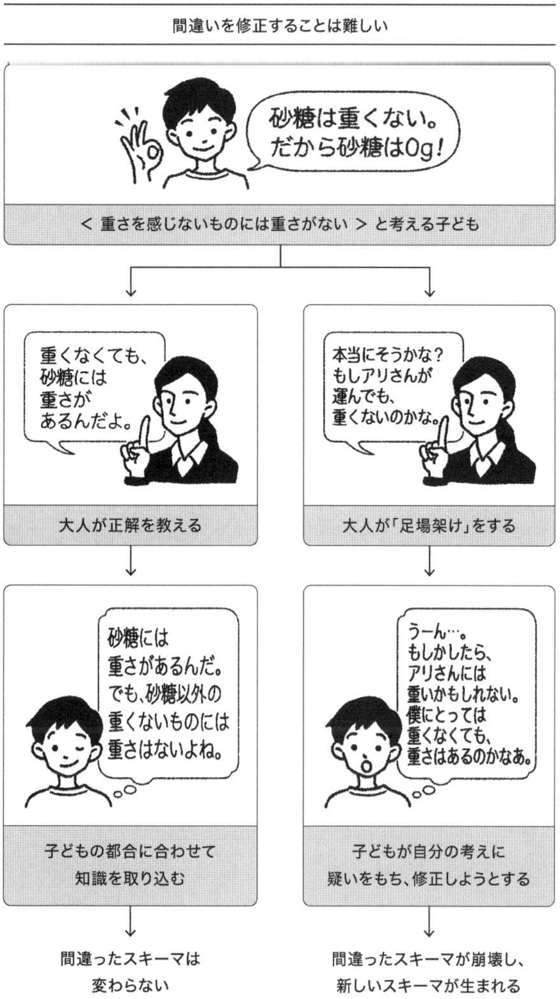

間違いを修正することは難しい

砂糖は重くない。
だから砂糖は0g！

< 重さを感じないものには重さがない > と考える子ども

重くなくても、
砂糖には
重さが
あるんだよ。

大人が正解を教える

本当にそうかな？
もしアリさんが
運んでも、
重くないのかな。

大人が「足場架け」をする

砂糖には
重さがあるんだ。
でも、砂糖以外の
重くないものには
重さはないよね。

子どもの都合に合わせて
知識を取り込む

うーん…。
もしかしたら、
アリさんには
重いかもしれない。
僕にとっては
重くなくても、
重さはあるのかなあ。

子どもが自分の考えに
疑いをもち、修正しようとする

間違ったスキーマは
変わらない

間違ったスキーマが崩壊し、
新しいスキーマが生まれる

図7-10　子どもが陥っているジレンマ

よってそれを監視し、システム１のアブダクションを制御する。その習慣をつけることが「自立したよい学び手」になるために必要なことであり、学校で身につけてほしいことである。

　その習慣と学力が深くかかわっていることは第６章で述べた。実際、**これが習慣化されると、システム１で行うアブダクションがどんどん洗練され、直観が磨かれていく**のだ。

　どのような分野でも、一流の達人は直観が働き、優れた判断ができる。「直観」はシステム２ではなくシステム１の思考でなされる。しかし、そのために、熟達者は日ごろはつねにシステム２を意識し、自分の判断やパフォーマンスを振り返り、間違いがないか、あるいは、よりよい判断ができたかできなかったかを、システム２を働かせて振り返っている。

　システム１でのアブダクションがすぐれた直観になるということは、状況に応じて最適な方法がとれる、最適なパフォーマンスができるということである。これは知識が完全に身体化された状態になるということに他ならないのである。

《第７章の参考資料》
文部科学省　初等中等教育局教育課程課「2. 育成を目指す資質・能力と個別最適な学び・協働的な学び」、『学習指導要領の趣旨の実現に向けた個別最適な学びと協働的な学びの一体的な充実に関する参考資料』(2021 年、https://www.mext.go.jp/content/210330-mxt_kyoiku01-000013731_09.pdf)

230　　第Ⅲ部

【第7章のまとめ】

　第7章では「記号接地」をキーワードに、人工知能と人間の思考と学習のしかたの違いについて述べた。人工知能は、膨大な量の情報から特徴を抽出することは得意だ（とはいえ、情報のどこに注目するか、どの情報を学習材料にするかをAIに指示するのは人間である。AIが自律的な意思をもって行うわけではない）。しかし、記号接地をしていない。そのため、統計的な計算はするが、「思考」はしない。「意味」も考えない。だから、途中まで正しいことを言っていても、最後に（人間にとって）意味不明な解答をすることもあるし、自律的に知識を体系化したり拡張したりすることはない。「生きた知識の学習」はしないのである。

　人間は、AIとは違い一時に処理できる情報量は少ない。しかし、それを武器にして「生きた知識」の体系を構築することができる。膨大な量の外界の情報に対して、非常に限られた情報処理能力を逆手に取り、記号接地をし、そこから抽象的な記号世界に自力で果敢に踏み入り、登攀していく。それを可能にするのは、人間だけがもつ学習する力だ。

　知識がなくても知覚・感覚的にアクセスできる概念を見つけ、そこに接地する。単に記号（ことば）と対象を結びつけるだけではない。そこから抽象化を行う。それを駆動するのは、誤りを犯す可能性もある、アブ

ダクションという推論だ。乳幼児が自分で使える数少ない資源である、身体感覚的にわかる「似ている」という感覚（類似性）を手がかりに、目には見えない、より本質的な類似性に注目できるように、ブートストラッピング・サイクルによって自分自身を育てていく。**人間の記号接地とは、記号を外界の対象に紐づけすることだけではなく、そこから抽象的で本質的な概念に自分で到達していく過程なのである。**その過程を経験することが「生きた知識」を生む。

　アブダクションは人類の科学の発展の原動力でもある。科学の歴史上の大変革（パラダイムシフト）は、たいていの場合、地球上のだれか、あるいは一群の人々が、その当時の常識では考えられないことを思いついたことから始まった。天動説から地動説への移行やダーウィンの進化論は、まさにその例である。しかし、その背後には数多の「誤った仮説」も存在した。人類は、様々な現象を説明するもっとも理に適った説明を求めるために仮説を立て、検討し、理論をつくり、実験によって検証を行い、その理論を吟味し、修正してきた。

　この過程は私たち一人ひとりが学び、熟達し、達人になっていく過程に重ねることができる。**その基礎をつくるために学校教育がある。子どもたちが学校で習得するべき基本的な概念について、この状態までもっていきたい。**

もちろん、学校で学ぶことすべてに超一流の熟達者レベルになってほしいということではない。「システム2の思考」で「システム1の思考」を監視でき、自分の誤ったスキーマを修正できるようになり、知識を自分で育てていける力を身につける。知識が、そして思考することが、身体の一部になる。ここまでいけたら、あとはいくらでも、どんなことでも自分で学んでいける。自走できる学び手になることができるのだ。

　次章、第8章では、そのために重要なポイントについて述べていく。

第8章

記号接地を助けるプレイフル・ラーニング

　第7章では、「生きた知識」を生むために必要なことを理論的な観点から述べた。おおまかには以下の5点に集約できるだろう。

1　基本概念の記号接地をすること。
2　ブートストラッピング・サイクルによって事例からの一般化、抽象化を自分で行うこと。その際、質の高いアブダクションを行うこと。
3　基本概念のスキーマが誤っている場合には修正できること。
4　「システム2思考」で「システム1思考」をコントロールすること。
5　知識が身体の一部になっていて、様々な状況で自在に使えること。

　これらが達成できれば、子どもは、少なくとも小・中学校で学習する教科でつまずくことは少なくなり、つまずいても、自分の力でそこから脱却できるだろう。しかし、そうはいってもまだまだ抽象的な話で、いったいどうしたら子どもに概念の記号接地をさせることができるのか、どうしたら質の高いアブダクションに子どもを導いていけるの

234　第Ⅲ部

かなど、考え込んでしまう読者が大半だと思う。

　第8章では、先の1〜5をどのようにしたら伸ばすことができるのかを、具体的な事例とともに述べていきたい。もちろんこれらの5点は相互に重なり合い、補い合うもので、対立するものではない。指導するときは、これら五つの要素ができるだけ多く含まれる指導を考えてほしい。

1　プレイフル・ラーニングの考え方

プレイフル・ラーニングの理論と実践

　どのような指導をしたら子どもたちは先の5要素を含む「生きた知識をつくるための学び」が可能になるのだろうか？　いま世界中が注目しているのは「プレイフル・ラーニング」という理論である。

　プレイフル・ラーニングの考え方は、名前の通り、遊びを通じて学ぶことである。オランダの歴史学者のヨハン・ホイジンガは人間のことを「ホモ・ルーデンス」（遊ぶ人）と呼んだ。人間は遊びから学ぶ。なぜか？　遊びは楽しいからである。

　人は楽しいから遊ぶ。学ぶために遊ぶわけではない。そこに功利的な目的はない。功利的でないから、遊びに子どもは夢中になる。

　様々な分野で超一流の達人がいる。彼らのパフォーマンスは同じ人間とは思えない。そういう人たちは例外なく探究人である。そして彼らの探究の始まりは、幼少期の遊びなのである。

第8章　記号接地を助ける……　　235

遊びは生活と深く結びついている。遊びの中でことばを使う。記号も使う。しばしば数や量を比べ、競う。つまり、遊びの中にはことばや数・量について記号接地し、探究をしていくための種がいくらでもあるということなのだ。

　遊びは、象徴的な思考を伴うことが多い（ままごと等）。象徴はアブダクションだ。だから遊ぶことはアブダクション推論をすることに他ならない。**人間の知識を拡張させる推論がアブダクションだということに立脚すれば、遊びが学びになるということは、ごく自然なことなのである。**

経験に紐づける

　記号接地できていない概念は使うことができないし、その概念の理解を前提とする、その先の概念の学習に進むことはできない。「メロン」や「イチゴ」ということばは接地しやすい。それにくらべて数のことばは記号接地が難しい概念だと第7章で述べた。なかでも「イチ（1）」という概念と、分数の概念は、特別に接地が難しい。

　どうしたらこれらの概念を接地できるだろうか。まずは**概念を、生活経験に紐づけることからはじめるべき**である。一般的には整数や分数を教えて、それをモノの量で示す。しかし記号接地の観点から言うと、この順序は逆のほうがよい。子どもたちは遊びや生活の中で、量の操作を日々行ったり、観察したりする。生活の中では、食べ物の取り分け、お菓子の配分、料理での調味料の割合など（例えば三杯酢を作るのには、酢・醤油・みりんの割合は1対1対1、濃縮ジュースを希釈して飲むときの基本は原液1に対して水4倍

くらいの割合だが、濃い味にしたければ水の量を減らし、薄くしたいときは水の量をそれより多くして調節するなど）。こういう経験は、多くの子どもにとって学校で高い壁となっている分数や割合の概念を接地するための基盤をつくる。

古墳のモデルを庭に作って記号接地しようとした磯田道史さん

自ら強い思いをもって遊び、記号接地しようとする子どもはたくさんいる。ちょうどこの章の草稿を書いているときに、NHK のウェブニュースで、歴史家の磯田道史さんのインタビュー記事を見つけた。磯田さんは NHK の人気歴史番組「英雄たちの選択」の司会者など、歴史学とお茶の間とを結ぶ活動をされている。インタビューのメインのトピックではなかったが、「これぞ記号接地」と筆者を唸らせたことが述べられていた。

磯田さんは子どものころ、倉敷市にある弥生時代の墳丘墓、楯築遺跡に、岡山の自宅から何度も通っていた。自転車で 10 km の道のりである。雨の後、土器のかけらを探しに来ていたそうだ。そして、小学生のとき、自分の身長くらいの古墳を作ったそうだ。古墳のモデルを作ってみると、どこが崩れやすいかがわかったのだという。

筆者がもっとも感心したのはこの部分。

「1 m の古墳をつくるとして、これを 2 m に伸ばした場合、面積が 4 倍になりますけど、体積は 8 倍ですよね。だから、100 m の全長の古墳を 200 m にすると、8 倍の土の量が必要なわけですが、この 8 倍の感覚を体で知ってない

といけないと思ったんですよ、子どもながらに」。

さらに続けた。「つまり、労働力が変わらなければ、スコップで運んで、1日でできるものが8日間に延びるわけです。どのくらい大変になるのか……2倍の大きさの古墳にするのに、あー、大変だった！ってのが分かったら、妙に得心がいった感じで、気持ちが安心した覚えがありました」(NHK・NEWS WEB「歴史学者・磯田道史「歴史は韻をふむ」!?」2024年5月4日、https://www3.nhk.or.jp/news/html/20240504/k10014436761000.html)。

大好きな古墳のモデルを作り、それを倍の長さにしたら面積が4倍になり、体積が8倍になる。それを自分で作って、労働量として体感し、算数でならった面積・体積の概念が労働量に換算されて記号接地されたわけである。かくして探究人にして歴史を読み解く達人である現在の磯田さんが育まれたのではないだろうか。

何かのモデルを作るというのは、分数、割合、かけ算、割り算などを接地させるのに最適な活動である。磯田少年がそれを自分自身で考え、実践したところがさすがなのだが、社会科や生活科で古墳に関係する勉強をしたら、ぜひこのような活動を取り入れることをお勧めする。

大人がガイドする遊び（Guided Play）

磯田少年のように、自分の好きなことが子どものときから明確で、その目的のためなら学校で習っていようがいまいが、自分で調べて、考えて、答えを出す。これが究極の記号接地だ。間違うかもしれない。しかし、それによって、

238　第Ⅲ部

より深く学ぶことができ、記憶にも深く刻み込まれる。最終的には子どもが学校で習ったことを自分で「作って、確かめて、身体で感じたい」と思うようになってほしい。しかし最初からだれもが磯田少年のように自分から考えて記号接地できないかもしれない。こういうときは大人の出番だ。

大人が子どもの遊びをガイドし、子どもが学ぶことができるように手助けする。これを「大人がガイドする学び」(Guided Play)という。大人が主導権を取って子どもを遊ばせる形にならないように気をつけることがポイントだ。遊びの主役はあくまで子どもでなければならない。大人は状況を設定し、適切に助言をしたりすることで、サポート役に徹することが大事なのだ。プレイフル・ラーニングの重要性を世界に広めているアメリカの研究者ユニット、キャシー・ハーシュ゠パセックさんとロバータ・ミシュニック・ゴリンコフさんとは、筆者は長年の交流があり、彼らの活動の重要性を目の当たりにしてきた。そして世界の学習科学の研究者と日本の教育をつなぐために筆者はABLEというワークショップシリーズを長年続けてきた。このワークショップで彼女たちを招聘し、日本でも何度かトークをしてもらっており、ABLEのサイトで翻訳付き動画も視聴できるのでぜひご覧いただきたい[1]。彼女たちは、

(1) https://cogpsy.sfc.keio.ac.jp/ablearchives で視聴が可能。また、キャシー・ハーシュ゠パセック、ロバータ・ミシュニック・ゴリンコフ『科学が教える、子育て成功への道——強いココロと柔らかいアタマを持つ「超」一流の子を育てる』(今井むつみ・市川力[訳]、扶桑社、2017年)を参照。

大規模な調査で、どのような形でプレイフル・ラーニングを行ったら、もっとも効果が大きいかを科学的に検証してきた。その研究では、子どもたちだけで好きに遊んだ場合よりも、大人がサポート役として遊びをガイドした場合のほうが、学びの効果が大きかったという結果が報告されている。

広島県の学校での記号接地活動

　幼稚園・保育園、小学校は、プレイフル・ラーニングを実践する最適な場所である。広島県教育委員会は、9歳の壁によって子どもたちが学力困難に陥る前に手立てを打つために「たつじんテスト」の開発を筆者たちに依頼した。同時に「たつじんテスト」でわかった躓きの芽に、低学年から対処してきた。なかでも「ことばと数の記号接地」を教育の目標に掲げ、取り組みを進めてきたのだった。

A小学校の取り組み

　例えば福山市A小学校では幼稚園・保育園と小学校の連携があり、「たつじんテスト」小学生版で発見された、日常の動詞の使い分け、時間の概念、数・量のことばなどの習得(記号接地と身体化)のために、国語、算数などの教科ごとに取り組むのではなく、子どもたちが楽しみながら、様々な活動の中でこれら三つの分野の課題に取り組めるように、生活科を中心に年間のカリキュラムを考え、それを算数、国語、理科、図工などの単元に結びつける工夫がされた。

例えば、1年生では図工で作品をつくるときに、紙を「さく」「ちぎる」「やぶる」「きる」動作を実際に行いながら、それぞれの動作の違いについて、子どもたちで話し合った（図8-1）。

　同じく1年生の秋には「あきとあそぼう」という単元を設定した。その際には、どんぐりを並べて数えたり、どんぐりを使って作品をつくったりしたいという声が、子どもたちからあがった（図8-2）。

　この活動は、「おいでよ　あきのテーマパークへ」という次の活動につながっていく。次の活動では、どんぐりや落

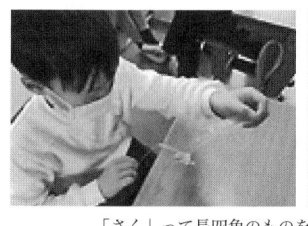

「さく」って長四角のものを細長くしていくんじゃあ。

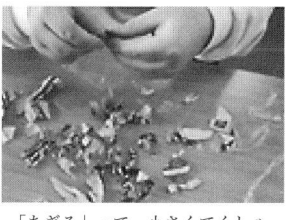

「やぶる」って、ちょっとはくしゃくしゃになるんじゃけど、切れとるところが斜めやガタガタなんじゃない？

「ちぎる」って、小さくてくしゃくしゃになるなあ。「きる」とは、なにがちがうんじゃろ？

図8-1　「さく」「ちぎる」「やぶる」動作と子どもたち

241

生活科 **小単元「あきと あそぼう」**

【子どもたちの願い】・どんぐりならべをしたい。 ・どんぐりやまつぼっくりの数比べができる。
　　　　　　　　　・どんぐりで楽器を作りたい。→発表会がしたい。
　　　　　　　　　・秋のものを使っておもちゃ作りがしたい。

【学習活動】
・大単元「あきと なかよし」での学習計画より、秋見つけに行く。秋の自然に触れたり、まつぼっくりやどんぐりなどの自然物を採集したりして、工夫して遊ぶ。■●
・見つけた秋を言葉や体で表現したり、まつぼっくりやどんぐりを数えたり、数の違いを考えたりする。

【評価規準】
・紅葉の美しさや秋風の心地よさ、色や形、大きさなどの違う木の実や葉があることに気付いている。
・諸感覚を使って見つけた秋を、比べたり、例えたり、言葉で表現したりしている。
・身近な秋を進んで見つけようとしている。

秋見つけ当日

算数科「10よりおおきいかず」
「たしざん」「ひきざん」
採集したどんぐりやまつぼっくりなどを数えたり、多さ比べをしたりする。

秋見つけ後

国語科「こんなことがあったよ」
秋見つけで楽しかったことや見つけたことを絵と文で表現する。

音楽科「はるなつあきふゆ」
秋の歌詞の部分で、秋見つけを想起し、どんぐりを抱えるリスの様子を言語化・動作化しながら歌う。

体育科「あき見つけたよ～どんぐりころころ～」
どんぐりや葉っぱなどの秋の自然物の動きの特徴を捉えて、その動きを出し合う中で、どんぐりや落ち葉になりきって表現する。

学校行事「音楽発表会」
合奏に、秋見つけで採集したどんぐりや葉っぱを使った楽器を取り入れて演奏する。

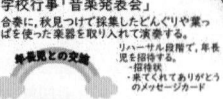

図画工作科「ならべてならべて」
秋見つけで採集した材料の形や色を生かして並べ、造形活動を楽しむ。

↓

次の小単元「おいでよ あきの テーマパーク」へ つなぐ

図8-2　1年生の生活科単元「あきとあそぼう」

ち葉を使っておもちゃをつくり、園児を招待して楽しんでもらう活動を計画したのだった。

1年生たちが招待のしかたを学ぶために、2年生の生活科単元「おもちゃランドへようこそ」に招待してもらい、2年生の姿から招待のしかた、会のプログラム、下級生への関わり方などのイメージをつくり、園児に楽しんでもらうために一生懸命考え、計画した。園児の先輩として、園児へ思いやりのある声かけができるように配慮して、ゲームの道具の並べ方を考えたり、時間を測ったり、得点を計算したりした。

この活動の中に、含まれている学びは何か。数を数えること、計算をすること、ゲームの遊び方を知らない年下の子どもに説明すること。これらは、国語、算数、図工の単元の学びを包括する。年下の、自分たちより知識が少ない子どもたちを思いやり、楽しんでもらえるように一生懸命計画する。教科を横断し、自分のもつ知識を統合し、使い、作品をつくる。それをことばで表現したり説明したりする。なんと豊かな学びだろうか。

2　時間概念の記号接地
——プレイフル・ラーニングの実践1

時間概念の接地——「時間どりじゃんけん」

次に、福山市B小学校2年生の算数の授業で行われた「時間どりじゃんけん」を紹介しよう。子ども一人ひとりに六角形1個、台形2個、ダイヤ形3個、三角形6個のブロックが渡される。それぞれの形が、その個数で1時間に

第8章　記号接地を助ける……　243

なる。つまり、合計で4時間分のブロックが割り当てられたことになる（図8-3）。

1時間＝60分	30分	20分	10分

ルール
○ 自分のチーム以外の人とじゃんけんをする。
○ パーで勝てば30分
　 チョキで勝てば20分
　 グーで勝てば10分を相手からもらう。
○ 最後にチームのパターンブロックを合わせた時間を
　 答える。

図8-3　時間どりじゃんけん

　このゲームは、「たつじんテスト」を実施して、子どもたちが時間の概念にとても苦労していることがわかったことから、担任の先生が過去の実践例をベースに工夫したものである。先生がルールの説明を最初にしたとき、子どもたちは明らかに混乱していた。1時間が60分ということが、よくわかっていない子どもがけっこういたのである。

　第5章や第7章で述べたように、時間は目に見えないので、記号接地が困難な概念のひとつである。こういう概念を接地するためには、量に置き換えて、時間を量として捉え、量を操作できるようにするしかない。その意味で、この遊びは記号接地を促すためにとてもよい。

　次に実際の授業での先生と子どもたちとのやり取りを紹

244　　第Ⅲ部

C：あ！ わかった！ 積み木のやつじゃ！
C：たくあん！ たくあん！
T：これが、1時間。
C：え？ え？ たくあんじゃなくて、1時間？
C：おれ、たくあんいつも食べとる！ おいしい
　　んだよね。

C：あ！ マグロ！ マグロ！ 2時間！ 火山！
　　お風呂！ こたつ！
T：これ1時間。これは……
C：2時間！ 2時間！ 30分！
T：この時間は？
C：30分じゃ！ 30分！
T：なんで？

C：1時間を半分に割ってるから。
C：1時間を半分に割るん？
C：1時間、2時間、3時間じゃないん？
C：どういうこと？ なんで30分？
C：1時間は60分だから、60分引く30分をし
　　たら30分になった。
C：でもさ、なんで30分かわからん。
C：12時30分のこと？（時間と時刻を混同）

図8-4 「時間どりじゃんけん」の授業風景（T：先生、C：子どもたち）

介しながら、説明してみたい（図8-4）。

　「時間どりじゃんけん」で子どもたちは、黄色い六角形
（たくあん）が1時間のとき、赤い台形（マグロ）は、半分の
30分なのか、倍の2時間なのか、わからなくなってしま
っていた。時間と時刻も混同して、わけがわからなくなっ
てしまった子どももいた。しかし、チームで時間どりじゃ
んけんをして「取れた時間を競争する」という遊びの設定
の中で、ルールをだいたいつかんでいった。

第8章 記号接地を助ける……　245

なんとか「じゃんけんに勝てばブロックをもらえる」ということを理解できたところで、ゲームははじまった。チームに分かれ、自分のチーム以外の人とじゃんけんをする。そのとき、勝てば相手からブロックをもらえ、負ければ相手にあげなければならない。パーで勝てば30分、チョキで勝てば20分、グーで勝てば10分をもらえる。パーで勝つと断然お得だ。10分を単位にしてその何倍がどの形、というところまで理解できなくても、グー、チョキ、パーで勝てば、それぞれどの形のブロックをもらえるのか、負ければどのブロックを差し出すのかを覚えれば、とりあえずゲームには参加できる。そこがこのゲームのよいところだ。最低限のルールを覚えれば、このゲームで遊べる。そのうちに、三角形が二つならダイヤ形になり、三つ集まると30分で台形になる、それが20分、30分という時間の量の関係に対応することが、感覚的にわかってくる。先生に教えられてもよくわからなかった10分と30分と1時間の量の対応づけが、少しずつ理解できるようになっていった。つまり記号接地がだんだんできてきたのである（しかしここから先のやり取りから、ほんとうの接地にはまだ時間がかかりそうだった……）。

集計することで数え方の工夫のしかたを学ぶ

　しかし、この遊び（「たたかい」）のもっとも大事で、子どもたちがわくわくするところはこれからだ。チームの戦闘員が敵から奪った時間を集計するのだ。

　Aグループの集計は図8-5のように進んでいった。

（Aグループは……）
種類ごとに分けて、時間を合計している。
C：10分、20分、30分……90分、100分、110分、111分？、
　　あっ 120分、130分、140分……200分、210分、220分、
　　230分、280分、290分、300分、310分、320分、330分、
　　340分！　340分！
　　（10分ごとに数えることは難しい）
C：（黄色）1・2・3・4時間
C：ちょっと待って！　いいこと考えたよ！
C：ちょっと数えてもいい？
C：1回タワーにして、最後に何時間か数えよう！
C：1・2・3……15・16・17時間2分！
　　（10分が2こを「2分」と言う）

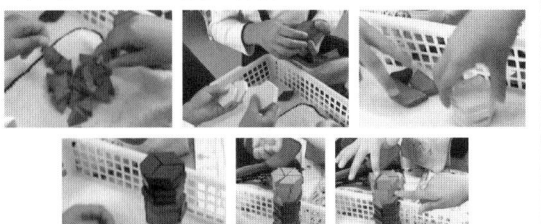

図8-5　集計の様子（T：先生、C：子どもたち）

　最初はブロックの形ごとに集めて、足していこうとした。
しかし、10分ずつ足していくと、数が大きくなるにつれ、
覚えきれずに間違えてしまう子どもがでてきた。作業記憶
が追い付かなくなってしまっているのだ。しかしここで、
六角形なら数が少なくて、しかも一つが1時間なのだから、
三角形を数えるよりも六角形を数えるほうが楽だと、だれ
かが気がついた。さらに、六角形をつくるために、形が違

第8章　記号接地を助ける……　　247

うブロックを混ぜてもよいことに気づいた。これはとても大事な気づきだ。このように、正確に数えるための方略をチームで力を合わせて考えていった。

このＡグループは、六角形のタワーをつくり、タワーが何段あるかを数えようとした。しかし、数えているうちに、どこまで数えたかわからなくなってしまう。この後、指で触れていたタワーは崩れてしまった。

Ａグループの失敗を見ていた別のチームは、積み上げるよりも、平らに並べたほうが数えやすいことに気づいた（図8-6）。「三人寄れば文殊の知恵」ということわざがあるが、複数の頭で考えると一人では思いつかなかったことを考えつく。他のチームでやっていることからもヒントをもらえる。これこそが個別にタブレットでする学習では味わえない協働学習の醍醐味だ。

図8-6　平らに並べた六角形

接地は直線的ではなく、らせん状に起こる

しかし、時間の記号接地は一筋縄ではいかない。先生に、だれかチームの集計の結果を言ってくれる人、と言われて

248　第Ⅲ部

意気揚々と手を挙げた A 君。

「ぼくの計算では、4 時間 10 分、つまり 410 分だと思います」。

第 1 章で時間の計算をする文章題に取り組んだ子どもたちの多くが、5 時間 10 分を 510 分に単位変換していたことを思い出してほしい。それと全く同じだ。仲間たちに、「なんで 410 分？」と聞かれて A 君は混乱して答えられなくなってしまった。

時間は目に見えないから抽象的で難しい。それを量に対応づけることで、なんとか「1 時間は 60 分」が接地しかけた。しかし、それだけで、すぐに時間の単位変換が無意識のうちにできるようになるわけではない。**子どもたちに必要なのは、頭でなんとなくわかりかけた、つまり接地しかけている概念を何度も使い、身体の一部にすること**だ。

算数の単元の先をしてもよい

「時間どりじゃんけん」が優れているのは、子どもたちが遊ぶことで学ぶ概念が、時間概念に限定されず、他の概念にもつながっていることだ。例えば、図形の形。六角形は三角形六つにも、台形二つにも分解できる。台形はダイヤ形と三角形に分解できる。形を分解し、それを組み合わせて別の形をつくる。そういうことを、「形についての単元」ではないところで経験する。その経験が、「図形」を学習するときに生きてきて、図形の単元で学ぶときに記号接地が楽になる。

この遊びでは「割合」の概念も、先取りして経験するこ

とができる。三角形のブロックが三つ集まると台形になる。つまり三角形と台形の面積の比率は1対3で、台形の面積は三角形の3倍。台形二つで六角形だから、台形と六角形の面積比は1対2。三角形と六角形の比率は1対6で、三角形の面積の6倍が六角形になる。

　割合や比率は小学校の算数で子どもたちがもっとも苦手とする単元の一つである（分数の意味がわからなければ割合の意味がわかるわけがないので無理もない）。もちろん低学年の子どもに、割合や比率のことを教える必要はない。でも「三角が六つ集まると六角形ができるね」「三角形三つ分でこの形（台形）になるね」くらいは言ってよい（「だいけいって何？」と子どもが聞いたらブロックを見せて「こういうのを台形っていうんだよ」と教えてあげるとよい）。

　このように、教科の単元で習っていないことでも遊びの中で少し先取りをして経験させる。詳しい説明はしない。感覚的に少しでも覚えて記憶できれば、後で単元で学ぶときの接地に役立つかもしれない。

　そもそも**日本では、子どもに「まだこれは習っていないからこの概念を授業で使ってはいけない」が多すぎる。**先生たちが気を使いすぎるのだ。しかし、教科単元で習っていないことでも遊びや生活の中で経験があれば、単元の中でことばで説明されたときに、抽象的な概念が具体的な経験と結びつけやすくなる。つまり記号接地がしやすくなる。まだ単元では習っていない概念については、特には教えず、説明もせず、しかし遊びや生活の中で必要なら使って経験させる。子どもが質問したら、完全でなくても、子どもが

250　　第III部

わかる範囲で説明することは別に悪いことではまったくない。ただし子どもが「理解して覚える」ことは期待しない。そういうスタンスこそが、記号接地を助けるのである。

創造を生み出す失敗（Productive Failure）

抽象的な概念はすぐには接地できない。接地しかけても必要なときにすぐに取り出せて問題解決に使える「生きた知識」にまで育てるには、その知識を使うたくさんの練習が必要だ。たくさん間違えることも必要だ。

失敗は学びにとても大事だ。これはきれいごとではない。認知心理学的にとても意味があることなのだ。学習科学で今とてもホットな話題は「プロダクティヴ・フェイラー」という理論だ。日本語に訳すとしたら「創造を生み出す失敗」だろうか。難しい概念でも、子どもに自分の限られた知識を使って考えさせる。つまりアブダクション推論をさせる。自分で考えて、仮説を立てたり予想をしたりする。実験などで実際に試してみて誤りだとわかる。すると、その経験は通常よりも深く記憶に刻まれ、失敗しなかったときよりも高い学習効果が得られる。一言でいえばそれが「創造を生み出す失敗」だ。

第2章で述べたように、スキーマは暗黙の知識の塊のようなもので、いたるところで顔を出す。情報の選択や記憶など、学習にもっとも大事な部分で影響を与える。一度形成されたスキーマを根本から修正することはとても難しい。時間概念に関しては、10進法のスキーマが無意識に60進法の単位変換の邪魔をしているのだと考えられる。

頭では、1時間は60分とわかっていても、つい、肝心なときに4時間10分は410分と答えてしまう。これは第6章で述べたシステム1の思考だ。**このシステム1の「つい○○と考えてしまう・してしまう」を、システム2を効かせて制御する習慣をつけたい。そのとき、もっとも効果があることが失敗することなのだ。**失敗が意識できると、スキーマの存在に注意を払うことができるようになり、自分のスキーマが正しいかどうかを振り返ることができるようになる。つまりシステム2の思考にスイッチできるようになるということだ。

　遊びの中での、特に楽しみながら競争する遊びの中での失敗は、とても効果的だ。教室で先生に指名されて答えて「間違っているよ」と指摘されたら、小学生でも恥ずかしいと思う。指名されるのを避けるために、先生の質問に手を挙げず、下を向いてしまうようになるかもしれない。しかし遊びの場面で、いっしょに遊んでいる仲間に「間違っているよ」と言われても気にならないだろう。それが勝敗にかかわるとなれば、なんとしても何で自分が間違っているのか理由を突き止め、誤りを修正しようと思うだろう。「くやしい」「次は勝ちたい」という感情と結びついた失敗は、スキーマの修正を促し、記憶も定着しやすい。「間違ったら恥ずかしい」というプレッシャーがない状況で失敗をしながら、誤ったスキーマを修正し、何度も繰り返し練習することで、記号接地した概念を身体の一部になるまで定着させる。そのときに、作業記憶、注意の制御（実行機能）を使う練習ができ、学習にもっとも大事な認知能力も

促進される。それを可能にするのがプレイフル・ラーニングなのである。

　いろいろな遊びをして接地を確実にする

　子どもでも大人でも、何かを接地していない状態から接地させ、完全に身体化するにはある程度長い時間をかけ、訓練を続けなければならない。自転車に乗る練習の場合は、補助輪なしで一度乗れるようになると、そのあとはすいすい乗れるようになる。しかし、難しい技はそうはいかない。例えば体操の難しい技がすぐできるようになるとは、だれも思わないだろう。ある技を自分のものにするには、何度も何度も繰り返し、時間をかけて練習する必要がある。一度うまくできても、次はできないかもしれない。成功の確率が最初は50回に1回だったのが、だんだん上がってきて、10回に1回、さらに2回に1回になる。最後は10回トライして失敗のほうが少なくなったら、その技を「身体が覚えた」と言えるだろう。それはスポーツに限らない。時間の概念の接地も同じだ。

　「時間どりじゃんけん」をすることで、ずいぶん時間の量感覚がわかってきて、接地が進んだ。これを身体の一部にするには、どうしたらよいか。ドリルで練習すればよいのか？　それはダメだ。せっかく楽しくなった学びが、また退屈で無味乾燥なものになってしまい、何のためにそれを学ぶのか、わからなくなってしまう。

第8章　記号接地を助ける……　　253

分散学習と多様学習

ドリルでないとしたら、何をしたらよいのか。時間を使った別の遊びをするのだ。学習科学で、有効性が確立した学習法がある。**分散学習と多様学習**だ。分散学習は、あることを学習するのに、同じことを一気に集中して学習するより、少し間を置きながら分散して繰り返し学習するほうが記憶の定着がよいという理論である。多様学習は、あることを学習して定着させるのに、同じことを繰り返すより、多様な環境で学ぶほうが定着がよい、という理論である。どちらの学習法も、人間の記憶や学習の仕組みの観点から、理に適っている。

同じことを続けていると、身体は慣れていく半面、気持ちが緩んできて、集中がしにくくなる（もちろん学習者のモチベーションによるので、一般的にはということで理解してほしい）。子どもはとくに飽きやすい。だから同じことを短期間に集中して勉強するより、少しずつ時間を空けながらしたほうが記憶の定着はよい。その意味で、一夜漬けは効果がうすい。というより、試験が終わったらすぐに忘れてしまう。効果的なのは、練習の時間が長くなりすぎないように、一定の時間集中したらその後休むか、別メニューで練習するというやり方だ。

多様学習というのは、その意味で、たいへん効果的だ。多様学習は違うことをしていくので学び手は飽きにくく、学びの集中力が持続できる。さらに、同じ概念（あるいは同じ技）を異なる文脈で使う練習をするので、応用がききやすくなる。言い換えれば「生きた知識」を習得しやすくな

254　第Ⅲ部

るということだ。例えば、バスケットボールで3点取れる長距離シュートを練習するとき、同じ場所から打ち続ける練習をするより、距離や角度を少しずつ変えながら打ったほうがよい。同じ地点からばかりシュートを打つ練習を続けていると、その場所からのシュートの成功率は上がるだろう。しかし、実際の試合では、状況に応じて様々な地点からシュートを打たなければならないので、多様な状況での練習こそ必要なのだ。同じ地点、同じ環境で同じ練習を続けていると、頭（脳）も身体もその環境のもとで順応し、最適化を図ろうとする。すると、ちょっと環境が変わると適応できなくなるリスクが生まれる。**臨機応変にパフォーマンスができるようになるには多様学習を心がけなければならないのである。**

「時計カルタ」で時間の操作を確実に身体化する

　時間概念の接地を促進する問題に戻ろう。ずいぶん脱線して理屈ばかり言っていると思った読者もいるかもしれないが、記号接地が難しい抽象的な概念の接地を定着させ、身体化するところまでもっていくには、多様な形で楽しみながら概念を使う練習をすることが必須なのだ。その理屈を理解してほしかったのである。これまでの教育実践ではその観点が足りなかったように思う。丁寧に教えて、子どもがそのときは理解して納得した様子だと、「わかったね」として、次の単元に移ってしまい、せっかく理解した概念を使う練習をしない。すると、そのときは理解していても、すぐに忘れてしまう。それが人間というものなのだが、

第8章　記号接地を助ける……　　255

そのようなサイクルが続けられている印象だ。

　学習した単元を完全に身体化するまで続けることは現実的には無理なことは承知している。だから、授業時間の外（ほか）で、例えば休み時間や、朝の時間など、ちょっとした隙間時間にできる遊びで、学習した概念を使う練習をするのが有効だ。

　時間の概念を身体化させるために、筆者は慶應義塾大学SFCの今井研究室の学生たちと「時計カルタ」を考案した。小学校低学年の子どもたちは、そもそもアナログ時計を読むことにとても苦労している。時計の長針と短針が、時間の推移とともにどう動いていくのかを知らない子どももいる。時計の秒針が一回りで1分、すると分針が一目盛り進み、60回進むと1時間経ったことにリアリティを感じられないと、時間概念の接地は難しい。

　時計を読めるようになるにも練習して熟練することが必要だ。時間の進みや戻りを、手で針を動かして確認しないとわからない状態から、頭の中で操作できるようになると時間概念の接地が進むはずだ。

　「時計カルタ」はいたってシンプルだ。時刻を示した時計の絵が1枚のカードになっている（取り札）。この取り札は百人一首のように、机にランダムに並べてある。一方、読み札には簡単な文章が書いてある。例えば「きょうもいちにちがんばろう！　ごぜん8じはん」などと時間が書かれている。だれかが読み札を読んだら、その時刻を示している時計のカードを一斉に探す。百人一首方式だ。一番早くに正しいカードを取れた人が、そのカードを自分のもの

にできる。お手つき（間違ったカードを取る）は1回パスしなければならない（図8-7）。

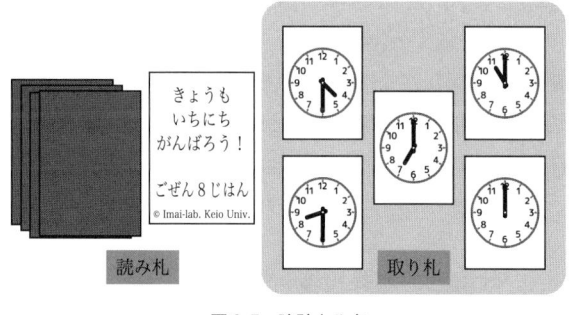

図8-7　時計カルタ

　子どもたちが熟達してきて、時計カード（取り札）を楽に取れるようになったら、少し難易度をあげる。それが子どもを飽きさせないコツだ。ちょっと難しくなったバージョンでは、読み札に「ゆうごはんは6じだよ。あといちじかんだ。今日はからあげだって。たのしみだな。いまなんじかな？」などと書かれていて、子どもたちは、読み札から今の時刻を「推論」してその時刻を示した時計カードを探す。こうなると、読み札の文章、すなわちテキストの読解をして、時計を頭の中で動かして、時刻を推論し、カードのビジュアルイメージを思い浮かべることをしなければならない。つまり、かなり複雑な情報処理が必要になる。この遊びは、テキストを読み、理解し、情報を一時的に記憶し、心の中で情報操作をするという、複雑な認知過程を行って、初めて正しいカードが取れるのである。上級者

バージョンだと、小学校高学年の子どもでも楽しめるのではないか。

このカードゲーム（初心者バージョン）をある小学校の1、2年生の学級においておいたら、子どもたちはキャーキャー言いながら夢中で楽しんでいた。このカードゲームは、時間の概念を身体化することだけでなく、読みの練習にも、作業記憶や実行機能の訓練にもなる。楽しみながら、一石三鳥以上の効果が期待できるのだ。

3 分数概念の記号接地
——プレイフル・ラーニングの実践2

分数概念の記号接地

前にも述べたが、分数概念もまた、記号接地が難しい概念だ。時間概念と違って分数の記号は視覚的に量に対応づけやすい。それなのになぜ子どもは分数概念の接地に、これほど苦労するのだろうか？

難しさの原因のひとつは、数がシステムであるということだ。整数・小数など、分数でない数との関係性を理解できなければ分数概念は習得できない。多くの子どもたちは、数の相対性の理解ができていないということをすでに述べた。特に分数と整数・小数との関係づけができていないようだ。たつじんテスト小学生版「かずのたつじん①」で、0から1までの数直線上で、ある数の位置を求めたとき、0.5の位置は数直線上のちょうど中央で、0.1ごとの補助目盛りの五つめだということはできるのに、$\frac{1}{2}$の位置は5年生でもわからない子どもが大勢いたことを思い出して

258　第III部

ほしい。$\frac{1}{3}$ のほうが $\frac{1}{2}$ よりも大きいという小学5年生が数多くいることを第4章で述べた。

分数という概念を接地するためには、まず分数の量感を感覚的に理解する必要がある。そのためには分数だけをピザやケーキなどの量に対応づけるのでは不十分で、整数や小数と比べてどのくらいの量なのかという感覚をもつ必要がある。

そこで筆者は「時計カルタ」につづき、研究室の学生たちとカードゲームを考え、「分数のたつじんトランプ」と名づけた。子どもたちには分数の概念を必要なときにいつでも取り出せ、自由自在に使える「分数のたつじん」になってほしい。その思いを込めて命名した。

遊び方はトランプの「大富豪ゲーム」と似ている。まず遊ぶ材料としてカードを用意する。カードには例えば、0から2までの分数と小数が書いてある。分数は、子どもたちが普段あまり見ることがない表記で、$\frac{3}{3}$ や $\frac{6}{3}$ のように約分すれば整数になる数や、$\frac{5}{4}$ や $\frac{4}{3}$ のような整数にならない仮分数も含まれている。1.25 や 0.75 のような小数もある。全部でトランプと同じ53枚で1セットになる。セットにはジョーカーも2枚含まれている。ジョーカーを持っている人は、ジョーカーを好きな数にして使うことができる。

じゃんけんで一番にカードを出せる人を決める。その人から時計回りに順番にカードを出していく。今出ているカードの数より大きい数しか出せない。つまり、ゲームをするためには、自分の手持ちの手札の中から、今出ているカ

第8章　記号接地を助ける……　259

ードより大きいものを探さなければならない。手元に出せるカードがなければパスをする。パスは何回してもよいが、パスをすると自分のカードが減っていかないので、自分の番ではなるべく出したい。ただし小さい数が手元に残ってしまうと、他の人が出した数より大きいものがなくて出せなくなってしまうので、手元にある、今の数より大きい数の中で、なるべく小さい数を出したほうが有利だ。このゲームに勝つには、分数や小数の量の感覚がわからないといけないのだ。

$\frac{1}{2}$ や $\frac{1}{3}$ の量がわからない子どもたちにもこのゲームができるようにビジュアルヒントをつけた。カードの下に量を表すモノの絵と 2 本線が描かれている。モノは 3 種類で、リンゴ、ピザ、水（コップ）である。なぜ 3 種類のモノを用意したのか。前にも述べたように、1 種類だと分数の概念をそのモノに結びつけてしまい、$\frac{1}{2}$ はピザ半分のことだと「過少一般化」をしてしまう恐れがある。$\frac{1}{2}$ はどんな対象でも、その「正確に半分」の量が $\frac{1}{2}$ だと子どもたちが自分で気づくように、3 種類のモノのセットをつくったのである。数字の表す量がわからなくても、絵の量を見ればその数が表す量がわかり、ゲームに参加できる。

　カードにはもうひとつ別のヒントもある。絵の下に 2 本線が描いてある。1 本は 1 に相当し、線 2 本で 2 になる。カードに書かれた数の量の分だけ、線が濃く塗られている。つまり、カードには数の量を表すヒントが二重にある。子どもは、モノの量と線の長さとどちらもヒントとして使う

ことができる。数の量の感覚を、丸などに限定した対象の分量でなく、どんな媒体でも、その完全な姿を1としたときに、相対的な割合として数の示す量の感覚を得ることができるようになってほしいので、このような二重のヒントを1枚のカード上で与えることにした（図8-8）。

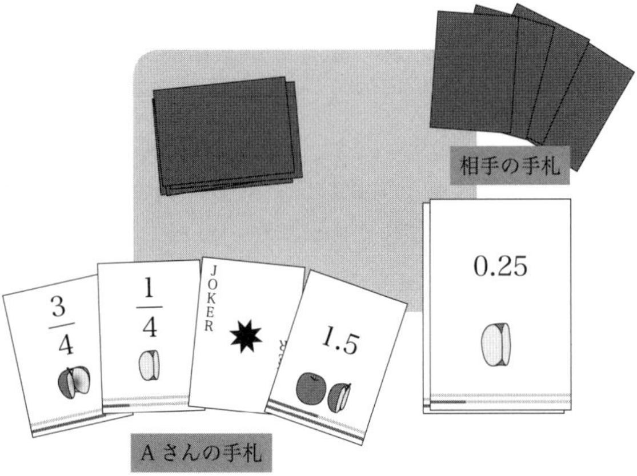

図8-8　分数のたつじんトランプ

　子どもたちはどう遊び、何に気づいたか

　子どもたちがこのカードゲームで楽しんで遊べるかを見るために、小学2、3年生の複数の学級でゲームを実施してもらい、その様子を観察した。やはり勝負となると、子どもたちは、がぜんはりきっていた。3年生のクラスでは、すでに分数の単元の学習はすんでいたが、やはり、分数の接地はできておらず、数を見て、今出されているカー

第8章　記号接地を助ける……　　261

ドよりも大きい数をすぐに自分の手札の中で探すのは、む
ずかしそうだった。分数と小数の比較は難しいし、分母が
異なる分数の大小関係もわからない様子だった。

　しかし子どもたちはめげていなかったし、ゲームをやめ
ることもしなかった。ほんとうの勝負だと、ゲームに参加
する他の人たちに自分の手札を隠して戦略を立てる。しか
し、彼ら彼女らは、隣の子どもと手札を見せ合い、「これ
出せる？」「出せんよ」などと、教え合って楽しんでいた。

　子どもたちは、ヒントを非常に上手に使っていた。数を
見ただけでは、現在出されている数と自分の手札の数の
大小がわからなくても、リンゴなどのヒントを見て、出せ
るか出せないかを決めていた。ただ、$\frac{5}{4}$(1.25) と $\frac{4}{3}$(1.33)
のような数だとどちらが多いのか、同じ絵どうしだとはっ
きりわからない。そのときはカードを２枚重ねて２本線で
量を比べて数の大小を決めていた。こういうことは先生に
教えてもらったわけではなく、子どもたちが自分たちで編
み出した方略だ。それを互いに教え合っていた。

　最初はリンゴ、ピザ、水のうち、どれか１種類だけでゲー
ムをしたほうがわかりやすい。しかし慣れてきたら３種
類を混ぜてやってみる。するといま出ている数が $\frac{1}{3}$ で、
自分の持っている手札に $\frac{1}{2}$(ピザ) と $\frac{1}{4}$(水)があったとき、
どちらを出せるか考えるのに、絵を直接比べて判断するの
は難しくなる。つまり、ビジュアルヒントが減ってしまっ
たわけだ。しかしまだ２本線ヒントはあるから、わからな
ければそちらを使うことはできる。このようにして、ビ
ジュアルヒントに頼る度合いを少しずつ減らして、記号

（数字）だけで大小がすぐわかるようにしていく。**これもブートストラッピングを促すやり方**だ。最初は、抽象的な概念が取り出せない状態でもアクセスできるビジュアル的な手がかりを使うことで数の大小を決めていくが、最終的には手がかり無しでも、自分の頭の中で量のイメージをつくれるようになるのだ。そうなったら数と量の対応関係が身体化されたことになる。

1年生の遊び方

　1年生はまだ分数も小数も学んでいないので、「分数のたつじんトランプ」で1年生が遊ぶことは想定していなかった。しかし想定外のことが起こった。上級生が数のトランプで遊んで楽しそうにしているのを知り、1年生が自分たちもこれで遊びたいと言い出した。

　担任の先生は、カードの遊び方を1年生が理解できるように、まず、分数・小数は入らない整数だけのセットをつくってくれた。セットには、1から10までの整数が書かれているが、飴玉が6個ある絵や鉛筆が8本書かれている絵も含まれていた。子どもたちはそのカードセットを使って、今出ているカードの数より大きい数なら出せるというカードゲームの基本ルールを学んだ。

　さらに、彼らはお兄さん、お姉さんたちのカードで遊ぶ準備として、まず、リンゴセット、ピザセット、お水セットのそれぞれを（分数・小数も含めて）小さい数から大きい数に並べていくことをみんなでしていた。これも一見「勉強」のように見えるが、子どもたちは「遊び」として捉え、

第8章　記号接地を助ける……　　263

楽しんでいた。そもそも、彼ら彼女らは分数・小数の記号の意味を知らない。だから絵だけを見て、絵を頼りに量の大小を決め、並べていた(図8-9)。

図8-9　量の大小でトランプを並べる

　彼らの様子を見て、筆者は「これこそ分数の記号接地」を可能にする学び方だ、と思った。記号の読み方すら知らないうちに、量を示す絵を頼りに大小を比較しながら並べていく。慣れたらゲームをする。何回もゲームをしていくうちに、ゲームがどんどんスムーズに、スピード感をもってできるようになる。絵を見てすぐに大小の判断ができるようになったのだ。

　絵を手がかりにカードの大小関係を決めてゲームをしていくと、記号(数)が自然に目に入ってくる。遊びを繰り返すうちに、絵の量に対応する記号をなんとなく覚えてしまう。もちろん意味はわからない。しかし、量と記号の対応づけを覚えると、記号の意味が気になってくる。「$\frac{1}{2}$」や「$\frac{1}{3}$」はわからなくても、2や3という数はもちろん知っている。3が2よりも大きいことも知っている。しかし、

絵では $\frac{1}{2}$ のほうが $\frac{1}{3}$ より量が多いことに気づく。なぜだろう、と不思議に思う。

　子どもが自分でそう思ったら、もう、記号接地は半分できている。こういう疑問をもって分数の単元の授業を聞いたら、もちろん、記号の「意味」を知ろうとして注意を向ける。分数の記号接地ができていない子どもは分数の意味がわからない。横棒の上の数字と下の数字が何を意味するのかがわからないし、そもそも $\frac{1}{2}$ がそれひとつでひとつの数を表すということも、わからないのだ。しかし、「分数のたつじんトランプ」で遊びながら量と記号の関係、つまり大きい数が下にくると量が少ないということに自分で気づいたら、分数に「意味」があることに気づき、「意味」を知りたいと思う。先生の説明に注意を向ける。このことで多くの子どもたちがつまずく分数概念の記号接地の足場をかけることができるのである。

間違えたら大人はどうするべきか？

　筆者は小学3年生がこのゲームで遊んでいるときに、非常に興味深いシーンを目撃した。「分数のたつじんトランプ」は「2」がもっとも大きい数だ。だから「2」をだれかが出したら流れるはずだ。しかし、そこでジョーカーを持っていた子どもがジョーカーを出しながら「これ4」と言った。もちろん4より大きい数はセットにない。しかし、別の子どもが意気揚々と「おれ出せる」と言って出したのは「$\frac{7}{4}$」のカードだった。そのとき、いっしょに遊んでいた他の4人の子どもも全員それを受け入れ、そのターンは

第8章　記号接地を助ける……　　265

その子どもが流した。だれも「$\frac{7}{4}$」が4よりも大きいということに異議を唱えなかったのだ。

　筆者はそれを見ていたが、敢えて、間違っていると指摘しなかった（担任の先生には伝えた）。その場で筆者が「$\frac{7}{4}$は4より小さいよ」と言ったとしたら、子どもたちは何を学ぶだろうか？　たぶん何も学ばない。「大人がそう言うんだから」とその場は受け入れるだろう。しかしなぜ$\frac{7}{4}$が4よりも小さいのか、理解はしないだろうし、理解しようともしないだろう。

　このゲームを子どもたちがずっと続けていったら、いつか必ずだれかがヒントの絵と下の2本線を見て「$\frac{7}{4}$は4より大きくない」ということに気づく。ゲーム中に、勝負がかかった場面でそう言われたら、子どもたちの間で議論が始まるだろう。そして「$\frac{7}{4}$」の意味について、みんなで考えるだろう。**話し合って、考えて、子どもたちが$\frac{7}{4}$の7と4はどういう意味かを考えて、自分で発見したら、それはずっと忘れないはずだ。それはまさに「創造を生む失敗」となる**はずである。

4　知識を身体化できるのは学び手のみ

つまずいてしまった中学生にどう対処するか

　小学校の教科の学習、特に算数でつまずいてしまって、学校に来るのがいやになってしまった中学生に、どう対処するか。全国の学校が抱える大きな問題である。

　中学校では、学ぶために必要な前提知識は小学校までに

「習得している」ことを前提に授業が進められ、学習指導要領で定められた内容はとにかくカバーしなければならないと先生たちは思っている。しかし、分数の概念やそれに関連する割合、比、密度、速度などの概念が接地できていない状態で、中学生用の学習指導要領で定められた数学や理科を理解させようとすることにはかなり無理がある。

　もちろん、そういう生徒に学習指導要領の内容を学修させることをあきらめたほうがよいということでは、まったくない。それは最初に明言しておきたい。しかし、**単元の学習の前提となる概念がきちんと習得されているか、誤ったスキーマをもっていないかどうかを確認するべきだ。もし前提が満たされていなかったら、前提となる基本概念を接地させるところまで戻るべき**だ。人は、根幹の概念にきちんと記号接地できていないと、そこから先に進むことができない。「たつじんテスト」中学生版で明らかになったことだ。

　PISA テストでは「数学的リテラシーが低い」という結果
　2022 年に行われた PISA テスト（15 歳対象）の結果から浮き彫りになった課題について特集した、2023 年 12 月 5 日付の朝日新聞の電子版記事を読んだ[2]。日本の高校 1 年生は数学的リテラシーに課題があるとし、生徒へのアンケー

---

(2) 植松佳香・高嶋将之・高浜行人「日本の 15 歳、数学的リテラシーに課題　教諭ら「授業する余裕ない」」（朝日新聞 2023 年 12 月 5 日、朝日新聞デジタル https://www.asahi.com/articles/ASRD54V05RCXUTIL02D.html［2024 年 4 月 28 日閲覧］）

トで、数学の授業で「日常生活とからめた指導を受けている」と答えた割合が低かったと報告されていた。また「先生は日常生活で数学がどう役立つか示して見せた」と答えた割合は計 28.0％ で、37 か国中で最低だったという残念な結果が報告されていた。

　実際、高校に進学する前——中学の数学の授業で生徒たちはどういうことを学習しているのだろうか。ある市の指導主事の方の話だが、中学 3 年生の授業を見学しているときに、生徒たちは代数の問題に取り組んでいた。そのとき先生はこのような問題を出していた。

$$3ab + ab =$$
$$4x + 7y =$$
$$2x + 3x =$$

　この問題に対して、4 割くらいの生徒たちが、以下のように解答をしていたそうだ。

$$3ab + ab = 3a^2b^2$$
$$4x + 7y = 11xy$$
$$2x + 3x = 5x^2$$

　ab が 2 回出てくるから、ab の二乗。x と y を合体させて、xy。前の数字を足して 11 だから、$11xy$。この答えはある意味では自然な（ただし誤った）アブダクション推論だ。a や x が何を指すのか、なぜこれらの記号を使うのか。意味が

268　第Ⅲ部

わかっていない。ab が a と b をかけたもので、足したものではないということもわからない。二乗の意味もわからない。こういう状態で、生活に紐づけろというのはまったく無理な話だ。しかし、代数の授業を、いきなり、「どの数も表せる一般的な記号として a や x を使うんだよ。じゃあ、問題を解いてみようか」としてしまってはいないだろうか。これでは、算数・数学を学習する意味が子どもにわからないのは当然のことだ。

やはり、算数・数学で学ぶことを、そしてそこで使う記号を記号接地させるしかない。日常の具体として $3ab$ にあたる様々な例を生徒に考えさせ、そのうえで、それらの具体的な例を一つの式で一般的に表したらどう表せるのかを考えさせる。そこから生徒自身が、$3ab$ の意味を考え、それにもうひとつ ab を加えたらどうなるべきかを考える。それが記号接地するために必要だ。

しかし、先の記事で取材に答えていた高校の先生曰く、「新学習指導要領で教える内容が増えた。教え込むのに手いっぱいで、実生活とからめた授業をする余裕がないと感じている教員も多い」。

事情は中学校でも同様だ。都内の公立中学校の 50 代教諭は「教科書には、日常生活とからめた問題が多くはない」と指摘する。自身は独自に開発した教材などを使うが、「多忙で教材が作成できず、教科書に依拠して授業をする教員は多い。その結果、日常生活との関連が弱くなりがちだ」と続けられていた。

第 8 章　記号接地を助ける……　　269

数学以外の教科と数学を結びつける

　算数・数学の抽象世界についていけなくなってしまった子どもたちが記号接地をするには、小学校3年生に戻り、そこから同じ時間(つまり現在中学2年生なら5年間)をかけなければ追い付くことができないということなのか?

　それは違う。中学生は生活経験が小学生より豊富だ。数学以外の分野の知識もたくさんもっている。中学生たちが生活で得た知識や他教科で学んだ知識を数学に結びつけられるように、大人(先生)たちが支援する。中学生になれば家庭で料理をする人が多いだろう。2人分として書かれているレシピを1人分にしたり、4人分にしたりする経験は料理をすればあるはずだ。そういう経験を分数や割合につなげるのだ。

　技術・家庭科や美術、音楽なども、分数、割合、比の概念に結びつける非常によい材料となる。以前、「たつじんテスト」中学生版の予備調査の結果を報告するため、ある中学校を訪ね、テストの結果とともに、多くの中学生が分数の意味がわかっていないと述べたとき、音楽の先生が「生徒たちが音符が読めない理由がわかった」と言っていた。全音符、2分音符、4分音符、8分音符、16分音符……。全音符の長さを「1」としたときにその半分が2分音符、さらにその半分が4分音符、だから4分音符四つ分で全音符になる。小学校の分数の知識で十分理解できるはずだ。しかし、音符が読めない生徒は、「違う形の音符に別の名前がついている」という認識しかないのだ。それぞれの音符の「意味」と、違う種類の音符の「関係性」を探

る活動をすれば、割合の概念につながる。ギターを弾けるようになりたい中学生はたくさんいるだろう。彼らにとって、音符の「意味がわかる」ようになりたいというモチベーションは非常に高いはずだ。

　技術・家庭科でエプロンを作ったり、マフラーやセーターなどを編む機会があれば、これもまた割合の知識を実践する絶好の機会になる。例えば編み物は、これから編もうとするセーターで使う毛糸と編針で「ゲージ」と呼ばれる10 cm×10 cmのパッチを編む。そのゲージで横10 cmの中に編み目が何目あるか、縦何段あるかを数える。完成させたいセーターの大きさから逆算して、横何目から編み上げるのかを、ゲージの編み目の割合を計算して決める。縦（長さ）の段数は、後から調整ができるが、横（幅）は最初の1段目の目の数を間違えると、セーターが小さすぎてしまい、せっかく編み上げたのに着ることができない悲劇が生まれてしまう。

　中学生の多くがまったく記号接地できていない分数、割合、比は生活のいたるところで使われ、技術・家庭科、音楽の学習には絶対に使う。体育でも使う。他教科の授業と数学の授業を連携させれば、分数や割合が接地できていない生徒が記号接地できる。中学生に、「小学校で学習した分数がわかっていないから小学校の分数をやり直しましょう」と言ったら、彼ら彼女らはプライドを傷つけられ、やる気が起きないだろう。しかし、ギターが弾けるようになりたいから音符を読み、おかずやお菓子を家族や友達のために作ってあげたい、自分のため、あるいは大切なだれか

第8章　記号接地を助ける……　　271

のためにマフラーやセーターを編みたいと思っている中学、高校生はたくさんいるはずだ。そういう文脈でなら、小学校で学修したことになっている分数、割合、比を、実践しながら振り返ることができる。これは確実にこの概念の記号接地を助けるはずだ。

中学の数学はたしかに抽象的で難しい。先ほどの a や b、x や y のように、特定の数から一般化した記号の操作が、できるようになってほしい。しかし、授業の中で、ことばで説明するだけで、つまり演繹推論だけで、ある抽象的な概念をいきなり接地することは、子どもはとても苦手だ（大人だって苦手だ）。**記号接地をするためには演繹推論ではなく、アブダクション推論が必要**なのだ。とりあえず、自分がしたい文脈の中で使ってみる。最初からうまくいくことは、ほとんどない。なぜうまくいかないのか振り返り、修正する。**抽象的で記号接地が困難な概念は、実践－失敗－修正のらせん状のブートストラッピングの過程を経て、徐々に接地し、コツをつかみ、最終的に直観的にすぐに取り出して使えるところまでもっていく。それが「身体化」された、「生きた知識」になるということである。難しい抽象的な概念を「生きた知識」にするにはそれ以外の方法はないのである**（図8-10）。

もちろん、抽象的な概念を一般化することが得意な人たちはいる。演繹推論が得意な人たちもいる。しかしそういう人たちは、具体から抽象化をし、一般化する（一般的な式を導き出す）ことが幼いころから好きで、そういう練習を幼児期から遊びの中で習慣的に行っていたのだろう。アイン

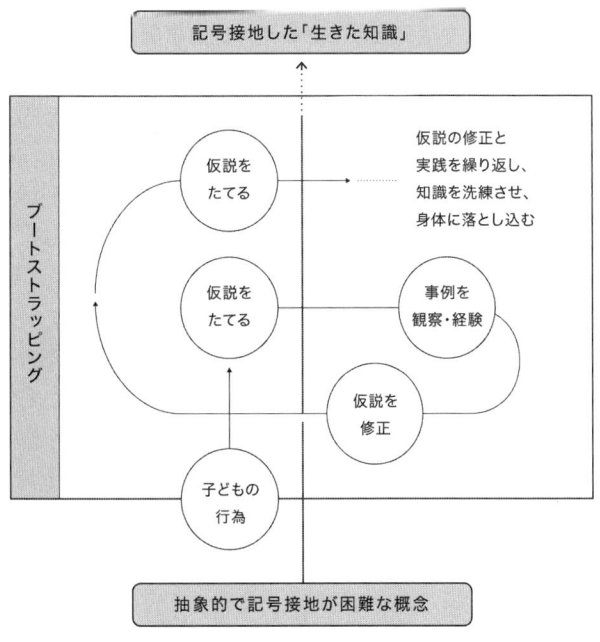

図8-10 「生きた知識」へのサイクル

シュタインのような天才でも、幼児のときから具体的な事例を見たとたんに数式が頭に浮かんだとは思えない。

　脱線してしまったが、**日本の15歳が「数学的リテラシーがない」というのは、概念を抽象的に説明するだけで式や定理を教え、そこからの演繹だけで生徒に「理解させよう」としているからである**。分数、割合、比などの基本概念は、概念を言語で教えられただけで、そこから演繹推論

第8章　記号接地を助ける……　　273

しただけでは、記号接地をできるはずもない。中学・高校で学習する代数、関数などはなおさらだ。だからこそ、**抽象的な概念を生活で経験できる具体的な事例に結びつけ、そこから学習者が自分で抽象化をしていく必要がある**。数学の授業時間だけではもちろん無理だ。しかし、先ほど述べたように、数学以外の教科、特に社会、音楽、美術、技術・家庭科、体育などで、数学に関係づけられ、記号接地を助ける機会は、創り出すことが可能である。もちろん、小学校でもおなじである。「算数・数学が記号接地できない」問題は、様々な教科の間の連携によって、はじめて解決できるものだろう。小学校では、生活科や総合学習の時間で、教科の垣根を超えた学習がずいぶん行われるようになった。中学でも総合的な探究学習の時間をもっと取り入れ、工夫するほうがよい。また、各教科の学びの中でも、それぞれの単元が、他の教科の単元学習にどのように関係しているかを考えながら、学校全体で工夫していくと、記号接地が困難な概念の接地に有効だろう。

プレイフル・ラーニングは中学生にも有効か

中学生にはプレイフル・ラーニングは通用しないだろうか？ 先ほど紹介した小学生用の「分数のたつじんトランプ」を中学生にも試してもらった。ただし、小学生と同じカードセットではなく、中学生が手に取って「小さい子どもの遊び」と思わないように、装いを変えた。具体的には、デザインをシンプルにし、リンゴやピザの絵をやめて、数直線のヒントのみにした（図8-11）。

274　第III部

図 8-11　数直線のみのトランプ

やはり $\frac{4}{5}$ と $\frac{5}{4}$ のどちらが大きいか、$\frac{5}{4}$ のカードのあとに、なぜ 1.75 のカードが出せるのか、わからない生徒たちが散見された。しかしそういうときでも、カードを2枚重ね、線が長いほうを「大きい」と判断したり、他の生徒に屈託なく質問をしていた。先生たちに話を聞くと、数学の授業では机に突っ伏してしまい、まったく授業に参加できない生徒が、このゲームには喜んで参加していたそうだ。

このゲームは習熟度によって様々なバリエーションを用意している。例えば、「－（負記号）」を入れたセット。基本セットは0から2までのセットと－2から0までのセット。どちらにも慣れてきたら両方のセットを合わせる。－2から2までの数を1セットにするのだ。$-\frac{3}{4}$ は $-\frac{1}{4}$ より小さいが、$\frac{3}{4}$ は $\frac{1}{4}$ より大きい。これは負から0をまたいで正への数直線上での大小関係が身体化されていないと、すぐには自分のカードが出せない。

第8章　記号接地を助ける……　　275

このバージョンが慣れて簡単になってしまったら、今度は、中学生版「数の達人」で生徒たちができなかった、$\frac{1}{3}+\frac{1}{3}$、$\frac{1}{3}-\frac{1}{2}$ などをカードに記しておいて、頭で計算することを促す。あるいは二乗や $\sqrt{2}$ など平方根の数をすこしだけ混ぜてみる。

　こういう遊びを通して、負の数、正の数、分数、小数、平方根など、様々な数の大小を瞬間的に判断する感覚を身につける。もちろん中学の数学で学習する概念の困難をすべて解決できるわけではないが、分数の意味、二乗の意味、平方根の意味がまったくわからない状況に対してはかなり有効である（このゲームに興味のある方は「あとがき」にある株式会社 at Study のホームページを見てほしい）。

　プレイフル・ラーニングは中学生にも、高校生にも有効である。教え手の工夫によって、どの年齢でも、遊びながら学ぶことは可能である。遊び方は、全部教える側が工夫するのではなく、学び手が自分でルールを考えたり、変えたりして、様々な遊び方を考えられるとなおさら楽しい。こうして、**「遊びから学ぶ」体験を通じて新たな概念を自分で記号接地できるようになり、その喜びを知って「学びが遊び」というエピステモロジー**（知識に対する認識）**を学び手がもつことができたら何が起こるだろうか。**ぜひ想像してみてほしい。

「学びが遊び」になる授業

　「学びが遊び」になる学校の授業は、普通の学校では実現不可能なのだろうか？　そんなことはない。筆者はその

ような授業をする学級を何回も見たことがある。広島県福山市の公立小学校の例をあげよう。この小学校は、1・2・3年生（低学年）、4・5・6年生（高学年）と3学年を合同にして、同じ場でいっしょに学んでいる。この学校では、子どもたちは、授業を「先生から教えてもらう」時間だと思っていない。「先生や友達といっしょに学ぶ」時間だと思っていることが見ていてわかった。

　筆者が特に注目したのは、高学年の算数の授業。体積の概念を学ぶ1時間目の授業だった。

　多くの学校では、高学年になると、子どもが算数についていけなくなり、嫌いになっている。しかし、この学校では違っていた。先生は、「体積は「縦×横×高さ」の計算をすればいいんだよ」などと言って、計算式をホワイトボードに書いたりはしない。この日の授業は直方体や立方体の展開図があり、これを組み立てたモノの体積とは何か、を学ぶのが目標だった。先生は、計算のしかたや式のたて方を教えるかわりに、

「体積って何？」
「体積と面積はどう違うの？」
「「1 cm²」って何？　どういうこと？」
「1 cm² と 1 cm³ は何が違うの？」

と、ひたすらことばの意味を子どもたちに聞いている。

　以下、実際の授業での先生と子どもたちとのやり取りを見ながら、説明をしていきたい。

第8章　記号接地を助ける……　277

> T：面積と体積って、そもそも何なん？
> C：体積は容量。
> C：体積は、高さと縦と横がある。面積は cm²。
> T：1 cm² って何？
> C：1 cm×1 cm
> C：1 cm² はこれのこと！（展開図の1マスを指す）
> T：体積の 1 cm³ って何なん？
> C：紙を折っていくと、高さが出るじゃん。これを含めたもの。
> C：ちょっと待って、どうやって高くなるん？
> C：簡単にいうと四角形のことよ。
> C：え？　四角形？
> C：全部が 1 cm の四角形。これが 1 cm³（1 cm³ の箱を指して）、
> 　　中身が入ってないものが容積。中身が入っていると考えたら、
> 　　「縦×横×高さ」が使える。
> T：「縦×横×高さ」で何が出るん？
> C：中身がわかる。
> T：なんで？　「縦」ってどこ？
> C：縦はだいたい……
> C：「だいたい」じゃない。ちゃんと縦は決まってる。
> C：でもこれも縦じゃん。縦ってどこ？
> C：違う方向から見たら、全部縦じゃん！

T：先生、C：子どもたち

　このように、みんなで話し合うことで自分たちが今まで当たり前に思っていたことが、実はほんとうの意味でわかっていなかったことに子どもたちが自ら気づいていったのである。

　もう少し、先生と子どもたちのやり取りを見てみよう。

278　　第Ⅲ部

```
Ｔ：たしかに。
Ｃ：縦に 7 cm 入って、横に 5 cm 入って、それが 5 個あるってこ
　　と。
Ｃ：縦が 7、横が 5、高さは、1、2、3、4、5。
Ｃ：まず、7×5 をして 35。
Ｔ：7×5＝35 の 35 ってなんの数字？
Ｃ：「35」は底の面積。
Ｔ：なんで今、底の面積が関係あるん？
Ｃ：「7×5」で面積が出る。
Ｔ：それって、面積なん？　出た 35 は何なん？
Ｃ：35 個が何個入るかってことが、高さでわかる。35 個が何個
　　入るかが鍵になる。
Ｃ：35×5 をすると、簡単にわかる。だからこれ全部入るやつが、
　　簡単に求められる。
Ｃ：ちなみに答えは 175。
Ｃ：速い！　おれ暗算できない。
Ｃ：35×5 は、5×5 は 25。3×5＝15。(150 と 25 を足して)175！
Ｔ：結局、この 175 って何なん？
Ｃ：これ(1 cm³)が、175 個入る。
Ｃ：俺たちがいつも使っている段ボールやボックスも、簡単に求
　　められるじゃん。
Ｃ：ものさしがあれば、何 cm、何 cm、何 cm。下の底を調べた
　　ら、高さが何個あるか調べて、それをかけたらいい。
Ｔ：体積は計算で今みたいに求められるんか。じゃあ、この教室
　　とかも求められるん？
Ｃ：たしかに求められそう！　じゃあ求めてみよう！　メジャー使
　　ったらわかるかもしれん！
```

Ｔ：先生、Ｃ：子どもたち

　このようにして、「体積の求め方」ではなく、「体積」の
「意味」についてひたすら考えていく。これがまさに記号
接地の過程である。

第 8 章　記号接地を助ける……　279

> T：1m³って、どれくらいの大きさなのかな？
> C：多分、この教室くらいだと思う。
> T：じゃあ今度それもやってみよう。
> …休憩時間になっても対話は続く…
> C：先生、段ボールの体積がわかったで！　20181.7 cm³！

T：先生、C：子どもたち

　もちろん、子どもたちの理解力には個人差がある。授業
をした先生は、理解にもっとも時間がかかりそうな子ども
を意識し、対話をしていた。

　授業の後の先生たちの協議で、授業者の先生がこう言っ
ていたことが深く心に刻みこまれた。「「わからん」と言い
続ける子どもがいることで、クラスが活性化する。「どこ
だかわからないけどわからん」と子どもがいつでも言える
雰囲気がとてもありがたい」。

　この先生のことばを力強く肯定し、先生と子どもの背中
を押す、この授業を参観していた他校の校長先生のことば
も印象的だった。

> 校長：体積がわかった瞬間のあの子の表情。輝いたじゃ
> ないですか。あのように楽しんでいる顔をどれだけ体
> 験させれるかが大切だと思いました。授業が終わって
> もまだやっていて、次に繋がっている。こんな時間が
> 繰り返されているから、先生がかなり突っ込んでいっ
> ても、（子どもたちは）折れることなく立ち向かって説
> 明する。すごく満足した顔をしていましたね。学びの
> 原点というか、そんな学びを繰り返していくことが大

切だと感じました。

　こういう学校、こういう学級なら、普通の単元の授業でも、「学びは遊び」を実現できる。記号接地もできる。もちろん、記号接地は簡単には起こらない。子どもは「わかった」と言っても、またすぐ「わからない」に戻るかもしれない。それでも抽象的で記号接地が困難な概念に対して、「意味」を問い続けることが重要だ。**「問題が解けた！」「答えが合っていた！」ではなく、「意味がわかった！」という瞬間、「学びは遊び」が実現するのである。**特別なデジタルデバイスで見ることのできる美しい画像や動画、あるいは特別な教材・教具がなくても、先生と子どもたちが「学ぶって楽しい」を、「意味を知りたい、わかりたい」を共有できていれば、それは実現可能なのである。

【第 8 章のまとめ】

　本章では子どもが苦手とする抽象的な概念に対して、記号接地を促し、概念が身体の一部のようにすぐ取り出せる「生きた知識」になるようにするための実践方法として「プレイフル・ラーニング」を提案した。

　プレイフル・ラーニングの形式に決まりはない。子ども一人でもできるし、少人数のグループでもできる。クラス全員でもプレイフル・ラーニングは可能だ。身体を使った遊びやゲームを通して、記号接地が難しい概念を使う練習をし、少しずつレベルアップをしながら続けていけば、概念を身体化するところにも達することができるだろう。教室での通常の授業でも、子どもたちが、今している学びが遊びのように楽しいから時間がきても終わりたくないと思い、休み時間にも続けて話し合ったり、考えることに没頭したりすれば、それもプレイフル・ラーニングである。

　プレイフル・ラーニングから子どもが得るものは、はかりしれない。以下にいくつか挙げてみよう。

- 「生きた知識」、探究するためのスキル、探究するためのエピステモロジー
- 接地した概念、身体化された「生きた知識」の習得
- 実行機能や作業記憶などの認知能力の発達
- 科学者がするような、根拠をもち、知識を統合させた質の高いアブダクション推論のコツ（知識の使い方、

282　　第Ⅲ部

認知能力の制御のしかたを身体で覚える）
- 他者と協調して知識を創り出す方法
- 学びは楽しいという、学びに対する積極的でポジティブな態度
- 失敗は修正すればよい、失敗は学びの源泉だという態度

プレイフル・ラーニングを続けることで、学び手は、単に「学びは楽しい」を超えて、「学びは遊びだ」と思うようになる。子どもたちがホイジンガの言う「ホモ・ルーデンス」になるのである。

このようなプレイフル・ラーニングを実現するために欠かせないのは、子どもの学びをサポートする、ファシリテータとしての大人（先生）と、子どもが安心し、リラックスして「わからない」「なぜ」を質問でき、間違いや失敗をすることができる学校の環境である。その環境の中に、子どもを順位づけ、競争させる目的のテストは不要である。子どもの知識を評価するなら、子どもが自分の知識を振り返り、疑問をもち、学びへの意欲を高めることができるテストが必要なのだ。

第8章 記号接地を助ける……　283

終　章
生成 AI の時代の子どもの学びと教育

認知科学と人工知能研究の関係

　1960 年代から 70 年代における認知科学の創成期におい
て、その中心にあったのは人工知能研究だった。人間の思
考や学習プロセスを、言語で抽象的に記述するのではなく、
科学として、詳細に、再現可能な形で理解したい——。
「人間の知性とは何か」という難題を科学的に解明するた
めの飽くなき知的探究の対象として人工知能があった。そ
れはまさに認知科学が目指すところと完全に重なっていた。
　人間の頭脳なら簡単にできる計算や推論が、その当時の
コンピュータでは難しかった。当時の人工知能研究のネッ
クは、コンピュータの記憶能力と計算能力の制約だった。
しかし、その後に、コンピュータのハードウェアは飛躍的
な進化を遂げる。同時に、計算の方法も、認知科学の創成
期における記号処理のアプローチから、人間の脳の神経細
胞の活動を模したニューラルネットが主流となった。その
結果、人間には及びもつかない大量のデータを瞬時に計算
することができる「瞬間計算機」の開発が進んだ。このあ
たりから、人工知能研究と認知科学は互いの道を分かれて
進むようになっていった。人工知能研究は、産業界と一体
になって、人間の思考の解明という知的探究から、チェス、

囲碁や将棋などの人間のトッププレーヤーを打ち負かすプログラム（アルゴリズム）の開発や、大量のデータから人間の目では到底発見できないようなパターンを発掘（＝マイニング）するデータマイニングへと、その主軸を移していったのであった。例えば、個人をターゲットに購買の可能性が高い商品を推測したり、クリックの確率が高い広告を配信するアルゴリズムが開発され、実世界、あるいはネット上のバーチャル世界で実用されるようになった。

人工知能と言語の壁

　急速に進化する人工知能研究の中で、もっとも困難だったのは、人間の自然言語の理解と生成だった。そしてその先に、異なる言語の間の機械翻訳の壁も屹立していた。言語は人間の知の集大成ともいえるもので、言語を使うためには、文法、単語、語用（言語を使うための慣習）などの言語に関する知識の他に、多くの概念知識が必要だ。それらを統合させた推論も求められる。言語は AI にとっての最大の「壁」と考えられていて、実際、研究の進歩の速度は他の分野に比べてずっと遅かった。機械翻訳によって、異なる言語を話す人たちとコミュニケーションが可能になることは多くの人が望み、夢見ていたことだったが、相手の言っていることを自分の言語で自然に感じられ、容易に理解できるレベルに翻訳してくれる機械は長い間現れなかった。ChatGPT が出現するまでは。

　ChatGPT は人々を熱狂させた。プログラミングなどの特殊な技能がなくても、コンピュータと自然な言語で対話

ができ、質問ができるようになった。コンピュータは、こちらが自然に理解できる言語で質問の答えを教えてくれる。日本語を英語にも翻訳してくれる。しかも、文法や単語の選択には間違いがほとんどない、質の高い英語で。雨後の筍のように、ChatGPT の他にも様々な生成 AI が発表された。このような空前絶後の生成 AI ブームの中で、人間の存在意義が改めて脚光を浴びるようになった。「AI に仕事を奪われる」「どういう職種が社会から必要なくなるのか」。そういう議論もさかんに論壇やメディアを賑わせるようになった。

生成 AI の苦手な領域

2024 年の 7 月に、オランダで国際認知科学会が行われ、筆者も出席した。この学会でも、生成 AI を扱った研究が多数報告された。しかし、「認知科学」という学問の性質からして当然なのであるが、研究のほとんどは、生成 AI を通して人間の思考、学習、発達を改めて理解しようという意図で行われたものであった。人間と同じ推論や学習の課題を AI にさせて、人間と AI の思考、推論のパフォーマンスを比較し、そこから生成 AI の限界とは何かを考え、人間の知性の特徴を改めて考えるというものだ。多くの発表で共通して指摘されていたのは、ChatGPT は、解決に至る道がひとつに決まらないオープンエンドな問題ほど、パフォーマンスが低くなり、人間の思考とは離れていくということであった。オープンエンドとはいえ、認知科学の研究で扱われるのは、実世界でよくあるような、だれにも

正解がわからない問題ではない。人間の大人ならほとんどの人が「正解」できる類推やアブダクションの課題であり、そんなに難しいものではない。それでも、ChatGPTには、科学の仮説形成に必須であるオープンエンドな類推課題などは難しいことが報告されていた。例えば第6章で紹介した、「かずのたつじん③」大問9のように、与えられたモノどうしの関係と同じ関係にあるモノのペアを、たくさんのモノの中から見つけることを求める問題が、オープンエンドな類推課題の一例である。

解法が複雑でオープンエンドな問題に取り組むために、まず必要なものは何か。全体を見通し、ゴールから逆算して、ゴールまでの行程を考える力である。こう書くとたやすいことのように聞こえるかもしれないが、これには本書を通じて述べてきた（特に第6章、第7章）、熟達者の直観が必要なのである。最初からゴールまでのステップをすべて見通せるような問題は、その分野の知識と熟練があれば解決できる。よい例が、囲碁や将棋をはじめとしたボードゲームだ。AIは、例えばボードゲームのように、問題のゴール（相手を負かす）と探索の範囲がはっきりしていれば（つまりオープンエンドの反対なら）、人間の達人を超えるパフォーマンスを見せる。すべてを、確率計算で行うからである。1ステップごとに、ゴールまでのすべての可能な分岐点で「勝つ」確率を計算し、もっとも確率が高い手を選んで次の一手を決める。相手が次の手を選べば、そこからまた確率計算を始める。このようにAIはゴール（勝利）に向かってひたすら前に進んでいく。そこに、アブダクショ

ンと直観はない。もちろんそのような確率計算は、人間の脳の情報処理能力ではできないことである。

なぜ直観が必要なのか

しかし、人間が実世界で取り組みたい(あるいは取り組まなければならない)のは、このようにゴールがはっきりとわかっていて、そこに至るために必要なステップが事前にわかり、「最良の一手」を確率的に計算できる問題ばかりではない。多くは、もっとずっとオープンエンドの極（きょく）のほうに針が振れている問題である。しかも、ゴールさえぼんやりとしか見えない場合も多く、人によって「正解」が異なってしまう場合さえある(文化や個人の価値観が絡む問題はほとんどそうである)。しかし、複雑すぎて何から始めたらいいかわからない場合でも、ゴールのあるべき姿と進む方向性について、なんらかの直観(イメージ)があれば、最初の一歩を踏み出すことができる。ただしその場合は、直観に導かれて進んでいきながら、つねに自分の状況を確認し、誤っていれば修正していくことが必要である。さらに、手探りで進んでいきながら、自分の道筋が誤っているかどうかを見極める判断にもまた、直観が求められる。

芸術でも科学でも、あるいは他のどんな分野でも、ほとんどがこのように、確率計算ではなく、達人の直観によって新たな道が切り開かれ、偉業が成し遂げられてきた。そして私たちも、歴史に名を残すような偉業ではなく、もう少し小さいスケールで、頻繁にオープンエンドな問題に直面している。例えば、ChatGPT が手も足も出なかった東

終章　生成 AI の時代の子どもの学びと教育　　289

大の数学の入試問題もそのひとつだ。数学は（少なくとも入試問題のレベルでは）たしかに答えが一義的に決まる。しかし、問題を解く過程ではいくつものステップを踏む必要があるし、ゴールと道筋（論理の進め方）が直観的に見えないと、その行程を進むことができない。ChatGPTに欠けているのは、このような全体を見通して、問題の本質を把握するための直観力なのだ。

フレーム問題と乳幼児の言語習得

言語の習得も究極のオープンエンドな課題である。一つの単語の意味を推論するには、乳幼児は、少ないながらも自分のもつ、分野をまたがるありとあらゆる知識と推論能力を統合して、その状況でもっともよい推論をする。まさにアブダクション推論である。その推論を素早く、精度よくできるようになるために、語彙全体を見渡し、パターンを分析して、洞察を得る。これは、よりメタなレベルのアブダクション推論だ。洞察によって、自分の知識を自分で引き上げ、ブートストラップすることで、知識の量と質を向上させる。間違えれば、それを修正する。

では、AIは修正をするだろうか。目標達成への確率の数値はつねにアップデートされる。それを「修正」と言うならイエスだ。しかし、「人間と同じような知識の修正」、特にスキーマの修正はしないと言ってもよいだろう。AIはそもそも「知識」をもつのだろうか？　これを考え出すと、深淵な哲学の領域に突入してしまうので、ここではやめておく。しかし、これだけは言える。AIがもっとも

不得意とするのは、「知識を使うこと」である。人間が知識を与えても、AIはそれをいつ、どこで、どのように使うのかがわからない。複数の分野の知識を自在に組み合わせて新しい知識を創造することも、自分からはしない。人工知能の分野では、このことを「フレーム(枠)問題」と呼んでいる。

　AIは過去に学習によって蓄えた知識(あるいは確率の数値)を、別の問題を解くときに自ら使うことができない。人間が知識を外から与えても、その使い方がわからないのである。この問題は、現在の生成AIにおいても解決されているわけではない。それにもかかわらず、膨大な言語データに潜む記号どうしの関係性の計算だけで自然な言語を紡ぎ出すことを可能にした生成AIの開発者たちには、ほんとうに感嘆するしかないのだが、生成AIが、人間に与えられた情報から学習した知識を別の問題の解決に自在に使えるようになったわけではないのである。

　ひるがえって、言語習得をする乳幼児には、フレーム問題は存在しない。人間は、赤ちゃんのときから、推論によって創成した知識を、別の単語の推論に使うことができる。しかも、驚くほど離れた分野の知識を組み合わせて、知らないことばの意味を推論したり、新しいことばを創り出したりすることができる。このことは、本書でも拙著『言語の本質──ことばはどう生まれ、進化したか』(秋田喜美氏との共著、中公新書、2023年)でも、繰り返し述べてきた。

　今直面している問題の解決のために必要な知識が何であるかが(教えられずに自分で)わかる。これは当たり前のこと

終章　生成AIの時代の子どもの学びと教育　291

ではない。AI にはできない。人間は赤ちゃんのときから
これを自然にしているのだ。「この問題を解決するのに、
前に学んだこの知識とあの知識が必要だ（あるいは役に立
つ）」。それが直観的にわかるから問題が解けるし、自分が
もつ知識を自分の力で拡張することができる。そういう本
能をもっている、と言ってもよい。

人間にとっての記号接地

　国際認知科学会の 2024 年のルーメルハート賞（認知科学
のノーベル賞といわれる賞）を受賞したアリソン・ゴプニッ
ク（Alison Gopnik）博士の受賞記念講演は、人間の乳幼児が
そのような「本能」をもつことを、説得力をもって示すも
のだった。人間が乳幼児期にすることを一言で表せば、
「世界を自分の身体で探索すること」だとゴプニック博士
は語っていた。そう、まさに記号接地なのだ。「探索し、
探究し、自分を世界に接地しようとする存在」としての人
間。その萌芽は、ことばを話すようになる以前から、すで
にみられるのである。

　まだ座ることができず、ハイハイもできない赤ちゃんの
脚を紐でモビールに結びつける。脚を動かすとモビールは
動く。赤ちゃんは、飽きもせずにそれを続ける。すると、
モビールのコントロールのしかたがわかってきて、思い通
りに動かせるようになる。でも、赤ちゃんはそこで探索を
やめない。今度は、わざわざ、自分が会得した「コツ」に
反する動きをしてみる。モビールはうまく動かない。

　このように、わざわざ自分から、うまくいった方法を壊

し、違うやり方を試みるのは、どうしてなのか。**乳児がしたいのは、「結果がうまく出る方法を見つけること」ではなく、「なぜこうするとうまくいき、なぜこうするとうまくいかないか」、つまりものごとの仕組みを発見すること**なのである。要するに、人間とは、問題解決に成功することだけを目的として探究する生き物ではないのだ。モノに身体で触れて、つかみ、動かし、そのモノを理解しようとする。同時に世界の仕組みを理解しようとする。言語は、まさにその延長線上にある。そして、抽象を極めた数学や科学の世界、実世界を象徴的に表現する芸術の世界は、さらにその延長線上にある。これが本書で述べた「人間の記号接地」である。

　人間は、AIのように膨大な記憶も、大量の情報をブルドーザのように一気に高速で処理する能力も、もつことはできない。しかし、世界を身体に接地させ、アブダクション推論をしながら自分で知識を拡張していくことができる。外から与えられるのではなく、自分で世界を探索し、自分の身体を通じて経験し、自分でその経験を抽象化して知識を創造することができるから――言い換えれば「記号接地」しているから――人工知能の最大の問題である「フレーム問題」(知識が使えない問題)が人間には存在しないのである。少なくとも乳幼児期には。

フレーム問題と就学後の子どもたち
　しかし、本書で紹介した就学後の子どもたちの姿は、乳幼児期のそれとはずいぶん異なっている。学校に行くよう

になると、子どもたちは乳幼児期のように探索をすることが少なくなる。知識は自分でつくるものではなく、教えてもらうもの、と思うようになる。効率よく知識を暗記しようとする。**テストで高い得点を取ることが「成功」と思うようになり、失敗することを怖がるようになる。すると、子どもたちもコンピュータと同じように、フレーム問題に直面してしまうのである。**先生に教えられた「外にある知識」を覚えても、それをいつ、どう使ったらよいのかわからなくなるのだ。それが、本書第1章で紹介した、算数文章題が解けない子どもたちの姿である。もちろん、この問題は、算数だけの話ではなく、学校で学ぶことになっているすべての教科単元に言えることである。算数では、それが特に顕著なだけなのだ。

　学校で学ぶ目的は何か。多くの人が、知識をもっと増やすためと言う。しかし、その知識が使える知識とはならず、使うことができない知識の断片を覚えただけの「死んだ知識」で終わってしまっていたら？　先ほど述べたように、フレーム問題が存在しなかった乳幼児が、学校で学ぶようになると覚えた知識を使えなくなる。では、学校で学ぶことがいけないのか？

　もちろん、そんなことはない。**筆者は決して学校不要論者ではない。**学校は先人たちが創り上げてきた文化的遺産としての知識をすべての人々に開放し、共有するための素晴らしい場所だ。言語も文化も生きた年代もまったく異なる時空間において発見され、創造された知識を、後世に生まれた者が受け継ぐことができる。そんなことができる存

294　　終章　生成AIの時代の子どもの学びと教育

在は、地球上には人間しかいない。

　しかし、呼吸をするのと同じくらい当たり前に日々世界を探索し、学び続けている子どもたちが、**なぜ学校では自ら知の世界を探索することをしなくなるのだろうか。教えてもらった知識の断片を「覚えること」が学校ですることだと思ってしまい、その結果、学ぶ力を喪失してしまっているのだろうか。このことは、教育にかかわる仕事をしている人たちだけではなく、社会のすべての大人が真剣に問い、考えなければならない**ことだと思う。

　「生きた知識」はどうつくられていくのか。筆者は発達心理学者として、乳幼児が言語を学び、習得する過程にそのヒントを見出してきた。子どもは言語という巨大な記号の体系を自ら探索し、推論し、使い、身体の一部にすることができる。そのとき、子どもの先達である大人は、単語の意味を、あるいは文法を、説明して教えたりしない。教えることができないからだ。しかし大人ができることが何もないわけではない。大人は、子どもの発達段階、知識のレベルを察知し、子どもに合わせたサポートをする。その子どもがまったくわからないことばや複雑な文法は、そのときには使わない。少し成長したら、ちょっと抽象的なことばを使い、ちょっと複雑な文法構造をもつ文を言う。子どもが今いる段階から自力でブートストラップできる絶妙なレベルを直観的に見極めて、足場をかけてやり、子どもの記号接地をサポートする。しかしこれも、人間にアブダクションの能力があるからこそ可能なことなのである。

終章　生成 AI の時代の子どもの学びと教育　　295

生成AIの教室への導入について

産業界ではAIを導入した教材がさかんに開発され、「個別最適な課題設定を実現した学習教材」として学校へ営業攻勢がかけられている。すでに多くの学校がそのような教材を自習用に導入している。しかし、筆者が見学した授業で使われていたICT教材は、前述したような人間の大人が行っている「足場架け」とはほど遠いものであった。単に、同じ種類の問題の正答、不正答のパターンを確率計算し、続けて正解できていれば難易度を上げ、不正解が続けば難易度を下げるという、難易度の調整以上のことはしていない印象だった。ただし、この教材は「AIによる個別最適化」を謳っていても、生成AIを使ったものではない。

生成AIを子どもの学びの場にどう使うべきか、あるいはどう制限するべきなのかは、認知科学・学習科学の研究者によっても、教育学や教育経済学の研究者によっても、今さかんに議論されているが、生成AIを教室に導入することによるポジティブ、ネガティブな効果を測る研究は、日本のみならず、他の先進国でも、ようやく動き出そうとしている段階にすぎない。ゆえに科学の要件を満たした、きちんとした実証研究が行われ、なんらかの結論が研究者たちから発表されるのには、何年もかかるだろう。そしてその何年かの間に生成AIはさらに進化を遂げ、今できないこともできるようになっているかもしれない。本書第7章で紹介したような、AI業界の人が「ハルシネーション（幻覚）」と呼ぶ間違いも少なくなっているかもしれない（ただし、現在の生成AIの原理では、ハルシネーションがまった

くなくなることは考えられない）。一方、教材の開発はますます進み、売り込みも激しさを増すだろう。そういう状況で、学校現場の方たちはそれらの製品を使うべきか、使うべきではないか、判断に迷うことだろう。

筆者は、生成AIの「学び」に及ぼす効果を測定するデータがなく、また、数字として示されたいわゆる「エビデンス」がない状態で、生成AIを初等・中等教育の現場に導入することの是非について、科学者としては、軽々に発言することはできないと思っている。しかし、どんどん進化していくAIがもたらすかもしれない負の影響について、数字がないからといって、ひたすら口をつぐんでいることもできないと考えている。筆者は現在このようなジレンマの只中にいるが、筆者なりにこれまで積み重ねてきた認知科学の知見から、これだけは述べておきたい。

まず、生成AIのもたらす効果（特にポジティブと目される効果）は、特定の教科、特定の問題に対する正答率が上がったかどうかといったような、**短期のパフォーマンスの変化の指標で評価するべきではない**。教育のほんとうの効果は、その教育を受けた子どもが10年先、20年先にどのような人間になっているかで評価するべきだ。そして、**評価の観点でもっとも重要なのは、どういう知識をもっているかということよりも、自走した学び手に育ち、やりがいをもって充実した生活を送っているかどうか**だ。

「生きた知識をつくる子どもたち」

発達心理学を研究してきた筆者が確信をもって言えるの

終章　生成AIの時代の子どもの学びと教育　　297

は、子どもが基本概念に自分で接地をし、アブダクションによって知識を拡張していくことができるならば、何から何まで直接教えてもらわなくても、自分で新たな知識を、それも「生きた知識」をつくっていけるということだ。大人は言語の知識をすべて教えることができず、言語の学びのほとんどを子どもに委ねなければならない。それと同様に、学校で学ぶことになっている教科単元の知識も、先生が教えてくれること、教科書に書いてあることを、子どもが自分で解釈し、自分の知識と結びつけ、自分で新たに知識をつくっていかなければ、その知識は「生きた知識」にならない。先生がいくら丁寧にわかりやすく教えても、子どものスキーマが誤っていれば、先生の話は聞き流されたり、スキーマに合うように捻じ曲げられて解釈されたりするだけである。だから、**先生は、教科書の内容を完璧にわかりやすく説明することで自分の仕事に満足するべきではない。自分の伝えることを子どもがどのように受け止め、解釈しているか、子どもがほんとうに概念の本質を自分の推論によってつかんでいるか、自分勝手に誤解をしていないかということにこそ、注意を向けなければならない**のだ。

学びの「効率性」とは何か

教育カリキュラムや教材などによる教育支援を謳うとき、もっともよく聞くことばは「効率的な学びを支援する」である。しかし、学びの効率性とは何だろうか？ できる限り短い時間で、多くの知識や技能を身につけることだろうか？ この問いに対する筆者の考えは、本書や拙著

298　終章　生成 AI の時代の子どもの学びと教育

『学びとは何か――〈探究人〉になるために』（岩波新書、2016年）などをお読みいただきたい。いずれにせよ、読者には、何のために時間をつくるのかという目的なしに、やみくもに時間を節約し、効率性を追求すれば、学びが浅くなり、「死んだ知識」をため込むだけになる危険性があるということを意識していてほしい。

　生成 AI は、使い方によっては、非常に重大なネガティブな効果をもたらす可能性があると筆者は考えている。第7章でも指摘したように、生成 AI は、意味を考えて答えを出力しているわけではないので、時にとても変な（意味が通らない、一貫しない）出力を返す。先ほど述べた「ハルシネーション」だ。「ハルシネーション」は、学びに及ぼすリスクのひとつであるが、実は、それよりもっと重大なリスクがある。やみくもに「効率化」のために生成 AI を使い、子どもが自分の頭で考えずに、すぐに答えを求めることが習慣になったら、ほんとうに大事なことにも記号接地できなくなり、つねに知識のかけらを求めて情報の海を漂流するだけの人間になってしまう。自分が解決する問題のために、どういう情報が必要なのか。膨大な量の情報の中で、どの情報が重要で、どの情報は棄てるべきなのか。どの情報は信頼でき、どの情報はフェイクなのか。その判断も自分でしなくなってしまう人間ができてしまったら、ほんとうに怖い世界になる。子どもたちをそのような人間にしてしまっては、絶対にダメだ。

終章　生成 AI の時代の子どもの学びと教育　　299

探究し続ける人間の姿とは

悲観的なことを書いてきたが、筆者は実はそれほど悲観していない。これまでの人類の歴史の中で、「効率性」ということばを辞書にもたない人たちがたくさん存在し、そういう人たちが人類の文明・文化をつくり、科学を進歩させてきたことを知っているからだ。

筆者はオランダで行われた国際認知科学会に参加したときに、帰りのフライトの出発が夜だったので、日中をアムステルダムにあるゴッホ美術館で過ごした。ゴッホは現代でもっとも高く評価され、人気が高い芸術家である。独特の色使い、一筆一筆が生き物のようにうねり、躍動するタッチ。人はそこに美と生命力を見出し、熱狂する。しかし、私がもっともこころ動かされたのは、彼の残した非常に多くの作品から透けて見える、彼の生き方そのものである。

彼はつねに探究していた。色の使い方、筆の使い方の違いが、彼の表現したいもの——彼の眼を通した世界、彼の内面、彼の感情——にどのような効果をもたらすかを見極めるため、毎日実験を重ねていた。彼は描かずにいられなかったのだ。たとえ同時代人からは評価されず、困窮の中に身を置かれても、向上するために。そして、自分が自分であるために描かずにいられなかったのだと思う。ゴッホは人生の最後の70日でおよそ80点の作品を描き、私たちに遺してくれた。そこに私たちが見出すものは単なる「美」ではない。単なる「美術の革新」でもない。「生きるために、よりよいものを創造するために、あがき続け、失敗を繰り返しながら、探究を続ける人間の姿」なのである。

真の効率化とは何か

現代にも、「探究する人」はいたるところに存在する。著名な人物に限らない。他者に評価されるためではなく、高収入を得るためだけでもなく、今の自分より向上し、少しでもよい仕事をするために探究を続け、学び続ける。向上することに価値と喜びを見出す。そういう人たちが大勢いる。乳幼児が世界を探索し、言語と生きるための知識を自分で果敢に身につけていく姿を見る。毎日探究を続ける達人たちの姿を見る。今を生きる人間たちのそういう姿と、これまでの人類が文化や科学を発展させてきた歩みとを重ねてみれば、人類全体が、記号接地をしない方向に歩んでいくとは思えない。しかし、個人のレベルでは、生成 AI が個人の幸せの達成に影響を与える懸念も払拭できない。

AI を使いこなす人と使えない人の分断を心配する人は多い。しかし、筆者は、**AI の時代に、自らを世界に接地させながら概念を抽象化することによって、概念の記号接地ができる人と、それを AI に任せてしまう人との間の分断のほうがもっと心配**だ。後者の人たちには、AI と共存して幸せに生きる明るい未来はないような気がしてならない。

筆者は、教育現場で子どもに対して生成 AI を使うことをやみくもに否定するつもりはない。テクノロジーを使うリテラシーは、現代を生きるためには大事なことだろう。しかし、テクノロジーを何のために使うのかは、子どもにも大人にも、明確に意識してほしい。効率は大事だ。しかし何のために効率性を追求するのか。それを考えずに効率

終章　生成 AI の時代の子どもの学びと教育　301

性だけを追求することが目的になると、大きな落とし穴が待っているように思える。少なくとも、各分野で達人であろうとする人たちは、自分にとってほんとうに大切なこと、大事なことに対して効率性というものを考えたりしない。大事なことに対して無制限に時間を使えるようにするために、大事でないことを切り捨てるか、簡略化しようとしている。それこそが、達人にとっての効率化なのだろう。

テクノロジーは進化し、変わっていく。パラダイムシフトもまた起こるだろう。そのときに、自ら学ぶ力さえあれば、どんな変化にも対応できる。いつ、どういう目的でテクノロジーを使うべきか、どういうときにはテクノロジーに頼るべきでないのか。これからを生きる子どもたちには、その判断を自分でできる人間に育ってほしい。そのためには、幼少期から、自分の身体で世界を探索し、記号接地することが何よりも必要なことなのである。

参考文献

はじめに

今井むつみ・楠見孝・杉村伸一郎・中石ゆうこ・永田良太・西川一二・渡部倫子(2022).『算数文章題が解けない子どもたち――ことば・思考の力と学力不振』岩波書店.

第1章

Sloman, S. & Fernbach, P. (2017). *The knowledge illusion: Why we never think alone.* Riverhead Books.／スローマン, S・ファーンバック, P.［著］, 土方奈美［訳］(2018).『知ってるつもり――無知の科学』早川書房.

日数教算数興味調査特別委員会(1987).「児童の算数に対する意識」.『日本数学教育学会誌』, 69(6), 27-40.

第2章

川口俊明(2020).『全国学力テストはなぜ失敗したのか――学力調査を科学する』岩波書店.

Gergen, K. J. & Gill, S. R. (2020). *Beyond the tyranny of testing: Relational evaluation in education.* Oxford University Press.／ガーゲン, K. J.・ギル, S. R.［著］, 東村知子・鮫島輝美［訳］(2023).『何のためのテスト？――評価で変わる学校と学び』ナカニシヤ出版.

Hattie, J. & Yates, G. C. R. (2013). *Visible learning and the science of how we learn.* Taylor & Francis Publishing.／ハッティ, J.・イエーツ, G. C. R.［著］, 原田信之ほか［訳］(2020).『教育効果を可視化する学習科学』北大路書房.

波多野誼余夫・稲垣佳世子(2020).『無気力の心理学――やりがいの条件(改版)』中公新書.

Licht, B. G. & Dweck, C. S. (1984). Determinants of academic achievement: The interaction of children's achievement orientations with skill area. *Developmental Psychology, 20*(4), 628-636.

Kuhn, D. (2008). *Education for thinking.* Harvard University Press.

Steup, M. & Neta, R. (2024). Epistemology. In E. N. Zalta & U. Nodelman (eds.), *The Stanford Encyclopedia of Philosophy* (spring 2024 edition). 〈https://plato.stanford.edu/archives/spr2024/entries/epistemology/〉. (Original work published 2005).

今井むつみ (2016). 『学びとは何か――〈探究人〉になるために』岩波新書.

Foer, J. (2011). *Moonwalking with Einstein: The art and science of remembering everything*. Penguin Press. ／フォア, J.[著], 梶原真美[訳] (2011). 『ごく平凡な記憶力の私が1年で全米記憶力チャンピオンになれた理由』エクスナレッジ.

Ericsson, K. A. (2003). Exceptional memorizers: Made, not born. *Trends in Cognitive Sciences, 7*(6), 233-235.

Wan, X., Nakatani, H., Ueno, K., Asamizuya, T., Cheng, K. & Tanaka, K. (2011). The neural basis of intuitive best next-move generation in board game experts. *Science*, 331(6015), 341-346.

中谷裕教・伊藤毅志・勝又清和・川妻庸男・大熊健司 (2018). 『「次の一手」はどう決まるか――棋士の直観と脳科学』勁草書房.

Squire, L. R. & Zola, S. M. (1996). Structure and function of declarative and nondeclarative memory systems. *Proceedings of the National Academy of Sciences, 93*(24), 13515-13522.

Polanyi, M. (1966). *The tacit dimension*. Doubleday & Company. ／ポランニー, M.[著], 高橋勇夫[訳] (2003). 『暗黙知の次元』ちくま学芸文庫.

Bransford, J. D. & Johnson, M. K. (1972). Contextual prerequisites for understanding: Some investigations of comprehension and recall. *Journal of Verbal Learning and Verbal Behavior, 11*(6), 717-726.

Smith, C., Carey, S. & Wiser, M. (1985). On differentiation: A case study of the development of the concepts of size, weight, and density. *Cognition,* 21(3), 177-237.

縣秀彦 (2004). 「理科教育崩壊――小学校における天文教育の現状と課題」. 『天文月報』, 97(12), 726-736.

Samarapungavan, A., Vosniadou, S. & Brewer, W. F. (1996). Mental models of the earth, sun, and moon: Indian children's cosmologies. *Cognitive Development, 11*(4), 491-521.

今井むつみ・野島久雄・岡田浩之 (2012). 『新 人が学ぶということ――認知学習論からの視点』北樹出版.

第3章

Kuhn, D. (2000). Metacognitive development. *Current Directions in Psychological Science, 9*(5), 178-181.

Ohtani, K. & Hisasaka, T. (2018). Beyond intelligence: A meta-analytic review of the relationship among metacognition, intelligence, and academic performance. *Metacognition and Learning,* 13(2), 179–212.

Baddeley, A. D. & Hitch, G. J. (1974). Working memory. In G. H. Bower (ed.), Psychology of learning and motivation: Advances in research and theory (vol. 8, pp. 47–89). Academic Press.

Harris, J., Newcombe, N. S. & Hirsh-Pasek, K. (2013). A new twist on studying the development of dynamic spatial transformations: Mental paper folding in young children. *Mind, Brain, and Education,* 7(1), 49–55.

Raven, J. C. (1936). *Mental tests used in genetic studies: The performances of related individuals in tests mainly educative and mainly reproductive* [Unpublished master's thesis]. University of London.

Stern, E. (1999). Development of mathematical competencies. In F. E. Weinert & W. Schneider (eds.), *Individual development from 3 to 12: Findings from the Munich longitudinal study* (pp. 154–170). Cambridge University Press.

Sala, G. & Gobet, F. (2020). Working memory training in typically developing children: A multilevel meta-analysis. *Psychonomic Bulletin & Review,* 27(3), 423–434.

Kassai, R., Futo, J., Demetrovics, Z. & Takacs, Z. K. (2019). A meta-analysis of the experimental evidence on the near- and far-transfer effects among children's executive function skills. *Psychological Bulletin,* 145(2), 165–188.

Scharfen, J., Peters, J. M. & Holling, H. (2018). Retest effects in cognitive ability tests: A meta-analysis. *Intelligence,* 67, 44–66.

Blair, C., Gamson, D., Thorne, S. L. & Baker, D. (2005). Rising mean IQ: Cognitive demand of mathematics education for young children, population exposure to formal schooling, and the neurobiology of the prefrontal cortex. *Intelligence,* 33(1), 93–106.

Halford, G. S. & Andrews, G. (2011). Information-processing models of cognitive development. In U. Goswami (ed.), *The Wiley-Blackwell handbook of childhood cognitive development* (2nd ed., pp. 697–722). Wiley-Blackwell.

第4章

Everett, C. (2017). *Numbers and the making of us: Counting and the course of human cultures.* Harvard University Press. ／エヴェレット, C.［著］, 屋代通子［訳］(2021). 『数の発明——私たちは数をつくり, 数につくられ

た』みすず書房.

今井むつみ(2010). 『ことばと思考』岩波新書.

岡部恒治・戸瀬信之・西村和雄[編] (1999). 『分数ができない大学生——21世紀の日本が危ない』東洋経済新報社.

Imai, M., Kanero, J. & Masuda, T. (2016). The relation between language, culture, and thought. *Current Opinion in Psychology*, 8, 70-77.

Saji, N., Imai, M. & Asano, M. (2020). Acquisition of the meaning of the word orange requires understanding of the meanings of red, pink, and purple: Constructing a lexicon as a connected system. *Cognitive Science*, 44(1), e12813.

Siegler, R. S., Thompson, C. A. & Schneider, M. (2011). An integrated theory of whole number and fractions development. *Cognitive Psychology*, 62(4), 273-296.

Siegler, R. S. & Lortie-Forgues, H. (2017). Hard lessons: Why rational number arithmetic is so difficult for so many people. *Current Directions in Psychological Science*, 26(4), 346-351.

Siegler, R. S. (2016). Magnitude knowledge: The common core of numerical development. *Developmental Science*, 19(3), 341-361.

第5章

新井紀子(2018). 『AI vs. 教科書が読めない子どもたち』東洋経済新報社.

Wolf, M. (2007). *Proust and the squid: The story and science of the reading brain*. HarperCollins. ／ウルフ, M.[著], 小松淳子[訳] (2008). 『プルーストとイカ——読書は脳をどのように変えるのか？』インターシフト.

広瀬友紀(2022). 『子どもに学ぶ言葉の認知科学』ちくま新書.

Taylor, J. S. H., Davis, M. H. & Rastle, K. (2019). Mapping visual symbols onto spoken language along the ventral visual stream. *Proceedings of the National Academy of Sciences*, 116(36), 17723-17728.

Gough, P. B. & Tunmer, W. E. (1986). Decoding, reading, and reading disability. *Remedial and Special Education*, 7(1), 6-10.

LaBerge, D. & Samuels, S. J. (1974). Toward a theory of automatic information processing in reading. *Cognitive Psychology*, 6(2), 293-323.

Snowling, M. J. (2019). *Dyslexia: A very short introduction*. Oxford University Press. ／スノウリング, M. J.[著], 関あゆみ[監訳]・屋代通子[訳] (2024). 『ディスレクシア』人文書院.

宮口幸治(2019). 『ケーキの切れない非行少年たち』新潮新書.

Gentner, D., Imai, M. & Boroditsky, L. (2002). As time goes by: Evidence for two systems in processing space time metaphors. *Language and Cognitive Processes,* 17(5), 537-565.

Imai, M., Nakanishi, T., Miyashita, H., Kidachi, Y. & Ishizaki, S. (1999). The meanings of FRONT/BACK/LEFT/RIGHT. *Cognitive Studies: Bulletin of the Japanese Cognitive Science Society,* 6(2), 207-225.

Goodman, K. S. (1967). Reading: A psycholinguistic guessing game. *Journal of the Reading Specialist,* 6(4), 126-135.

Georgiou, G. K. & Das, J. P. (2018). Direct and indirect effects of executive function on reading comprehension in young adults. *Journal of Research in Reading,* 41(2), 243-258.

Stahl, S. A. & Nagy, W. E. (2006). *Teaching word meanings.* Lawrence Erlbaum Associates.

Booton, S. A., Hodgkiss, A., Mathers, S. & Murphy, V. A. (2022). Measuring knowledge of multiple word meanings in children with English as a first and an additional language and the relationship to reading comprehension. *Journal of Child Language,* 49(1), 164-196.

Kloo, D., Sodian, B., Kristen-Antonow, S., Kim, S. & Paulus, M. (2021). Knowing minds: Linking early perspective taking and later metacognitive insight. *British Journal of Developmental Psychology,* 39(1), 39-53.

Welie, C., Schoonen, R., Kuiken, F. & van den Bergh, H. (2017). Expository text comprehension in secondary school: For which readers does knowledge of connectives contribute the most? *Journal of Research in Reading,* 40(Suppl 1), S42-S65.

石黒圭(2008). 『文章は接続詞で決まる』光文社新書.

第6章

Baddeley, A. (2007). *Working memory, thought, and action.* Oxford University Press. ／バドリー, A.［著］, 井関龍太・齊藤智・川崎惠理子［訳］(2012). 『ワーキングメモリ──思考と行為の心理学的基盤』誠信書房.

Manktelow, K. (2012). *Thinking and reasoning: An introduction to the psychology of reason, judgment and decision making.* Psychology Press. ／マンクテロウ, K.［著］, 服部雅史・山祐嗣［監訳］(2015). 『思考と推論──理性・判断・意思決定の心理学』北大路書房.

米盛裕二(2007). 『アブダクション──仮説と発見の論理』勁草書房.

今井むつみ・秋田喜美(2023). 『言語の本質──ことばはどう生まれ, 進

化したか』中公新書.

Goswami, U. & Brown, A. (1990). Melting chocolate and melting snowmen: Analogical reasoning and causal relations. *Cognition*, 35(1), 69-95.

Miyake, A., Friedman, N. P., Emerson, M. J., Witzki, A. H., Howerter, A. & Wager, T. D. (2000). The unity and diversity of executive functions and their contributions to complex "Frontal Lobe" tasks: A latent variable analysis. *Cognitive Psychology*, 41(1), 49-100.

Kuhn, D. (1999). A developmental model of critical thinking. *Educational Researcher*, 28(2), 16-46.

楠見孝・道田泰司［編］(2015). 『批判的思考——21世紀を生きぬくリテラシーの基盤』新曜社.

Kahneman, D. (2011). *Thinking, fast and slow*. Farrar, Straus and Giroux. ／カーネマン, D.［著］, 村井章子［訳］, 友野典男［解説］(2014). 『ファスト＆スロー——あなたの意思はどのように決まるか？（上・下）』ハヤカワ文庫.

Luo, Y., Kaufman, L. & Baillargeon, R. (2009). Young infants' reasoning about physical events involving inert and self-propelled objects. *Cognitive Psychology*, 58(4), 441-486.

McClosky, M. (1983). Native theories of motion. In D. Gentner & A. L. Stevens (eds.), *Mental Models* (pp. 299-324). Erlbaum.

Alloway, T. P. & Alloway, R. G. (2010). Investigating the predictive roles of working memory and IQ in academic attainment. *Journal of Experimental Child Psychology*, 106(1), 20-29.

Spiegel, J. A., Goodrich, J. M., Morris, B. M., Osborne, C. M. & Lonigan, C. J. (2021). Relations between executive functions and academic outcomes in elementary school children: A meta-analysis. *Psychological Bulletin*, 147 (4), 329-351.

Toplak, M. E. (2021). *Cognitive sophistication and the development of judgment and decision-making*. Academic Press.

第7章

Harnad, S. (1990). The symbol grounding problem. *Physica D: Nonlinear Phenomena*, 42(1-3), 335-346.

Vaswani, A., Shazeer, N., Parmar, N., Uszkoreit, J., Jones, L., Gomez, A. N., Kaiser, L. & Polosukhin, I. (2017). Attention is all you need. *Advances in Neural Information Processing Systems*, 30, 5998-6008. Retrieved July 13,

2024, from arXiv: 1706.03762.

岡野原大輔(2023)．『大規模言語モデルは新たな知能か——ChatGPTが変えた世界』岩波書店．

Jusczyk, P. W. (1997). *The discovery of spoken language*. Bradford Books.

Imai, M. & Kita, S. (2014). The sound symbolism bootstrapping hypothesis for language acquisition and language evolution. *Philosophical Transactions of the Royal Society B*, 369(1651), 20130298.

深田智(2013)．「絵本の中のオノマトペ」，篠原和子・宇野良子[編]『オノマトペ研究の射程——近づく音と意味』(第11章)．ひつじ書房．

佐治伸郎・今井むつみ(2013)．「語意習得における類像性の効果の検討——親の発話と子どもの理解の観点から」，篠原和子・宇野良子[編]『オノマトペ研究の射程——近づく音と意味』(第9章)．ひつじ書房．

服部雅史(2008)．「推論に関する対称性，対称性に関する推論」．『月刊言語』，37(3)，4-5．

Imai, M., Murai, C., Miyazaki, M., Okada, H. & Tomonaga, M. (2021). The contingency symmetry bias (affirming the consequent fallacy) as a prerequisite for word learning: A comparative study of pre-linguistic human infants and chimpanzees. *Cognition,* 214, 104755.

Imai, M., Kita, S., Nagumo, M. & Okada, H. (2008). Sound symbolism facilitates early verb learning. *Cognition,* 109(1), 54-65.

Mervis, C. B. & Crisafi, M. A. (1982). Order of acquisition of subordinate-, basic-, and superordinate-level categories. *Child Development,* 53(1), 258-266.

Gentner, D. & Boroditsky, L. (2001). Individuation, relativity, and early word learning. In M. Bowerman & S. C. Levinson (eds.), *Language acquisition and conceptual development* (pp. 215-256). Cambridge University Press.

Clark, E. V. (1978). Strategies for communicating. *Child Development,* 49(4), 953-959.

水野太貴[著]，吉本ユータヌキ[イラスト]，今井むつみ[解説・監修](2024)．『きょう，ゴリラをうえたよ——愉快で深いこどものいいまちがい集』KADOKAWA．

Bowerman, M. (1976). Semantic factors in the acquisition of rules for word use and sentence construction. In D. Morehead & A. Morehead (eds.), *Directions in normal and deficient language development* (pp. 99-179). University Park Press.

Imai, M., Gentner, D. & Uchida, N. (1994). Children's theories of word meaning: The role of shape similarity in early acquisition. *Cognitive Development,* 9(1), 45-75.

Höhle, B. (2009). Bootstrapping mechanisms in first language acquisition. *Linguistics,* 47(2), 359-382.

今井むつみ(2024).『ことばの学習のパラドックス』ちくま学芸文庫.

今井むつみ・針生悦子(2014).『言葉をおぼえるしくみ——母語から外国語まで』ちくま学芸文庫.

Silvey, C., Gentner, D., Richland, L. E. & Goldin-Meadow, S. (2023). Children's early spontaneous comparisons predict later analogical reasoning skills: An investigation of parental influence. *Open Mind,* 7, 483-509.

Markman, E. M. (1990). Constraints children place on word meanings. *Cognitive Science,* 14(1), 57-77.

Clark, E. V. (1973) What's in a word? On the child's acquisition of semantics in his first language. In T. E. Moore (ed.), *Cognitive development and the acquisition of language* (pp. 65-110). Academic Press.

Haryu, E. & Imai, M. (2002). Reorganizing the lexicon by learning a new word: Japanese children's interpretation of the meaning of a new word for a familiar artifact. *Child Development,* 73(5), 1378-1391.

Haryu, E., Imai, M. & Okada, H. (2011). Object similarity bootstraps young children to action-based verb extension. *Child Development,* 82(2), 674-686.

Imai, M. & Childers, J. (2020). Learning individual verbs and the verb system: When are multiple examples helpful? In J. B. Childers (ed.) *Language and concept acquisition from infancy through childhood: Learning from multiple exemplars* (pp. 131-158). Springer.

Imai, M. & Akita, K. (2023). The iconicity ring hypothesis bridges the gap between symbol grounding and linguistic relativity. *Topics in Cognitive Science,* 15(4), 676-682.

Kahneman, D. (2011). *Thinking, fast and slow.* Farrar, Straus and Giroux.／カーネマン, D.[著], 村井章子[訳], 友野典男[解説] (2014).『ファスト＆スロー——あなたの意思はどのように決まるか？（上・下）』ハヤカワ文庫.

Tversky, A. & Kahneman, D. (1974). Judgment under uncertainty: Heuristics and biases. *Science,* 185(4157), 1124-1131.

Clement, J. (1982). Students' preconceptions in introductory mechanics.

American Journal of Physics, 50(1), 66–71.

Kuhn, T. S. (2012). *The structure of scientific revolutions* (4th ed.). University of Chicago Press. ／クーン, T. S.［著］, ハッキング, I.［序説］, 青木薫［訳］(2023). 『科学革命の構造（新版）』みすず書房.

Nersessian, N. J. (2008). *Creating scientific concepts.* The MIT Press.

第8章

Golinkoff, R. M. & Hirsh-Pasek, K. (2016). *Becoming brilliant: What science tells us about raising successful children.* American Psychological Association. ／ハーシュ゠パセック, K.・ゴリンコフ, R. M.［著］, 今井むつみ・市川力［訳］(2017). 『科学が教える, 子育て成功への道——強いココロと柔らかいアタマを持つ「超」一流の子を育てる』扶桑社.

Hirsh-Pasek, K., Golinkoff, R. M., Nesbitt, K., Lautenbach, C., Blinkoff, E. & Fifer, G. (2022). *Making schools work: Bringing the science of learning to joyful classroom practice.* Teachers College Press.

内田伸子(2023). 『想像力——生きる力の源をさぐる』春秋社.

Huizinga, J. (1949). *Homo Ludens: A study of the play-element in culture.* (R. F. C. Hull, Trans.). Routledge & Kegan Paul.(Original work published 1938). ／ホイジンガ, J.［著］, 高橋英夫［訳］(2019). 『ホモ・ルーデンス』中公文庫.

為末大(2023). 『熟達論——人はいつまでも学び, 成長できる』新潮社.

Weisberg, D. S., Hirsh-Pasek, K., Golinkoff, R. M., Kittredge, A. K. & Klahr, D. (2016). Guided play: Principles and practices. *Current Directions in Psychological Science,* 25(3), 177–182.

Skene, K., O'Farrelly, C. M., Byrne, E. M., Kirby, N., Stevens, E. C. & Ramchandani, P. G. (2022). Can guidance during play enhance children's learning and development in educational contexts? A systematic review and meta-analysis. *Child Development,* 93(4), 1162–1180.

Kapur, M. (2016). Examining productive failure, productive success, unproductive failure, and unproductive success in learning. *Educational Psychologist,* 51(2), 289–299.

Sinha, T. & Kapur, M. (2021). When problem solving followed by instruction works: Evidence for productive failure. *Review of Educational Research,* 91(5), 761–798.

Bartlett, F. C. (1932). *Remembering: A study in experimental and social psychology.* Cambridge University Press. ／バートレット, F. C.［著］, 宇津木

保・辻正三［訳］(1983). 『想起の心理学——実験的社会的心理学における一研究』誠信書房.

Carpenter, S. K., Pan, S. C. & Butler, A. C. (2022). The science of effective learning with spacing and retrieval practice. *Nature Reviews Psychology*, 1, 496-511.

Raviv, L., Lupyan, G. & Green, S. C. (2022). How variability shapes learning and generalization. *Trends in Cognitive Sciences,* 26(6), 462-483.

Lee, T. D. (1988). Transfer-appropriate processing: A framework for conceptualizing practice effects in motor learning. In O. G. Meijer & K. Roth (eds.), *Advances in psychology* (vol. 50, pp. 201-215). North-Holland.

Brown, P. C., Roediger III, H. L. & McDaniel, M. A. (2014). *Make it stick: The science of successful learning.* Harvard University Press. ／ブラウン, P. C.・ローディガー, H. L.・マクダニエル, M. A.［著］, 依田卓巳［訳］(2016). 『使える脳の鍛え方——成功する学習の科学』NTT出版.

Schumacher, R. & Stern, E. (2023). Promoting the construction of intelligent knowledge with the help of various methods of cognitively activating instruction. *Frontiers in Education,* 7, 979430.

終章

プロフィット, D.・ベアー, D.［著］, 小浜杳［訳］(2023). 『なぜ世界はそう見えるのか——主観と知覚の科学』白揚社.

ヴィゴツキー, L. S.［著］, 柴田義松［訳］(2001). 『思考と言語(新訳版)』新読書社.

ゴプニック, A.［著］, 渡会圭子［訳］, 森口佑介［解説］(2019). 『思いどおりになんて育たない——反ペアレンティングの科学』森北出版.

学び・教育について認知科学の考え方を深める
ために役に立つ, 日本語で読める一般書

認知科学とはどういう学問かを理解するために
安西祐一郎(2011). 『心と脳——認知科学入門』岩波新書.

知識の認識について
スローマン, S.・ファーンバック, P.［著］, 土方奈美［訳］(2018). 『知ってるつもり——無知の科学』早川書房.

人間の思考の特徴や思考バイアスについて

カーネマン，D.［著］，村井章子［訳］，友野典男［解説］（2014）．『ファスト＆スロー ── あなたの意思はどのように決まるか？（上・下）』ハヤカワ文庫．

アン・ウーキョン［著］，花塚恵［訳］（2023）．『イェール大学集中講義 思考の穴 ── わかっていても間違える全人類のための思考法』ダイヤモンド社．

熟達者の認知特徴と熟達過程について

エリクソン，A.・プール，R.［著］，土方奈美［訳］（2016）．『超一流になるのは才能か努力か？』文芸春秋．

「読み」について

ウルフ，M.［著］，小松淳子［訳］（2008）．『プルーストとイカ ── 読書は脳をどのように変えるのか？』インターシフト．

ことばの学習と推論の関係について

今井むつみ・秋田喜美（2023）．『言語の本質 ── ことばはどう生まれ，進化したか』中公新書．

今井むつみ（2010）．『ことばと思考』岩波新書．

今井むつみ・針生悦子（2014）．『言葉をおぼえるしくみ ── 母語から外国語まで』ちくま学芸文庫．

今井むつみ（2020）．『親子で育てる ことば力と思考力』筑摩書房．

認知科学の学びへの応用

ブラウン，P. C.・ローディガー，H. L.・マクダニエル，M. A.［著］，依田卓巳［訳］（2016）．『使える脳の鍛え方 ── 成功する学習の科学』NTT出版．

鈴木宏昭（2022）．『私たちはどう学んでいるのか ── 創発から見る認知の変化』ちくまプリマー新書．

今井むつみ・野島久雄・岡田浩之（2012）．『新 人が学ぶということ ── 認知学習論からの視点』北樹出版．

今井むつみ（2016）．『学びとは何か ── 〈探究人〉になるために』岩波新書．

今井むつみ（2024）．『「何回説明しても伝わらない」はなぜ起こるのか？ ── 認知科学が教えるコミュニケーションの本質と解決策』日経BP．

子どもの発達と保育について

内田伸子 (2017). 『子どもの見ている世界——誕生から 6 歳までの「子育て・親育ち」』春秋社.

ハーシュ゠パセック, K.・ゴリンコフ, R. M.[著], 今井むつみ・市川力[訳] (2017). 『科学が教える, 子育て成功への道——強いココロと柔らかいアタマを持つ「超」一流の子を育てる』扶桑社.

学びと教育に関する認知科学の第一人者を世界中から集めて, 翻訳・解説つきで講演を視聴できるサイト

今井むつみ研究室

https://cogpsy.sfc.keio.ac.jp/imailab/

ABLE Archives 2012-2024

(ABLE とは Agents for Bridging Learning research and Educational practice の略称. 2012 年度から 2024 年度まで, 認知科学と教育をつなぐワークショップを定期的に開催)

https://cogpsy.sfc.keio.ac.jp/ablearchives/

図版出典一覧

第Ⅰ部扉イラスト　スタジオびりやに作成
第1章
図 1-1〜図 1-19　『算数文章題が解けない子どもたち ―― ことば・思考の力と学力不振』(岩波書店，2022 年)

第2章
図 2-1　著者作成
図 2-2　スタジオびりやに作成

第3章
図 3-1　https://commons.wikimedia.org/wiki/File:Raven_Matrix.svg
図 3-2〜図 3-5　『算数文章題が解けない子どもたち ―― ことば・思考の力と学力不振』

第Ⅱ部扉イラスト　スタジオびりやに作成
第4章
図 4-1〜図 4-6　『算数文章題が解けない子どもたち ―― ことば・思考の力と学力不振』
図 4-7〜図 4-13　著者提供

第5章
図 5-1　スタジオびりやに作成
図 5-2　A：https://note.com/getbetter/n/n1cd67e67be54
　　　　B・C：広瀬友紀『子どもに学ぶ言葉の認知科学』(ちくま新書，2022 年)
図 5-3　著者作成
図 5-4〜図 5-6　著者提供
図 5-7　『算数文章題が解けない子どもたち ―― ことば・思考の力と学力不振』
図 5-8、図 5-9　著者作成

第6章
図 6-1　著者提供

図 6-2〜図 6-12　『算数文章題が解けない子どもたち —— ことば・思考の
　　力と学力不振』
図 6-13　著者提供

第Ⅲ部扉イラスト　スタジオびりやに作成
第7章
図 7-1　スタジオびりやに作成
図 7-2、図 7-3　著者提供
図 7-4　『算数文章題が解けない子どもたち —— ことば・思考の力と学力
　　不振』
図 7-5、図 7-6　著者提供
図 7-7　スタジオびりやに作成
図 7-8、図 7-9　著者提供
図 7-10　スタジオびりやに作成

第8章
図 8-1〜図 8-9　著者提供
図 8-10　スタジオびりやに作成
図 8-11　著者提供

あとがき

　本書を終わるにあたり、お世話になった方々にお礼のことばを述べたい。

　まず、「たつじんテスト」の開発に携わるきっかけをくださった広島県教育委員会のみなさん、特に元教育長の下崎邦明氏と、開発当初からプロジェクトのとりまとめをしてくださった広島県教育委員会義務教育指導課前課長の立田晃氏に、深く御礼を申し上げたい。また、たつじんテストCBT版（小学生用、中学生用）の開発のための調査に協力してくださった福山市教育委員会のみなさん、特に三好雅章前教育長にも、心から感謝の意を表したい。広島県と福山市の教育委員会と、調査に参加してくれた多くの学校の協力がなければ「たつじんテスト」は存在していない。

　そして、たつじんテスト小学生版の開発に参画してくださった中石ゆうこ氏、楠見孝氏、杉村伸一郎氏、西川一二氏、永田良太氏、渡部倫子氏にお礼を申し上げたい。中学生CBT版の開発を共に行ってくれた今井研究室の山崎智仁さん、大庭真人さん、綱井勇吾さん他、慶應義塾大学環境情報学部今井むつみ研究室の学生のみなさんと、研究室の事務を担ってくださっている柘植三千代さん、遠藤祥子さんにもたいへんお世話になった。特に、山崎智仁さんは、天才的なプログラミング能力で、「たつじんテスト」がPCやタブレット上で実施できるCBT版を驚くほど短期間にほぼ一人で作ってくれた。

「たつじんテスト」は、広島県教育委員会のご厚意により、全国の自治体や学校に頒布できることになっている。本書で述べたように、子どもたちの小学校以降での学ぶ力の喪失を回復させるための道は、躓きの原因を明らかにすることから始まる。「たつじんテスト」が多くの学校で活用されることを切に願うものである。頒布に際してたいへんな事務作業を担当してくださっている at Study の佐藤洋一さんにも深く感謝している。

本書は（そして「たつじんテスト」は）、発達心理学、言語心理学者としての筆者の実験研究から得られた知見が基礎・基盤となっている。多くの実験研究にいっしょに取り組んでくれた共同研究者の方々、実験を手伝ってくれた学生さんたちと研究室スタッフ、そして調査に参加し、協力してくれた子どもたちと保護者の方々にもお礼を申し上げたい。

本書を世に出してくれた岩波書店のみなさんにも心からお礼を申し上げたい。本書の刊行は 2024 年 9 月と決まっていたのだが、筆者の筆が遅く、9 月刊行のための締め切りよりも原稿の提出が大幅に遅れてしまった。そのため、担当編集者の吉田裕さんや製作部・校正部の方々、印刷会社の方々には、たいへんご迷惑をかけた。特に、吉田さんは本書のために昼夜を問わずご尽力くださり、なんとか予定通りの期日での出版にこぎつけてくださった。お詫びとともに心からの感謝を申し上げたい。

本書でも、スタジオびりやにのお二人に、イラストを担当していただいた。注文が多いのに納期が短くたいへんな

318　　あとがき

仕事を、柔軟な若い頭で見事に仕上げてくれた。テキストへの深いコメントにも助けられ、勇気をもらった。心から感謝したい。

　最後に、幼少時から筆者に世界を探索させ、世界に接地することを助け、つねに本が家にある環境で育ててくれた両親に感謝の気持ちを表したい。両親ともに、毎日読書を欠かさない探究人で、筆者はその背中を見ながら成長した。そのような環境で育ったことを幸せに思う。

　　2024 年 8 月

今井むつみ

小学生用たつじんテスト（紙版、CBT 版）と中学生用 CBT 版たつじんテストの頒布対象と頒布方法

「たつじんテスト」の種類

種　類	対　象	主な仕様
紙版	小学生	印刷用 PDF でのご提供（手書きで書き込み）
CBT 版	小学生 中学生	端末から入力し、自動集計

＊紙版は株式会社内田洋行から EduMall にて、CBT 版は株式会社 at Study より、（基本的には）有料頒布。

頒布対象

官公庁・地方自治体・各種学校

＊支援学校、支援級、または学習支援を行っている認定特定非営利活動法人等は、事情によって無料頒布する場合もありますので、別途下記のお問合せ先までご相談ください。

＊個人や塾、予備校などには頒布を行っていません。

本書中で紹介されているカードゲームについて

今井研究室では、遊びながら学べる各種カードゲームを考案・開発中です。「使ってみたい」という方は、リリース情報をご提供いたしますので株式会社 at Study までお問い合わせください。

「たつじんテスト」に関する各種情報

株式会社 at Study：https://atstudy.co.jp/

お問合せ先（紙版についても下記にお問い合わせいただけます）

メールアドレス：contact@atstudy.co.jp

学校・自治体名、分掌・所属、氏名、電話番号、メールアドレス、お問合せ内容を記入のうえ、ご連絡ください。

今井むつみ

1989年慶應義塾大学大学院博士課程単位取得退学。94年ノースウェスタン大学心理学部Ph.D.取得。
現在－慶應義塾大学環境情報学部教授。
専攻－認知科学、言語心理学、発達心理学。
著書－『ことばと思考』(岩波新書、2010年)、『ことばの発達の謎を解く』(ちくまプリマー新書、2013年)、『言葉をおぼえるしくみ──母語から外国語まで』(共著、ちくま学芸文庫、2014年)、『学びとは何か──〈探究人〉になるために』(岩波新書、2016年)、『親子で育てることば力と思考力』(筑摩書房、2020年)、『英語独習法』(岩波新書、2020年)、『算数文章題が解けない子どもたち──ことば・思考の力と学力不振』(共著、岩波書店、2022年)、『言語の本質──ことばはどう生まれ、進化したか』(共著、中公新書、2023年)ほか

学力喪失 ─ 認知科学による回復への道筋
岩波新書(新赤版)2034

2024年9月20日　第1刷発行
2025年1月6日　第6刷発行

著　者　今井むつみ

発行者　坂本政謙

発行所　株式会社　岩波書店
　　　　〒101-8002　東京都千代田区一ツ橋2-5-5
　　　　案内　03-5210-4000　営業部　03-5210-4111
　　　　https://www.iwanami.co.jp/

　　　　新書編集部　03-5210-4054
　　　　https://www.iwanami.co.jp/sin/

印刷製本・法令印刷　カバー・半七印刷

© Mutsumi Imai 2024
ISBN 978-4-00-432034-0　　Printed in Japan

岩波新書新赤版一〇〇〇点に際して

ひとつの時代が終わったと言われて久しい。だが、その先にいかなる時代を展望するのか、私たちはその輪郭すら描きえていない。二〇世紀から持ち越した課題の多くは、未だ解決の緒を見つけることのできないままであり、二一世紀が新たに招きよせた問題も少なくない。グローバル資本主義の浸透、憎悪の連鎖、暴力の応酬——世界は混沌として深い不安の只中にある。

現代社会においては変化が常態となり、速さと新しさに絶対的な価値が与えられた。消費社会の深化と情報技術の革命は、種々の境界を無くし、人々の生活やコミュニケーションの様式を根底から変容させてきた。ライフスタイルは多様化し、一面では個人の生き方をそれぞれが選びとる時代が始まっている。同時に、新たな格差が生まれ、様々な次元での亀裂や分断が深まっている。社会や歴史に対する意識が揺らぎ、普遍的な理念に対する根本的な懐疑や、現実を変えることへの無力感がひそかに根を張りつつある。そして生きることに誰もが困難を覚える時代が到来している。

しかし、日常生活のそれぞれの場で、自由と民主主義を獲得し実践することを通じて、私たち自身がそうした閉塞を乗り超え、希望の時代の幕開けを告げてゆくことは不可能ではあるまい。そのために、いま求められていること——それは、個と個の間で開かれた対話を積み重ねながら、人間らしく生きることの条件について一人ひとりが粘り強く思考することではないか。その営みの糧となるものが、教養に外ならないと私たちは考える。歴史とは何か、よく生きるとはいかなることか、世界そして人間はどこへ向かうべきなのか——こうした根源的な問いとの格闘が、文化と知の厚みを作り出し、個人と社会を支える基盤としての教養への道を培ってきた。まさにそのような教養への道案内こそ、岩波新書が創刊以来、追求してきたことである。

岩波新書は、日中戦争下の一九三八年一一月に赤版として創刊された。創刊の辞は、道義の精神に則らない日本の行動を憂慮し、批判的精神と良心的行動の欠如を戒めつつ、現代人の現代的教養を刊行の目的とする、と謳っている。以後、青版、黄版、新赤版と装いを改めながら、合計二五〇〇点余りを世に問うてきた。そして、いままた新赤版が一〇〇〇点を迎えたのを機に、人間の理性と良心への信頼を再確認し、それに裏打ちされた文化を培っていく決意を込めて、新しい装丁のもとに再出発したいと思う。一冊一冊から吹き出す新風が一人でも多くの読者の許に届くこと、そして希望ある時代への想像力を豊かにかき立てることを切に願う。

（二〇〇六年四月）

岩波新書より

教育

ジョン・デューイ	上野正道	
大学は何処へ 未来への設計	吉見俊哉	
教育は何を評価してきたのか	本田由紀	
小学校英語のジレンマ	寺沢拓敬	
アクティブ・ラーニングとは何か	渡部淳	
保育の自由	近藤幹生	
異才、発見！	伊藤史織	
パブリック・スクール	新井潤美	
新しい学力	齋藤孝	
学びとは何か	今井むつみ	
考え方の教室◆	齋藤孝	
学校の戦後史	木村元	
保育とは何か	近藤幹生	
中学受験	横田増生	
いじめ問題をどう克服するか	尾木直樹	

教育委員会◆	新藤宗幸	
先生！	池上彰編	
教師が育つ条件	今津孝次郎	
大学とは何か	吉見俊哉	
赤ちゃんの不思議	開一夫	
日本の教育格差	橘木俊詔	
子どもが育つ条件	柏木惠子	
誰のための「教育再生」か	藤田英典編	
教育力	齋藤孝	
思春期の危機をどう見るか	尾木直樹	
幼児期	岡本夏木	
子どもの危機をどう見るか◆	尾木直樹	
子どもの社会力	門脇厚司	
現代社会と教育	堀尾輝久	
子どもと学校	河合隼雄	
教育とは何か	大田堯	
からだ・演劇・教育	竹内敏晴	
教育入門	堀尾輝久	

子どもの宇宙	河合隼雄
ことばと発達	岡本夏木
子どもとことば	岡本夏木
自由と規律	池田潔
私は赤ちゃん	松田道雄

(2024.8)　　　　　　　　◆は品切，電子書籍版あり．（M）

岩波新書より

言語

日本語と漢字　今野真二
優しいコミュニケーション　村田和代
うつりゆく日本語をよむ　今野真二
英語独習法◆　今井むつみ
『広辞苑』をよむ　今野真二
60歳からの外国語修行　メキシコに学ぶ　青山南
やさしい日本語　庵功雄
世界の名前　岩波書店辞典編集部編
英語学習は早いほど良いのか◆　バトラー後藤裕子
ものの言いかた西東　小林隆
日本語スケッチ帳　田中章夫
日本語の考古学　今野真二
辞書の仕事　増井元
実践 日本人の英語　マーク・ピーターセン
ことばの力学　白井恭弘
百年前の日本語◆　今野真二

女ことばと日本語　中村桃子
テレビの日本語　加藤昌男
日本語雑記帳◆　田中章夫
英語で話すヒント◆　小松達也
語感トレーニング◆　中村明
日本語の古典　山口仲美
ことばと思考　今井むつみ
外国語学習の科学　白井恭弘
ことば遊びの楽しみ　阿刀田高
日本語の歴史　山口仲美
日本の漢字　笹原宏之
ことばの由来◆　堀井令以知
コミュニケーション力　齋藤孝
日本語の教室　大野晋
伝わる英語表現法　長部三郎
日本人はなぜ英語ができないか　鈴木孝夫
心にとどく英語　マーク・ピーターセン
日本語練習帳　大野晋
翻訳と日本の近代　丸山真男・加藤周一

日本語ウォッチング　井上史雄
日本語の起源[新版]　大野晋
日本人の英語 続　マーク・ピーターセン
日本語と外国語　鈴木孝夫
日本人の英語　マーク・ピーターセン
日本語[新版]上・下　金田一春彦
ことばとイメージ　川本茂雄
外国語上達法　千野栄一
記号論への招待　池上嘉彦
翻訳語成立事情　柳父章
ことばと国家　田中克彦
英語の構造 上・下　中島文雄
日本語の文法を考える　大野晋
言語と社会　ピーター・トラッドギル／土田滋訳
ことばと文化　鈴木孝夫
かな　小松茂美
漢字◆　白川静

(2024.8)　　◆は品切，電子書籍版あり．(K)

岩波新書より

文学

頼山陽　揖斐高

百人一首　田渕句美子

文学が裁く戦争　金ヨンロン

シンデレラはどこへ行ったのか　廣野由美子

文学は地球を想像する　結城正美

川端康成 孤独を駆ける　十重田裕一

いち、にち、古典（とき）をめぐる日本文学誌　田中貴子

芭蕉のあそび　深沢眞二

森鷗外 学芸の散歩者　中島国彦

万葉集に出会う　大谷雅夫

大岡信 架橋する詩人　大井浩一

源氏物語を読む　高木和子

『失われた時を求めて』への招待　吉川一義

三島由紀夫 悲劇への欲動　佐藤秀明

有島武郎　荒木優太

ジョージ・オーウェル　川端康雄

大岡信『折々のうた』選 詩と歌謡　蜂飼耳編

大岡信『折々のうた』選 短歌（一）・（二）　水原紫苑編

大岡信『折々のうた』選 俳句（一）・（二）　長谷川櫂編

日曜俳句入門　吉竹純

短篇小説講義 増補版　筒井康隆

日本の同時代小説　斎藤美奈子

中原中也 沈黙の音楽　佐々木幹郎

戦争をよむ 70冊の小説案内　中川成美

夏目漱石と西田幾多郎　小林敏明

『レ・ミゼラブル』の世界　西永良成

北原白秋 言葉の魔術師　今野真二

漱石のこころ　赤木昭夫

夏目漱石　十川信介

村上春樹は、むずかしい◆　加藤典洋

「私」をつくる 近代小説の試み　安藤宏

現代秀歌　永田和宏

言葉と歩く日記　多和田葉子

近代秀歌　永田和宏

古典力　齋藤孝

老いの歌　小高賢

魯迅◆　藤井省三

ラテンアメリカ十大小説　木村榮一

正岡子規 言葉と生きる　坪内稔典

和歌とは何か　渡部泰明

いくさ物語の世界　日下力

漱石 母に愛されなかった子　三浦雅士

アラビアンナイト　西尾哲夫

小説の読み書き　佐藤正午

季語集◆　坪内稔典

森鷗外 文化の翻訳者　長島要一

英語でよむ万葉集◆　リービ英雄

源氏物語の世界　日向一雅

読書力　齋藤孝

━━━ 岩波新書/最新刊から ━━━

2036

論理的思考とは何か

渡邉雅子 著

論理的思考の方法は世界共通でも不変でもない。思考の目的に合った思考法を選ぶ技術が要る。論理的思考の常識を破る一冊。

2037

抱え込まない子育て
──発達行動学からみる親子の葛藤──

根ヶ山光一 著

対立や衝突を繰り返しながらも、親も子も育つ調和のとれた関係をどう築くか。動物の行動との比較から探る「ほどほど」の親子関係？

2038

象徴天皇の実像
「昭和天皇拝謁記」を読む

原 武史 著

昭和天皇とその側近たちとの詳細なやり取りを記録した「昭和天皇拝謁記」。貴重な史料から浮かび上がってくる等身大の姿とは。

2039

昭和問答

田中優子
松岡正剛 著

なぜ私達は競争から降りられないのか、国に自立とは何か。昭和を知るための本もと紹介。そして人間としての自立・。

2040

反逆罪
──近代国家成立の裏面史──

将基面貴巳 著

支配権力は反逆者を殺すことで、聖性を獲得してきた。西洋近代の血塗られた歴史を読み解き、恐怖に彩られた国家の本質を描く。

2041

教員不足
──誰が子どもを支えるのか──

佐久間亜紀 著

先生が確保できない。独自調査で問題の本質を具体的に提言する。全国の学校でそんな悲鳴が絶えない。どう立て直すか。

2042

当事者主権 増補新版

中西正司
上野千鶴子 著

障害者、女性、高齢者、子ども、性的少数者が声をあげ社会を創りかえてきた。初版刊行後の変化を大幅加筆。感動の軌跡。

2043

ベートーヴェン《第九》の世界

小宮正安 著

型破りなスケールと斬新な構成で西洋音楽史を塗り替えた「第九」。初演から二〇〇年、今なおお人々の心を捉える「名曲」のすべて。

(2024.12)